Lieux et monuments historiques de Québec et environs

NOTE: Toutes les autres photos de cet ouvrage sont de l'auteur, sauf les suivantes:

1. ARCHIVES NATIONALES DU QUÉBEC: 10, 22, 29, 31, 33, 50, 63, 71, 78, 82, 91, 96, 97, 100, 102, 106, 108, 115, 120, 127, 129, 132, 142, 143, 145, 151, 158, 162, 163, 169, 171, 179, 184, 187, 188, 191, 199, 210, 217, 234, 240, 241, 244, 246, 263, 266, 280, 281, 286, 293, 299, 300.

2. BANQUE DE MONTRÉAL: 213.

3. COMPAGNIE DE TÉLÉPHONE BELL: 274, 276.

4. COMMISSION DES CHAMPS DE BATAILLE NATIONAUX: 152, 153, 154, 155, 156, 158, 176, 301.

5. DIRECTION GÉNÉRALE DU TOURISME: 13, 14, 21, 24, 36, 37, 46, 51, 53, 61, 85, 86, 93, 102, 114, 123, 125, 160, 174, 178, 193, 202, 223, 267, 272.

6. DÉPARTEMENT DES AFFAIRES INDIENNES: 112.

7. INVENTAIRE DES OEUVRES D'ART: 13, 18, 19, 42, 167, 233, 243, 294.

8. INSTITUT NATIONAL DE LA CIVILISATION: 17, 69, 282.

9. LA LIBRAIRIE GARNEAU: 242, 276.

10. LÉGARÉ ET KEDL LTÉE: 38, 40.

11. OFFICE DU FILM: 9, 76, 77, 109, 124, 157, 173, 201, 209, 273.

12. PACIFIQUE CANADIEN: 172, 303.

13. W.B. EDWARD INC.: 254, 255, 313.

Couverture: d'après une maquette de Jean Miville-Deschênes

Photos: Ministère du Tourisme

Lieux et monuments historiques de Québec et environs

Me Rodolphe Fournier N.P.

Éditions Garneau
Québec

ISBN 0-7757-2352-5
Dépôt légal: 2e trimestre 1976
Bibliothèque nationale du Québec
© Éditions Garneau 1976

Tous droits de reproduction, de traduction,
d'adaptation, en totalité ou en partie, réservés
pour tous pays.

PLUS DE QUATRE SIÈCLES D'HISTOIRE

François 1er, roi de France, voulant prendre sa part du continent américain, choisit Jacques Cartier à cette fin. Celui-ci, le 7 septembre 1535, arriva à l'Île d'Orléans, qui «est le commencement de la terre et la prouvance de Canada». Il décida de passer l'hiver sur la rivière Saint-Charles (qu'il appela Sainte-Croix), à l'embouchure du ruisseau Lairet. Il y avait, alors, sur les hauteurs du Cap-aux-Diamants, une bourgade appelée STADACONÉ.

Sans retard, avec une trentaine d'hommes, il se rendit à Hochelaga (Montréal); il revint à Québec, le 3 octobre suivant. Le froid de l'hiver et le scorbut firent mourir 25 hommes de son équipage. En partant pour la France, le 6 mai, il laissa la PETITE HERMINE.

Ce n'est que le 23 août 1541 que Cartier revint à Québec. Il se fixa, cette fois, à l'embouchure de la rivière du Cap-Rouge. En juin suivant, il repartait pour la France.

Samuel de Champlain vit, pour la première fois, en 1603, Québec et sa région; il se contenta de constater que, si les terres étaient cultivées, «elles seroient bonnes comme les nostres». Mais, le 3 juillet 1608, comme lieutenant de sieur de Monts, il fondait, à Québec, une HABITATION, là où se trouve, actuellement, la place Royale, consistant en trois corps de logis à deux étages et un magasin, entourée d'une palissade de pieux et d'un fossé.

En 1615, arrivèrent à Québec trois Pères Récollets: Denis Jamet, Jean Dolbeau et Joseph Le Caron, ainsi qu'un Frère, Pacifique Duplessis. En 14 ans, cet ordre envoya 18 missionnaires, dont 10 Pères et 8 Frères. En 1625, les Pères Charles Lalemant, Ennemond Massé et Jean de Brébeuf, Jésuites, ainsi que les Frères François Charton et Gilbert Buret vinrent leur prêter main forte.

Le 15 juillet 1617, arrivait à Québec le premier colon, Louis Hébert avec sa famille. Trois ans après, Champlain faisait commencer la construction d'un fort, appelé plus tard Saint-Louis, sur le cap, à 170 pieds au-dessus du fleuve; Hébert y construisit tout près, sa maison.

En 1629, les frères Kirke, au nom de l'Angleterre, s'emparèrent de Québec. Mais cette conquête ayant été faite alors que la paix avait été signée en Europe, le traité de Saint-Germain-en-Laye, en 1632, rétrocéda le Canada à la France. Champlain revint à Québec, comme représentant de la Compagnie des Cent Associés, pour continuer son oeuvre.

Les Ursulines et les Augustines Hospitalières arrivèrent à Québec, en 1639, pour s'occuper, respectivement, de l'éducation et des soins hospitaliers de la colonie.

L'immigration ne s'était faite que bien lentement, jusqu'alors: 295 seulement; de 1640 à 1660, elle ne devait être que de 964.

De 1640 à 1701, la colonie se développa difficilement sous la menace des Iroquois.

En 1659, arrivait Mgr François de Montmorency-Laval comme vicaire apostolique d'abord, pour devenir, en 1674, premier évêque de Québec, son diocèse s'étendant à toute l'Amérique du Nord.

La colonie, en 1663, étant passée sous la juridiction royale, entra dans une ère favorable. Deux ans après, arrivaient à Québec l'intendant Talon, le régiment de

Carignan-Salières, puis, en 1672, le gouverneur Frontenac. Ce fut le salut du pays, que les Iroquois étaient à la veille de saigner à blanc. De 1660 à 1700, arrivèrent 3,634 immigrants, qui furent les premiers fondateurs du Canada, aidés, durant les soixante années suivantes, par 5,432 autres.

Jusqu'à vers 1633, les habitations de Québec furent construites dans la basse-ville. Dès lors, on commença à bâtir sur les hauteurs du Cap-aux-Diamants, près du fort, particulièrement la résidence et le collège des Jésuites (1635), l'église Notre-Dame de la Recouvrance (1635), la chapelle du gouverneur (1636), le couvent des Ursulines (1641), l'Hôtel-Dieu (1637), etc.

En 1690, les Anglais, sous le commandement de William Phips, tentèrent, de nouveau, de s'emparer de Québec. Grâce à l'énergie de Frontenac et à la valeur des soldats et de la population, ils furent repoussés.

Le demi-siècle qui suivit permit aux colons de s'établir non seulement aux alentours de Québec mais le long du Saint-Laurent et de découvrir des territoires jusqu'aux Rocheuses et à la Louisiane, y établissant des forts et des noyaux de colonies.

Mais, en 1756, débutait la guerre de Sept ans, qui fut désastreuse pour la Nouvelle-France. C'est Québec et la région qui subirent la dévastation. Après des victoires extraordinaires à Carillon et ailleurs, le 13 septembre 1759, ce fut la bataille des Plaines d'Abraham, où Montcalm, blessé à mort, dut capituler et où Wolfe, vainqueur, trouva la mort. La victoire de Lévis, à Ste-Foy, en 1760, ne put sauver le pays, l'arrivée à Québec d'un bateau anglais mettant fin à toute espérance.

Sous le régime anglais, Québec demeura la capitale du pays.

Mais, en 1775, nouvelle alerte. Montgomery et Arnold, généraux de la future Amérique, vinrent assiéger la ville, après avoir envahi le reste du pays. Mais les assiégés, tant Canadiens qu'Anglais, se défendirent si bien que les assiégeants durent capituler et retourner outre-frontière.

En 1840, Québec obtenait sa charte et élisait son premier maire. L'année suivante, cette ville devenait officiellement la capitale du pays sous l'Acte d'Union, titre qu'elle perdit, en 1858, alors que Ottawa fut choisi par la reine. Mais, en 1867, la Confédération, préparée à Québec, en faisait la capitale de la province de Québec.

L'agriculture, le commerce, l'industrie, le tourisme, le fonctionnarisme, etc. ont été des sources de richesses considérables pour toute la région.

La ville de Québec, particulièrement par ses institutions nombreuses et renommées, surtout par son Séminaire, petit et grand, et son Université, ses périodiques, etc., ses maisons d'édition et ses librairies, est un centre culturel de première importance.

Elle et ses environs groupent une population de près d'un demi-million (plus de 200,000 pour la ville elle-même), dont la presque totalité est de langue française. Ils furent, en fait, le berceau de la civilisation catholique et française en Amérique.

Les touristes, de plus en plus nombreux et enchantés, apprécient la beauté de Québec et ses alentours, leurs richesses historiques, artistiques et architecturales, ainsi que leur sympathique population.

Le présent ouvrage a pour but de faire mieux connaître et apprécier ces richesses.

1491
LA NAISSANCE DE JACQUES CARTIER À SAINT-MALO
Statue à Québec, au square Jacques-Cartier

JACQUES CARTIER. HOMMAGE DE SAINT-MALO, VILLE NATALE DE JACQUES CARTIER À LA VILLE DE QUÉBEC, À L'OCCASION DU PASSAGE DU MAIRE DE SAINT-MALO LE 11 JUIN 1971.

Jacques Cartier naquit à Saint-Malo (Bretagne) entre le 7 juin et le 23 décembre 1491; il y décéda le 1er septembre 1557.

La mer l'attira dès son jeune âge. Il étudia l'art nautique. Il fit de nombreux voyages sur la mer. Lorsqu'il épousa, en 1520, Catherine Des Granches, il était maître-pilote, capitaine de nef. On ne lui connaît pas de postérité. Il avait un frère, Pierre, dont furent issus Pierre et François, ce dernier continuant la lignée.

La découverte officielle du Canada au nom de François 1er, roi de France, lui assura la célébrité.

Après la mort de son souverain, en 1547, il renonça à la mer. Il séjournait à Saint-Malo, en hiver, passant l'été à son manoir Lymouellou (Limoilou), près de Saint-Coulomb. Il fut témoin à 80 baptêmes et mariages. Il mourut dans les bras de son épouse, qui lui survécut seize ans.

Il fut inhumé dans la cathédrale.

Plusieurs monuments furent érigés en son honneur, tant au Canada qu'en France. Le premier le fut en 1835, à Saint-Malo. En 1905, une statue monumentale y était érigée. Théodore Botrel vient au Canada donner des récitals de chansons bretonnes pour en assurer le succès financier; il y recueillit 25,000 francs. Toute une génération fredonna chez nous ces chants.

Georges Bareau, sculpteur

I.P.

1535-36 ET 1625

JACQUES CARTIER ET LA PREMIÈRE RÉSIDENCE DES JÉSUITES.

Monument à Québec, dans le parc Cartier-Brébeuf, rue Jacques-Cartier, angle de la Galissonière.

JACQUES CARTIER ET SES HARDIS COMPAGNONS LES MARINS DE LA GRANDE HERMINE, LA PETITE HERMINE ET DE L'ÉMERILLON PASSÈRENT ICI L'HIVER DE 1535-36.

LE 23 SEPTEMBRE 1625 LES PÈRES JEAN DE BRÉBEUF, ENNEMOND MASSÉ ET CHARLES LALLEMANT PRIRENT SOLENNELLEMENT POSSESSION DU TERRAIN APPELÉ FORT JACQUES-CARTIER SITUÉ AU CONFLUENT DES RIVIÈRES ST-CHARLES ET LAIRET POUR Y ÉRIGER LA PREMIÈRE RÉSIDENCE DES MISSIONNAIRES JÉSUITES À QUÉBEC.

LE 3 MAI 1536 JACQUES CARTIER FIT PLANTER, À L'ENDROIT OÙ IL VENAIT DE PASSER L'HIVER, UNE CROIX DE 35 PIEDS DE HAUTEUR PORTANT L'ÉCUSSON FLEURDELISÉ ET L'INSCRIPTION FRANCISCUS PRIMUS DEI GRATIA REX REGNAT.

En 1532, Jean Le Veneur, évêque du diocèse de Jacques Cartier, suggéra à François 1er, roi de France, d'organiser une expédition au Nouveau Monde et de la confier à Cartier, qui connaissait déjà Terre-Neuve.

La commission de celui-ci lui demandait de «découvrir certaines ysles et pays où l'on dit qu'il se doibt trouver grant quantité d'or et autres riches choses» et la route vers l'Asie.

Il partit de Saint-Malo, avec 2 navires et 61 hommes, le 20 avril 1534 et, le 14 juillet suivant, il entrait dans la baie de Gaspé.

En 1535, il retourna au Canada avec 3 navires et 110 hommes. Il se rendit jusqu'à la baie de Sainte-Geneviève qu'il appela Saint-Laurent, nom qui s'étendit au golfe puis au fleuve. Le 7 septembre, il arrivait à l'archipel d'Orléans, «le commencement de la terre et la provynce de Canada», ce nom n'appartenant alors qu'à la région de Québec. Il s'installa à Stadaconé mais se rendit jusqu'à Hochelaga (Montréal).

Ce n'est qu'en 1541 qu'il revint au pays, avec 5 navires et, estime-t-on, 1500 hommes. Il séjourna à Charlebourg-Royal. En juin 1542, il retournait en France. Il avait donné à celle-ci les trois-quarts d'un continent.

Plan et dessin de E.E. Taché

I.P.

1536

JACQUES CARTIER PLANTA UNE CROIX À LA RIVIÈRE JACQUES CARTIER.

Croix à Québec, dans le parc Cartier-Brébeuf, sur l'avenue Jacques Cartier angle de la rue Cadillac.

1536. FRANCISCUS PRIMUS, DEI GRATIA FRANCORUM REX, REGNAT. 1887.

I.P.

Jacques Cartier, à son deuxième voyage au Canada, arriva, le 9 septembre 1536, à Stadaconé, dont Donnacona était le chef. (Cette bourgade était, probablement, entre la rue de la Fabrique actuelle et le coteau Sainte-Geneviève, près de la côte d'Abraham).

Le jour de l'Exaltation de la croix, le 14 septembre suivant, Cartier nomma Sainte-Croix la rivière Saint-Charles actuelle. Deux jours après, il y fit entrer ses vaisseaux pour l'hivernement, jusqu'au ruisseau Lairet. Le 19, avec l'Émerillon, il se dirigea vers Hochelaga (Montréal); il revint vingt-deux jours après. Durant ce temps, ses artisans construisirent un fortin, au confluent des deux cours d'eau précités.

Durant l'hiver, les Français souffrirent du froid. Leur mauvaise alimentation provoqua chez eux le scorbut. Une cinquantaine furent malades et huit hommes en moururent. Cartier fut épargné. Une décoction d'épinette blanche fut le remède, recommandé par les Indiens, qui les sauvèrent. Le printemps fut le bienvenu.

Le 3 mai, fête de l'Invention de la croix, Cartier fit ériger, près du fortin, une croix d'environ trente-cinq pieds de hauteur, sur laquelle était une inscription portant les mots précités (Sous le règne de François Premier, par la grâce de Dieu roi des Français). Un écusson en bosse y fut apposé avec les armes du roi.

Cartier, comme il l'avait fait à son premier voyage, amena en France des Indiens: Donnacona, ses fils Domaguya et Taignoagny, une fillette d'une dizaine d'années, deux petits garçons et trois autres indigènes. Tous moururent outre-mer, sauf la fillette.

Cartier, le 6 mai, leva l'ancre pour la France, laissant la Petite Hermine, faute d'un équipage suffisant.

Il avait pris possession du Canada par l'érection de la croix et par la construction d'un fortin.

1541-1542 et 1542-1543

LE FORT CHARLESBOURG-ROYAL

Plaque à Cap-Rouge, au No 4203 continuation du Chemin Ste-Foy, près du pont non loin de l'église.

JACQUES CARTIER PASSA L'HIVER EN CET ENDROIT, AVEC SES COMPAGNONS, AU COURS DE SON 3ème VOYAGE EN 1541-1542, AINSI QUE ROBERVAL ET SES COMPAGNONS AU NOMBRE D'ENVIRON DEUX CENTS EN 1542-43; DEUX FORTS FURENT CONSTRUITS PAR CARTIER, L'UN EN BAS ET L'AUTRE AU HAUT DE LA CÔTE ET FURENT AGRANDIS PAR ROBERVAL QUI RENOMMA CET ENDROIT «FRANCE-ROY». ON Y CULTIVA LE BLÉ ET LES LÉGUMES D'EUROPE POUR LA PREMIÈRE FOIS AU CANADA, MAIS CETTE PREMIÈRE TENTATIVE DE COLONISATION SUBIT UN ÉCHEC DÉSASTREUX ET FUT ABANDONNÉE. EN 1543 CARTIER REÇUT MISSION DU ROI DE FRANCE DE RAMENER L'EXPÉDITION DE ROBERVAL.

HERE JACQUES CARTIER, IN 1541-1542, IN HIS THIRD VOYAGE AND ROBERVAL IN 1542-43, WINTERED WITH THEIR FOLLOWERS SOME 200 IN ALL IN TWO FORTS, UPPER AND LOWER, BUILT BY CARTIER AND REPAIRED AND EXTENDED BY ROBERVAL, WHO RENAMED THE PLACE "FRANCE-ROY". THIS FIRST ATTEMPT TO COLONIZE CANADA, PROVED A DISASTROUS FAILURE AND WAS ABANDONED. IN 1543, CARTIER WAS SENT BY THE KING TO BRING ROBERVAL BACK TO FRANCE. HERE WERE GROWN THE FIRST WHEAT AND EUROPEAN VEGETABLES IN CANADA.
C.M.H.C.

C'est le 23 mai que Cartier partit pour le Canada; ayant essuyé des tempêtes, il n'arriva à la rivière Saint-Charles que le 23 août suivant. Il se rendit au Cap-Rouge bâtir le fort; le nom de celui-ci fut donné en honneur du duc d'Orléans.

Ayant trouvé, aux alentours, du métal brillant et des pierres, il en fit remplir neuf barils. En France, l'on constata que c'était pyrite de fer et mica. D'où le proverbe: «Faux comme diamants de Canada».

Il n'est pas prouvé que Cartier fit un autre voyage en Nouvelle-France.

AVANT 1608

LES ALGONQUINS, HABITANTS DU SOL AVANT LES FRANÇAIS

Statue à Québec, en face de la façade principale du palais législatif, au-dessus de la fontaine.

Le sculpteur, Philippe Hébert, de cette statue, a donné à son oeuvre le titre suivant: «La halte dans la forêt». C'est, particulièrement, un hommage aux Algonquins, habitants du sol de la région, quand Samuel de Champlain fonda Québec, en 1608.

Cette tribu, appelée aussi Lenni-Jenappes, occupait ce territoire depuis un peu en bas de Québec jusqu'à la rivière Saint-Maurice. Elle demeura toujours fidèle aux Français.

Ce sont des Algonquins et des Hurons qui, en 1615, demandèrent à Champlain d'aller combattre les Iroquois au lac qui porte le nom de celui-ci.

Ce sont eux aussi qui se joignirent à Dollard des Ormeaux au combat de Long-Sault; les Hurons passèrent à l'ennemi, mais les Algonquins restèrent fidèles jusqu'à la mort.

Les Algonquins étaient passés maîtres dans la taille du silex et les pointes de leurs flèches étaient les plus belles de toutes. Leurs canots, faits d'écorce de bouleau, étaient très légers et gracieux. Ils étaient d'excellents canotiers.

Nomades surtout durant la froide saison, alors qu'ils allaient faire la chasse et la pêche au loin, ils revenaient ensuite, plusieurs mois, non loin des agglomérations françaises pour y faire des échanges.

L'oeuvre de Hébert montre des personnages très sympathiques fidèles aux traits principaux des Algonquins. Le père, fier de sa famille, debout, regarde son fils qui, un genou à terre, vise avec assurance sa cible. À droite, son épouse, au visage expressif, attise le feu de sa main droite. Entre eux, leur petit enfant, un peu craintif, appuie son bras affectueusement sur sa mère.

1608

SAMUEL DE CHAMPLAIN FONDA QUÉBEC

À CHAMPLAIN, LA VILLE DE QUÉBEC.

SAMUEL DE CHAMPLAIN NÉ À BROUAGE, EN SAINTONGE, VERS 1567; SERVIT À L'ARMÉE SOUS HENRI IV EN QUALITÉ DE MARÉCHAL DES LOGIS; EXPLORA LES INDES OCCIDENTALES DE 1599 À 1601, L'ACADIE DE 1604 À 1607; FONDA QUÉBEC EN 1608; DÉCOUVRIT LE PAYS DES GRANDS LACS; COMMANDA PLUSIEURS EXPÉDITIONS CONTRE LES IROQUOIS DE 1609 À 1615; FUT SUCCESSIVEMENT LIEUTENANT-GOUVERNEUR, ET GOUVERNEUR DE LA NOUVELLE-FRANCE. MORT À QUÉBEC LE 25 DÉCEMBRE 1635.

SAMUEL DE CHAMPLAIN BORN AT BROUAGE IN SAINTONGE ABOUT 1567, SERVED IN THE FRENCH ARMY AS MARECHAL DES LOGIS UNDER HENRI IV, EXPLORED THE WEST INDIES FROM 1599 TO 1601 AND ALSO ACADIA FROM 1604 TO 1607. FOUNDED QUÉBEC IN 1608 DISCOVERED THE REGION OF THE GREAT LAKES, LED SEVERAL EXPEDITIONS AGAINST THE IROQUOIS FROM 1609 TO 1615, WAS SUCCESSIVELY LIEUTENANT GOVERNOR AND GOVERNOR OF NEW FRANCE, DIED AT QUÉBEC 25th DEC. 1635.

CE MONUMENT A ÉTÉ ÉRIGÉ PAR SOUSCRIPTIONS DES CITOYENS DE CETTE VILLE, DES GOUVERNEMENTS DU CANADA, DES PROVINCES DE QUÉBEC ET D'ONTARIO, ET DU CONSEIL MUNICIPAL DE QUÉBEC, EN L'ANNÉE 1898, LA 62ème DU RÈGNE DE SA MAJESTÉ LA REINE VICTORIA.

THIS MONUMENT WAS ERECTED BY THE SUBSCRIPTIONS OF THE CITIZENS OF QUÉBEC, THE GOVERNMENTS OF QUÉBEC AND ONTARIO AND THE MUNICIPAL COUNCIL OF QUÉBEC, A.D. 1898, AND IN THE 62nd OF THE REIGN OF HER MAJESTY QUEEN VICTORIA.

ALEXANDRE CHAUVEAU, PRÉSIDENT DU COMITÉ DES CITOYENS. PAUL CHEVRÉ STATUAIRE. PAUL LE CARDONNEL, ARCHITECTE.

I.P.

Monument à Québec sur la terrasse Dufferin.

1608

LA PLACE ROYALE

À Québec, à la basse-ville.

Champlain, au printemps de 1608, fit abattre les arbres qui se trouvaient à peu près là où est actuellement l'église Notre-Dame-des-Victoires et y fit construire son «Abitation de Québecq». Celle-ci comprenait deux corps de logis, un magasin, un pigeonnier, une palissade, des fossés et des jardins.

Au nord, entre le fossé et la falaise, il fit ériger une forge, un corps de logis et une cabane; au centre, il fit faire un jardin d'environ 100' par 30'.

Ce fut le berceau de la civilisation française en Amérique.

De 1650 à 1662, plus de trente-cinq terrains y furent concédés aux environs où, graduellement, des marchands construisirent maisons et magasins. L'alignement et les dimensions de la place publique, nommée alors «Place du marché», sont demeurés inchangés.

Dans la nuit du 4 au 5 août 1682, un incendie, qui dura sept heures, rasa la basse-ville. La reconstruction se fit, bénéficiant de l'expérience acquise.

En 1686, l'intendant Champigny fit ériger le buste de Louis XIV, au centre de la place qui, dès lors, prit le nom de «Place royale».

Le ministère des Affaires culturelles du Québec, en collaboration avec le ministère fédéral de l'Expansion économique régionale, au cours de 1970, entreprit la restauration de cette place. Lorsque celle-ci sera complétée, elle aura compris une soixantaine de maisons.

1608

SAMUEL DE CHAMPLAIN, LE PÈRE DE LA NOUVELLE-FRANCE

Samuel de Champlain vit le jour à Brouage (Saintonge, France), du mariage d'Antoine et de Marguerite Le Roy. Les registres ayant été détruits dans un incendie, on ne sait la date exacte de cette naissance que l'on croit être en 1567.

Il s'initia très jeune à la navigation, visitant plusieurs pays. Henri IV lui paya une pension à titre de «géographe royal». Aymar de Chastes lui confia l'exploration, avec François Gravé, du Saint-Laurent, remontant celui-ci jusqu'au lac Saint-Louis, en 1603. C'est alors qu'il remarqua le site extraordinaire de Québec (Passage étroit), avec son cap de 330 pieds, à 800 milles du golfe.

Avec de Monts, il fit de même pour les côtes américaines de l'Atlantique nord, de 1604 à 1607. Constatant les difficultés de la colonie de l'Acadie, il préféra les rives du Saint-Laurent. Arrivé avec le DON-DE-DIEU à Tadoussac, il se rendit en barque fonder Québec, le 3 juillet 1608. Il y fit construire immédiatement son «Abitation», au pied de la falaise, à deux pas de l'actuelle chapelle de Notre-Dame des Victoires.

Il consacra le reste de sa vie à cette entreprise. Il découvrit le territoire actuel de l'Ontario, remonta la rivière Richelieu jusqu'au lac auquel il donna son nom, provoqua la fondation des Trois-Rivières, en multipliant ses démarches en France comme au Canada pour le progrès de la colonie.

Âgé d'une quarantaine d'années, il épousa, en 1610, Hélène Boullé (1598-1654), qui n'avait que douze ans. Celle-ci vint demeurer à Québec, en 1620, et y demeura quatre ans.

Champlain, atteint de paralysie, mourut, à Québec, le 25 décembre 1635. Il a mérité le titre de «Père de la Nouvelle-France».

CHAMPLAIN
RAOUL HUNIER, SCULPTEUR

Statue à Québec, dans une niche sur la façade de l'Hôtel du Gouvernement, à l'angle de la Grande-Allée et Dufferin.

VERS 1613

GUILLAUME COUILLARD

Guillaume Couillard de L'Espinay, né vers 1591, du mariage de Guillaume et d'Élisabeth de Vesins, arriva au Canada, vers 1613. On ne sait s'il était originaire de Saint-Malo ou de Saint-Landry de Paris.

Il fut charpentier, matelot et l'un des premiers véritables habitants au Canada.

En 1621, il épousait Marie Guillemette, fille de Louis Hébert, le premier cultivateur du pays. Ce dernier y était arrivé environ quatre ans après son gendre. Après la mort de Hébert, c'est celui-ci qui continua à cultiver sa terre, son épouse ayant eu la moitié de son héritage. En 1627, il recevait de Champlain cent arpents sur la rivière Saint-Charles.

Il fut un véritable cultivateur. Dès 1628, il se servait d'une charrue; en 1632, il avait vingt arpents en culture; sept ans après, il possédait un moulin à farine.

Lorsque les Kirke prirent Québec en 1629, il demeura au pays avec sa famille. En 1654, il reçut des lettres de noblesse. Son blason était d'**azur à colombe d'or aux ailes déployées, portant en son bec un rameau d'olivier**. Sa devise était: **Dieu aide au premier colon**.

Il décéda en 1663 et fut inhumé dans la chapelle de l'Hôtel-Dieu, à qui il avait donné des lots de terrain. Il eut dix enfants.

Statue à Québec, au pied du monument à Louis Hébert, Place de l'Hôtel de ville.

GUILLAUME COUILLARD 1613-1663
ALFRED LALIBERTÉ, sculpteur
I.P.

1615-1915

LES PREMIERS MISSIONNAIRES RÉCOLLETS

1615-1915. À NOS PREMIERS MISSIONNAIRES LES RÉCOLLETS DENYS JAMMET, JOSEPH LECARON, JEAN DOLBEAU, PACIFIQUE DUPLESSIS. LES CANADIENS RECONNAISSANTS.

Monument à Québec, à la Place d'Armes

Sculpture d'après les dessins de l'abbé Adolphe Garneau.

On l'appelle le Monument de la Foi, étant surmonté d'une statue symbolique représentant cette vertu théologale.

La Place d'Armes est justement à l'endroit où s'élevait le couvent et l'église des Récollets.

Trois côtés du monument sont ornés de bas-reliefs.

L'un représente l'arrivée, à Québec, le 2 juin 1615, du Père Jean Dolbeau, appelé le premier curé de Québec. C'est lui qui célébra la première messe à Québec même, le 25 juin 1615. En 1620, il y bénit le premier couvent et le premier séminaire du pays. Cette année-là, il quitta définitivement le Canada pour la France, où il mourut, à Orléans, en 1652.

Le deuxième bas-relief représente la première messe dite dans l'Île de Montréal, le 25 juin 1615, en présence de Champlain, à la Rivière-des-Prairies, par le Père Jammet, assisté du Père LeCaron; le Père Jammet fut le premier supérieur. Il fit construire le couvent de Notre-Dame-des-Anges, en 1621. Il quitta Québec, l'année suivante, et mourut en France, au couvent de Montargis, en 1625.

Le troisième bas-relief montre le Père LeCaron au pays des hurons, où, en 1615, il célébra la première messe et où il fonda la première mission. Lui et les autres Récollets durent quitter le pays, en 1629, lors de la prise de Québec par les Kirke, mais lui ne revint pas. Il mourut de la peste en 1632, le 29 mars, soit le même jour de la signature du traité de Saint-Germain-en-Laye, qui rétrocédait le Canada à la France.

Le Frère Duplessis, avant d'être Récollet en 1598, avait été apothicaire. À Québec, il dirigea la construction de la première chapelle, dédiée à l'Immaculée-Conception. Il fut envoyé aux Trois-Rivières pour y évangéliser les Indiens; ayant enseigné aux enfants de ceux-ci, il est considéré comme le premier maître d'école du Canada. Décédé à Québec, en 1619, il fut ainsi le premier missionnaire à mourir au pays.

1617

LOUIS HÉBERT, PREMIER COLON CANADIEN

Monument à Québec, au parc de l'hôtel de ville.   ALFRED LALIBERTÉ, sculpteur.

    Louis Hébert fut le premier colon à vivre à même les produits de sa terre. Celle-ci comprenait le site actuel de la basilique, du séminaire ainsi que des rues Hébert et Couillard.

    Fils de Nicolas, apothicaire, il était né à Paris, vers 1575. Il avait d'abord été pour s'établir en Acadie, en 1606 puis en 1610, mais dut retourner en France. Le 11 mars 1617, il partait pour Québec avec sa femme et ses trois enfants: Anne, Guillemette et Guillaume. Ils durent ne cultiver qu'avec des outils manuels (la première charrue n'ayant été employée qu'en 1628).

    Il fut procureur du roi pour administrer la justice. En 1626, il fit ratifier ses droits sur le fief noble Saint-Joseph (appelé plus tard Lespinay).

    Il mourut le 25 janvier 1627. Lui et son épouse, Marie Rollet, eurent les enfants suivants: Guillaume qui épousa Hélène Desportes, Guillemette, Guillaume Couillard, et Anne, Étienne Jonquet.

LOUIS HÉBERT
LES PREMIERS COLONS DE QUÉBEC.
ILS ONT ÉTÉ À LA PEINE
QU'ILS SOIENT À L'HONNEUR.

1617	LOUIS HÉBERT MARIE ROLLET	1634	MARIN BOUCHER PERRINE MAILET
1618	GUILLAUME COUILLARD M. GUILLEMETTE HÉBERT	1634	SÉBASTIEN DODIER MARIE BONHOMME
1618	ABRAHAM MARTIN MARGUERITE LANGLOIS	1634	PIERRE DE LA PORTE ANNE VOYER
1618	NICOLAS MARCOLET MARIE LE BARBIER	1634	JEAN JUCHEREAU MARIE LANGLOIS
1618	NICOLAS PIVERT MARGUERITE LESAGE	1634	JEAN SAUVAGET ANNE DUPUIS
1618	PIERRE DESPORTES FRANÇOISE LANGLOIS	1634	GUILLAUME ISABEL CATHERINE DODIER
1618	ÉTIENNE JONQUEST ANNE HÉBERT	1634	ROBERT DROUIN ANNE CLOUTIER
1618	OLIVIER LE TARDIF LOUISE COUILLARD	1634	LOUIS HENRI PINQUET LOUISE BOUCHER
1618	JEAN NICOLET MARGUERITE COUILLARD	1634	PIERRE DELAUNEY FRANÇOISE PINQUET
1618	NOËL MORIN HÉLÈNE DESPORTES	1634	FRANÇOIS AUBERT ANNE FAUCONNIER
1618	NOËL LANGLOIS FRANÇOISE GARNIER	1638	PIERRE LE GARDEUR MARIE FAVERY
1618	GUILLAUME HUBOU MARIE ROLLET	1638	CHARLES LE GARDEUR GENEVIÈVE JUCHEREAU
1634	ROBERT GIFFARD MARIE RENOUARD	1638	JACQUES LE NEUF MARGUERITE LE GARDEUR
1634	GUILLAUME FOURNIER MARIE-FRS HÉBERT	1638	ROBERT CARON MARIE CREVET
1634	JEAN GUYAU MATHURINE ROBIN	1638	FRANÇOIS BÉLANGER MARIE GAGNON
1634	JEAN GUYAU MADELEINE BOULÉ	1638	CLAUDE POULIN JEANNE MERCIER
1634	JEAN BOURDON JACQUELINE POTEL	1638	JACQUES HERTEL MARGUERITE MARGUERIE
1634	FRANÇOIS MARGUERITE LOUISE CLOUTIER	1638	ANTOINE BRASSARD FRANÇOISE MERY
1634	ZACHARIE CHARTIER XAINTES DUPONT	1638	ÉTIENNE RACINE MARGUERITE MARTIN
1634	JEAN CÔTÉ ANNE MARTIN	1638	RENÉ MAHEU MARGUERITE CORRIVEAU
1634	GASPARD BOUCHER NICOLAS LE MAIRE	1638	JACQUES MAHEU ANNE CONVENT
1634	PHILIPPE AMYOT ANNE CONVENT	1638	LOUIS SEDILLOT MARIE GRIMONET
1634	JEAN PAUL GODEFROY MADELEINE LE GARDEUR	1638	FRANÇOIS DE CHAVIGNY ÉLÉON DE GRANDMAISON
1634	JEAN BAPTISTE GODEFROY MARIE LE NEUF		

I.P.

N.B. Ces noms étaient sur le monument original qui s'élevait au même endroit, avant les travaux de rénovation de ce parc.

1617-1649

MARIE ROLLET, ÉPOUSE DE LOUIS HÉBERT

MARIE ROLLET ET SES ENFANTS ALFRED LALIBERTÉ, sculpteur.

Statue à Québec, au pied du monument à Louis Hébert, place de l'hôtel de ville.

Louis Hébert, Marie Rollet, son épouse, et leurs trois enfants, Anne, Guillemette et Guillaume, arrivèrent à Québec, en 1617.

Anne épousa, la même année, Étienne Jonquet, et mourut l'année suivante, en donnant naissance à un enfant dont les registres ne font pas mention.

Guillemette fut l'épouse de Guillaume Couillard, en 1621.

Guillaume se maria à Hélène Desportes, en 1634.

Marie Rollet fit de la Nouvelle-France sa patrie, préférant y demeurer même alors que les frères Kirke s'en emparèrent. Elle seconda son mari de son mieux.

Louis Hébert étant décédé en 1627, elle se remaria, en 1631, avec Guillaume Hubou, dont il n'y eut pas de postérité. Dans sa demeure du côteau Sainte-Geneviève, elle reçut des sauvagesses qu'elle instruisit et prépara au baptême.

Marie Rollet décéda, le 27 mai 1649, à Québec où elle fut inhumée.

VERS 1620

ABRAHAM MARTIN, PREMIER PILOTE DU ROI

CE MONUMENT RAPPELLE AU PASSANT ABRAHAM MARTIN DIT «L'ÉCOSSOIS» PREMIER PILOTE DU ROY SUR LE SAINT-LAURENT ET LABOUREUR DES PLAINES ILLUSTRES QUI PORTENT SON NOM.
DON DU PACIFIQUE CANADIEN.

THIS MONUMENT RECALLS TO PASSERS BY ABRAHAM MARTIN CALLED "THE SCOT" FIRST "KING'S PILOT" ON THE ST. LAWRENCE WHO TILLED THE LAND ON THE ILLUSTRIOUS PLAINS WHICH BEAR HIS NAME.
ERECTED BY THE CANADIAN PACIFIC RAILWAY.
HH JRS

I.P.

octobre 1621, eut comme parrain Eustache Boullé, le beau-frère et lieutenant de Champlain.

Abraham Martin n'a pas de descendant de son nom.

Il décéda le 8 septembre 1664, à Québec; son épouse se remaria, l'année suivante, avec René Branche, mais mourut en décembre de la même année.

Abraham Martin, né en France en 1589, arriva au Canada vers 1620, avec sa seconde épouse, Marguerite Langlois, sa fille Anne, née de son premier mariage, ainsi que Françoise Langlois, soeur de son épouse, mariée à Pierre Desportes.

L'on ne sait pas pourquoi on lui a donné le surnom de «l'Écossais».

Il gagna, d'abord, suffisamment comme employé de la Compagnie de Rouen pour que les siens puissent vivre convenablement. Il cultiva aussi sa terre, qui mesurait trente-deux arpents, étant là où se trouvent les plaines d'Abraham (d'où le nom de celles-ci). Il eut, en 1635, les premiers douze arpents de la Compagnie de la Nouvelle-France, puis les vingt autres comme don de Adrien Du Chesne, chirurgien naval, en 1645.

Lors de la prise de Québec par les frères Kirke, en 1629, il y resta avec sa famille.

Martin eut neuf ou dix enfants, dont Eustache, qui fut le premier Canadien de naissance; celui-ci, ayant été baptisé le 24

Monument à Québec, rue Abraham Martin, au quai Princesse Louise (près d'un lampadaire géant).

Sculpteur: Henri Hébert.

ENTRE 1621 et 1639

LA MAISON DE GUILLAUME COUILLARD, BERCEAU DU PETIT SÉMINAIRE DE QUÉBEC

ICI S'ÉLEVAIT LA MAISON DE GUILLAUME COUILLARD, GENDRE DE LOUIS HÉBERT, PREMIER COLON DE QUÉBEC. ACQUISE PAR MGR DE LAVAL, ELLE SERVIT DE BERCEAU AU PETIT SÉMINAIRE, FONDÉ EN 1668. CE MONUMENT A ÉTÉ ÉRIGÉ À L'OCCASION DU CENTENAIRE DE L'UNIVERSITÉ LAVAL, AVEC DES PIERRES RETIRÉES DES VIEILLES FONDATIONS.

C.S.M.H.C.

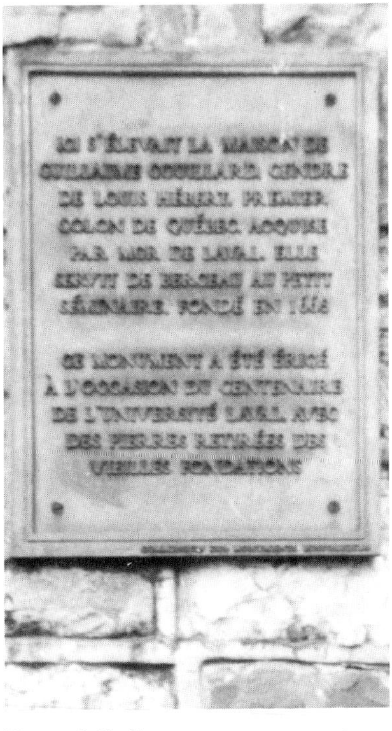

Mgr de Laval, lorsqu'il fonda son Petit Séminaire, en 1663, en logea le personnel dans sa demeure épiscopale. Il acheta de Guillemette Hébert, épouse de Guillaume Couillard, le 10 avril 1660, environ 18 arpents en superficie attenant à la cathédrale et à l'évêché. Il est impossible de savoir l'année exacte de la construction par Couillard de la maison y érigée, mais, après recoupement, l'on croit que ce fut entre 1621 et 1639.

Se conformant à une demande de Colbert, des Indiens furent acceptés au Petit Séminaire, soit six Hurons, avec les 8 Français, le 9 octobre 1668.

Cette maison ne suffisant plus, il fallut construire; la nouvelle bâtisse fut bénie le 8 décembre 1677. La maison Couillard fut démolie, les fondations restant; les matériaux non utilisés furent enfouis. Le tout fut recouvert.

En 1866, en creusant à droite du jardin, on découvrit ces fondations sans plus. Mais l'abbé Charles-Honoré Laverdière, doué d'une foule de talents dont ceux d'archéologue et d'historien fit faire des fouilles. L'on constata que c'était bien ce qui restait de la maison Couillard.

Le 12 novembre 1952, Mgr Ferdinand Vandry, Supérieur général et Recteur de l'Université de Québec, dévoilait la plaque ci-contre. Le cairn contient un certain nombre de pierres de ces fondations.

Plaque à Québec sur un monument rustique, dans la cour entre le Petit et le Grand Séminaire. Entrée vis-à-vis le No 22 rue Ste-Famille, puis par la 7ème rue.

1625

NICOLAS VIEL, LE PREMIER MARTYR AU CANADA

Statue à Québec, dans une niche sur la façade de l'Hôtel du Gouvernement, Québec.

VIEL

Nicolas Viel fut le premier martyr de la foi au Canada. Revenant de la Huronnie (Ontario), il fut massacré, le 24 juin 1625 par trois Indiens qui le conduisaient en canot vers Québec, et noyé. Ils étaient alors au dernier saut, là où se trouve actuellement Sault-au-Récollet, à Montréal.

Arrivé à Québec le 28 juin 1623, il partait, dès le 16 juillet, pour sa mission, accompagné du Père Joseph Le Caron et du Frère Gabriel Sagard et un groupe de Hurons, pour arriver à Caragouha.

Là, il exerça son apostolat, étudiant en outre la langue huronne et complétant le dictionnaire de cet idiome du Père Le Caron, «avec le désir de vivre et de mourir dans sa mission».

Deux ans après, il décida de se joindre à un groupe d'Indiens se rendant vers l'Est pour la traite. Ahuntsic, l'un de ses néophites, l'accompagnait et subit le même sort que lui, en la même circonstance, sur la rivière Des Prairies.

Le Père Viel, né à Coutances (Normandie), fut reçu Récollet en la province de Paris. Il était à Montargis (Loiret), lorsqu'il reçut son obédience pour le Canada.

Il fut inhumé à Québec.

1627

LA MAISON ET LE MAGASIN DE LA CIE DES CENT ASSOCIÉS

SUR CE TERRAIN S'ÉLEVAIT LA MAISON ET MAGASIN DE LA COMPAGNIE DES CENT ASSOCIÉS. ELLE SERVIT D'ÉGLISE PAROISSIALE APRÈS L'INCENDIE DE NOTRE-DAME DE RECOUVRANCE LE 14 JUIN 1640, ET DE RÉSIDENCE AUX RR. PP. JÉSUITES PENDANT DIX-SEPT ANS 1640-1657.

ON THIS GROUND STOOD THE TRADING HOUSE OF THE COMPANY OF THE HUNDRED ASSOCIATES. IT SERVED AS A PARISH CHURCH AFTER THE BURNING DOWN OF NOTRE-DAME DE RECOUVRANCE, ON THE 14th OF JUNE 1640 ALSO SERVED AS A PLACE OF RESIDENCE FOR THE JESUIT FATHERS FROM 1640 TO 1657.

I.P.

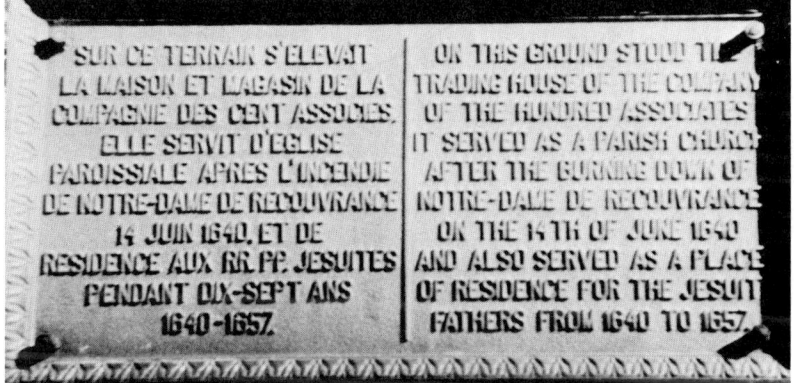

Plaque à Québec sur la rue des Jardins, face à la cathédrale anglicane.

La Compagnie des Cent Associés (aussi désignée: de Richelieu ou de la Nouvelle-France) fut fondée en 1627 par le cardinal de Richelieu pour coloniser l'Acadie et le Canada. Ses articles furent approuvés par le roi Louis XIII le 29 avril.

C'est Champlain qui plaida cette cause auprès du cardinal. Le nom de celui-ci est au premier rang des cent actionnaires. Chacun s'engageait à verser 3.000 livres. Son empire s'étendait de la Floride à Terre-Neuve jusqu'à l'Artique et les Grands-Lacs, y jouissant d'un monopole. L'objectif était d'y conduire environ 4,000 colons.

La guerre avec les Anglais, la mort de Richelieu, des procès, etc. entravèrent son action. C'est surtout Champlain, les Jésuites, de Maisonneuve, Robert Giffard et autres qui se firent colonisateurs et empêchèrent que le Canada fut perdu pour la France.

Le 24 février 1663 eut lieu la dernière assemblée de la compagnie avec les quelques membres qui restaient. La Nouvelle-France fut remise à la Couronne.

1633

NOTRE-DAME-DE-RECOUVRANCE, PREMIÈRE ÉGLISE PAROISSIALE DU CANADA

EN 1952, LA SOCIÉTÉ HISTORIQUE DE QUÉBEC A RETROUVÉ EN CET ENDROIT LES RESTES DES FONDATIONS DE NOTRE-DAME-DE-RECOUVRANCE, PREMIÈRE ÉGLISE PAROISIALE DU CANADA.

IN 1952, THE SOCIÉTÉ HISTORIQUE DE QUÉBEC DISCOVERED ON THESE PREMISES THE REMNANTS OF THE GROUND-WORKS OF NOTRE-DAME-DE-RECOUVRANCE, THE FIRST PAROCHIAL CHURCH IN CANADA.

COMMISSION DES MONUMENTS ET SITES HISTORIQUES ET ARTISTIQUES.

Les frères Kirke ayant pris Québec, en 1629, Samuel de Champlain dut rentrer en France aussitôt, la mort dans l'âme. Il s'empressa de multiplier ses démarches pour que la Nouvelle-France redevienne colonie française. Car la capitulation de Québec avait été faite trois mois après la signature de la paix entre les deux pays. Il fit le voeu de dédier une chapelle à Notre-Dame-de-Recouvrance, si cette rétrocession était faite.

Le traité de Saint-Germain-en-Laye, en mars 1632, remit, en effet, le Canada à la France. Champlain revint à Québec, au printemps de 1633. Sans retard, il remplit son voeu, en construisant une chapelle sous ce vocable, près du fort Saint-Louis.

Cette chapelle, construite aux frais de la Compagnie des Cent Associés, fut érigée sur un terrain appartenant à celle-ci. Elle mesurait environ 40 pieds par 16. Elle n'avait pas de transept et son portail était à l'ouest, étant orientée comme la basilique actuelle.

En 1640, elle fut incendiée en même temps que la chapelle Champlain et la résidence des Jésuites.

Elle fut remplacée par une église, non sur le même emplacement mais sur un terrain voisin donné par Guillemette Hébert, fille de Louis Hébert, et son époux, Guillaume Couillard.

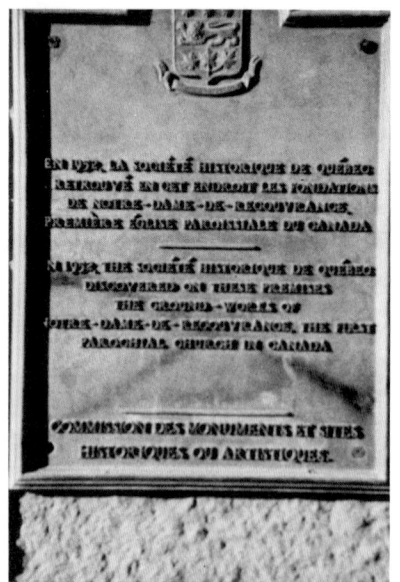

Plaque à Québec, au No 15, rue Buade.

1634

ROBERT GIFFARD, PREMIER SEIGNEUR COLONISATEUR

ROBERT GIFFARD MÉDECIN ET COLONISATEUR. CRÉÉ SEIGNEUR DE BEAUPORT EN 1634, IL RÉALISA DANS SA PERFECTION LE TYPE DE SEIGNEUR COLONISATEUR. NÉ À MORTAGNE (PERCHE) FRANCE EN 1587. DÉCÉDÉ À BEAUPORT LE 14 AVRIL 1668. PLAQUE APPOSÉE PAR LE GOUVERNEMENT DU CANADA. COMMISSION DES LIEUX ET MONUMENTS.

Plaque à Giffard, près de l'hôtel de ville.

Le 15 janvier 1634, la Compagnie des Cent Associés concédait à Robert Giffard (de Moncel) «une lieue de terre à prendre le long de la coste du fleuve St-Laurent sur une lieue de demye de profondeur dans les terres, à l'endroit où la Rivière appelée Notre Dame de Beauport entre dans le dit Fleuve, icelle rivière comprise».

Le 4 juin suivant, il arrivait à Québec avec sa femme, Marie Regnouard, et ses enfants ainsi que plusieurs censitaires. Ils allèrent sur sa seigneurie bâtir le manoir et quelques maisons et faire des travaux de déboisement et même de semence. C'était le début de l'immigration percheronne qui allait tant contribuer au peuplement et à l'enrichissement de la colonie.

Né à Mortagne, en 1587, de Marc et Jeanne Poignant, ceux-ci le mirent en apprentissage chez un chirurgien. Il devint «chirurgien de marine», profession qu'il exerçait sur un navire faisant la navette entre la France et le Canada. Il vint ici, probablement avant 1627, alors qu'il se bâtit une cabane à la Canardière, près de Beauport, sans doute pour y faire la chasse et la pêche. Il rêva dès lors de venir s'y établir avec les siens. Sept ans après, non seulement c'est ce qu'il fit mais il amena aussi nombre de compatriotes du Perche, dont Noël Langlois, Jean Juchereau de Maur, Gaspard et Marin Boucher et autres.

Sa seigneurie fut plus tard agrandie. En 1666, on y recensait 29 foyers et 184 personnes. Giffard eut plusieurs enfants mais n'a pas laissé de descendants de son nom, son fils Joseph n'ayant pas laissé de postérité.

Il fut le premier médecin de l'Hôtel-Dieu de Québec, en 1640. Huit ans après, il devenait membre des lettres patentes de noblesse pour lui et ses descendants.

Il décéda en 1668 dans son manoir de Beauport.

1634

ROBERT GIFFARD, COLONISATEUR DE BEAUPORT

ROBERT GIFFARD SEIGNEUR PREMIER COLONISATEUR 1634 — BEAUPORT — 1934.

I.P.

Monument à Beauport, sur la rue Élisabeth, à l'angle de la rue Fargy.

Robert Giffard, profitant d'un séjour à Mortagne, en 1628, en profita pour épouser, à l'âge de 41 ans, Marie Renouard de sept ans plus jeune que lui.

Mais, l'année suivante, les Kirke s'étaient emparés de Québec, Giffard ne put venir s'établir au Canada avec son épouse qu'en 1634. Entre-temps, deux enfants étaient nés: Marie, l'aînée (qui devait épouser, à Québec, Jean Juchereau, sieur de La Ferté, qui devint membre du Conseil Souverain) et Charles, qui repassa en France, en 1646.

Naquirent au Canada:

Françoise, qui vint au monde huit jours seulement après l'arrivée de ses parents au pays; elle se fit religieuse;

Thérèse, qui épousa Nicholas Juchereau, sieur de St-Denis, qui seconda l'oeuvre de son beau-père dans la seigneurie et qui fut anobli;

Et Joseph, qui devint propriétaire de la seigneurie de Beauport. Il prit le nom de sieur de Fargy (anagramme de Giffard).

Robert Giffard remplit plusieurs fonctions au Canada, y compris celle de marguillier de l'église de Québec, alors la seule paroisse du pays. Dans sa seigneurie, il soigna les maladies non seulement de ses colons mais aussi des Indiens.

C'est le Père Carheil qui l'assista durant sa dernière maladie, à l'âge de 81 ans. Selon son désir, il fut inhumé dans le cimetière de Beauport, au pied de la croix de l'église. «Nous avons assisté 3 de nos Pères à ses obsèques avec Mgr l'évêque, M. de Bernière et M. de Mézéré, l'officiant, avec les séminaristes» (Journal des Jésuites).

1635

L'EMPLACEMENT DU COLLÈGE DES JÉSUITES

SUR CET EMPLACEMENT S'ÉLEVAIT LE COLLÈGE DES JÉSUITES, FONDÉ EN 1635, INCENDIÉ EN 1640, REBÂTI EN 1642, CONSIDÉRABLEMENT AGRANDI EN 1725, OCCUPÉ PARTIELLEMENT PAR LES TROUPES ET L'ADMINISTRATION ANGLAISES 1759 À 1775, UTILISÉ COMME CASERNE DE 1776 À 1871 ET DÉMOLI EN 1877. L'ÉGLISE ATTENANTE, QUI S'ÉTENDAIT VERS LA RUE STE-ANNE FUT CONSTRUITE EN 1666 ET DÉMOLIE EN 1807.

ON THIS SITE STOOD THE JESUITS' COLLEGE, FOUNDED IN 1635, DESTROYED BY FIRE IN 1640, REBUILT IN 1642, CONSIDERABLY ENLARGED IN 1725. IT WAS OCCUPIED PARTLY BY BRITISH BY TROOPS AND PUBLIC OFFICES FROM 1759 TO 1775, AS BARRACKS FROM 1776 TO 1871. THE CHURCH ATTACHED TO IT, WHICH EXTENTED TO STE. ANNE STREET, WAS ERECTED IN 1666 AND DEMOLISHED IN 1807.

I.P.

Plaque à Québec, rue du Trésor, sur le mur du palais de Justice. (Tableau d'après R. Short).

Les Jésuites eurent leur résidence à Québec durant 130 ans. C'est à la demande des Récollets qu'ils arrivèrent à Québec, en 1625.

Mgr de Laval choisit leur supérieur comme grand vicaire et membre du Conseil souverain.

Voici ceux qui exercèrent cette fonction successivement: Le Jeune (1632-39), Vimont (1645), J. Lalemant (1650), Rogueneau (1653), Le Mercier (1656), De Queen (1659), J. Lalemant (1665), Le Mercier (1671), Dablon (1680), Beschefer (1686), Dablon (1693) et Bruyas (1698). Durant cette période vinrent se dévouer en Nouvelle-France 132 Pères, 42 coadjuteurs et bon nombre de Donnés et de domestiques.

Leur résidence, que l'on désigna sous le nom de Notre-Dame-des-Anges, servit d'abord de logement puis de séminaire. Le Père Le Jeune y ajouta un presbytère en bois, en 1633, puis le collège, qui fut le premier d'Amérique et le seul au Canada, durant 33 ans.

1636

LA CHAPELLE CHAMPLAIN

À Québec, plaque au No 9½, rue Buade.

ICI S'ÉLEVAIT LA CHAPELLE CONSTRUITE EN 1636 POUR RECEVOIR LES RESTES DE SAMUEL DE CHAMPLAIN. EN 1953, LA SOCIÉTÉ HISTORIQUE DE QUÉBEC EN A RETROUVÉ LES FONDATIONS.

HERE STOOD THE FUNERAL CHAPEL BUILT IN 1636 TO RECEIVE THE REMAINS OF SAMUEL DE CHAMPLAIN. THE SOCIÉTÉ HISTORIQUE DE QUÉBEC DISCOVERED ITS FONDATIONS IN 1953.

COMMISSION DES MONUMENTS ET SITES HISTORIQUES ET ARTISTIQUES.

Samuel de Champlain étant décédé le 25 décembre 1635, son corps fut d'abord inhumé dans un endroit qu'on ne connaît pas encore. Le gouverneur de Montmagny fit construire, en 1636, une chapelle pour honorer sa tombe, qu'on appelle «Champlain» ou «du Gouverneur».

Cette chapelle mesurait douze pieds de largeur et une vingtaine de longueur; elle était terminée par un rond-point. Elle avait un clocheton à la façade.

Elle fut incendiée, quelques années après, en même temps que l'église et la résidence des Jésuites. Mais elle fut immédiatement reconstruite.

Elle disparut à une date indéterminée, entre 1670 et 1673. On suppose que ce fut lors du tremblement de terre, mais on n'a aucune preuve à cet effet.

1637

LA FONDATION DE L'HÔTEL-DIEU DE QUÉBEC

Plaque à Québec sur le mur de l'Hôtel-Dieu, sur la côte du Palais, à l'angle de la rue McMahon.

L'HÔTEL-DIEU DE QUÉBEC FONDÉ EN 1637 PAR LA DUCHESSE D'AIGUILLON. HÔPITAL DÉDIÉ AU SANG DU FILS DE DIEU RÉPANDU POUR FAIRE MISÉRICORDE À TOUS LES HOMMES (DUCHESSE D'AIGUILLON).

HÔTEL-DIEU OF QUÉBEC FOUNDED IN 1636 BY THE DUCHESS D'AIGUILLON. HOSPITAL DEDICATED TO THE PRECIOUS BLOOD WHICH WAS SHED FOR THE REDEMPTION OF MANKIND (DUCHESS D'AIGUILLON).

I.P.

C'est la duchesse d'Aiguillon, nièce du cardinal de Richelieu, qui résolut de fonder un Hôtel-Dieu à Québec. Ensemble, ils contribuèrent, pour réaliser ce projet, à mettre une rente de 22400 livres tournois. Les Hospitalières de Dieppe voulurent bien accepter d'y envoyer: Mère Saint-Ignace (Marie Guénet) de 29 ans, Mère Saint-Bernard (Anne Lecointre), 28 ans, et Mère Saint-Bonaventure (Marie Forestier), 22 ans. Le départ se fit le 4 mai 1639 et elles n'arrivèrent que deux mois et demi après.

D'abord logées dans une habitation de la Compagnie des Cent Associés dans la haute-ville, vis-à-vis le château Saint-Louis, elles s'établirent ensuite à Sillery, où elles étaient exposées aux attaques iroquoises et devaient subir bien des privations. Elles revinrent à Québec en 1644 mais n'entrèrent dans leur Hôtel-Dieu qu'en 1646, la bénédiction officielle ayant lieu le 16 mars par le père Barthélemy Vimont.

L'Hôtel-Dieu fut agrandi plusieurs fois. En 1755, deux matelots mécontents y mirent le feu; Mère du Sacré-Coeur y périt. Il fallut reconstruire, ce qui se fit grâce à l'aide financière de Mgr de Pontbriand, de M. de Vaudreuil et à la générosité des habitants; l'inauguration aura lieu en 1757. Mais, deux ans après, c'est la prise de Québec par les Anglais, qui y logent leurs officiers et leurs compagnies. En 1775, c'est le tour des insurgés américains à faire de même.

Après 1800, la population s'est accrue considérablement. Il faut un plus vaste monastère. Le 8 novembre 1825, le monastère actuel fut installé.

Soulignons que ce sont quatre Religieuses Hospitalières qui, en 1693, furent élues pour la formation de l'Hôpital-Général de Québec.

LE FIEF SAINT-MICHEL

À Sillery, au No 1681, Chemin Saint-Louis, à l'entrée de la maison-mère des Soeurs Sainte-Jeanne d'Arc.

ST. MICHEL ARCHANGE, P.P.N.

AU TRÈS GLORIEUX SAINT MICHEL ARCHANGE PRINCE DE LA MILICE CÉLESTE, PORTE-ÉTANDARD DU SACRÉ-COEUR, DÉFENSEUR DE SES OEUVRES, ANGE GARDIEN DE JEANNE D'ARC, CE MONUMENT OEUVRE D'AMOUR, DE CONFIANCE, DE GÉNÉROSITÉ, BÉNI PAR S.E. LE CARDINAL BÉGIN, ARCH. DE QUÉBEC, FUT SOLENNELLEMENT INAUGURÉ PAR S. GR. MGR ROY, COAD. DE QUÉBEC LE 29 SEPTEMBRE 1922 SUR CETTE TERRE APPELÉE DÈS L'ANNÉE 1637 «FIEF DE ST. MICHEL».

I.P.

Le 15 janvier 1637, la Compagnie des Cent Associés concédait la seigneurie de Saint-Michel à Pierre de Puiseaux. Le Séminaire de Québec, qui en était devenu propriétaire dès 1668, vendit, en 1917, à la Congrégation des Soeurs de Sainte-Jeanne d'Arc, fondée trois ans auparavant. Celle-ci y construisit sa maison-mère, en 1918.

C'est le fondateur de cette communauté, le Père Marcel Clément Staub, Assomptionniste, originaire d'Alsace, qui fit ériger ce monument. Saint. Michel Archange, dès le 29 septembre 1917, à la première prise d'habit des soeurs de cette congrégation, avait été constitué patron de celle-ci.

La maison Fumière, de Paris, non seulement fit les plans de ce monument mais exécuta la statue en bronze doré. La maison Jobin & Genois, de Québec, l'érigea. Le piédestal est en granit poli et piqué.

La croix de Lorraine et les deux fleurs de lys gravées y sont en hommage à Jeanne d'Arc. Les étoiles, sur les faces latérales, symbolisent les neuf choeurs des anges.

Au temps de cette inauguration, le territoire portait le nom de Bergerville.

Dès 1913, Alice Caron, née à l'Islet, avait demandé au Père Clément de fonder une communauté de soeurs pour se dévouer au service des prêtres. Mère Jeanne du Sacré-Coeur, l'une des fondatrices avec Alice Caron, fut la première supérieure en 1920. La congrégation exerce son apostolat au Canada et aux États-Unis.

1637 ET 1646

LE COMMANDEUR DE SILLERY BÂTIT L'ÉGLISE DE SAINT-MICHEL.
LE PÈRE ENNEMOND MASSÉ, S.J., Y FUT INHUMÉ

À Sillery, vis-à-vis la maison des Jésuites, boulevard Champlain.

LES HABITANTS DE SILLERY ONT ÉLEVÉ CE MONUMENT À LA MÉMOIRE DU PÈRE ENNEMOND MASSÉ, S.J. PREMIER MISSIONNAIRE EN CANADA, INHUMÉ EN 1646 DANS L'ÉGLISE DE SAINT-MICHEL, EN LA RÉSIDENCE DE SAINT-JOSEPH DE SILLERY.

THE INHABITANTS OF SILLERY HAVE ERECTED THIS MONUMENT TO THE MEMORY OF PÈRE ENNEMOND MASSÉ, S.J., FIRST MISSIONARY IN CANADA, BURIED IN 1646 IN THE CHURCH OF SAINT-MICHEL ON THE DOMAIN OF SAINT-JOSEPH OF SILLERY.

L'ÉGLISE DE SAINT-MICHEL QUI S'ÉLEVAIT EN CET ENDROIT, FUT BÂTIE PAR LE COMMANDEUR DE SILLERY FONDATEUR (EN 1637) DE LA RÉSIDENCE DE SAINT-JOSEPH.

THE CHURCH OF ST. MICHEL WHICH FORMERLY STOOD ON THIS SPOT WAS BUILT BY THE COMMANDER OF SILLERY FOUNDER (IN 1637) OF THE ST. JOSEPH DOMAIN.

Le Père Massé fut d'abord missionnaire en Acadie de 1611 à 1613, puis pour les Montagnais et les Algonquins de 1633 à 1646.

Né à Lyon en 1574, il entra au noviciat des Jésuites et fut ordonné prêtre en 1603. En 1625, il était du groupe de Jésuites qui arrivèrent à Québec. On lui confia la construction d'un établissement pour instruire «les filles des Sauvages avec les Français du pays», avec les vingt ouvriers amenés de France à cette fin.

C'est de Sillery que partirent les missionnaires comme Lalemant, Jogues, Brébeuf et autres martyrs.

Les abbés Laverdière et Casgrain, à l'automne 1869, trouvèrent les ossements de Père Massé sous la vieille église. Les habitants de Sillery voulurent alors manifester leur gratitude non seulement à celui-ci mais aussi au commandeur de Sillery, en érigeant ce monument. Celui-ci fut bénit par le grand vicaire Cazeau, assisté des abbés Laverdière et Casgrain.

1637

LA MAISON PUISEAUX

À Sillery, au No 2316, chemin des Foulons.

ICI S'ÉLEVAIT L'HABITATION DE PIERRE DE PUISEAUX, PREMIER PROPRIÉTAIRE EN 1637 DE LA TERRE DE SAINT-MICHEL OÙ HABITÈRENT LES RELIGIEUSES DE L'HÔTEL-DIEU EN 1640, ET, EN 1641-42, LES FONDATEURS DE MONTRÉAL. CETTE VOÛTE EST UNE RELIQUE DU XVIIe SIÈCLE.

HERE STOOD THE HOUSE OF PIERRE DE PUISEAUX, FIRST OWNER IN 1637 OF LA TERRE DE SAINT-MICHEL WHERE LIVED THE FIRST HOSPITALIÈRES IN 1640 AND, IN 1641-42, THE FOUNDERS OF MONTRÉAL. THIS VAULT IS A RELIC OF THE SEVENTEENTH CENTURY.

C.M.H.Q.

Pierre de Puiseaux, seigneur de Montrenault en France, de Saint-Michel et de Sainte-Foy au Canada, naquit vers 1566.

Il avait amassé beaucoup de biens dans les îles espagnoles. C'est en 1637 qu'il reçut les seigneuries canadiennes précitées de la Compagnie des Cent Associés. Il arrivait au pays peu après.

Il dépensa 100,000 livres pour défricher ses concessions et y ériger des constructions. Sa maison dans l'anse Saint-Michel, au pied du promontoire était «le bijou du pays». C'est là qu'il logea les Hospitalières à leur arrivée au Canada ainsi que Mme de La Peltrie, Jeanne Mance, M. de Maisonneuve et autres, en attendant d'aller fonder Montréal.

Puiseaux s'intéressa tellement au projet de Ville-Marie qu'il demanda à M. de Maisonneuve de devenir membre de la Société de Montréal et fit don à celle-ci, par acte notarié, de ses deux seigneuries canadiennes. Il accompagna même les fondateurs de Montréal en 1642.

Mais, plus tard, souffrant de paralysie partielle et voulant retourner en France pour s'y faire soigner, il demande et obtint la rétrocession de ses seigneuries.

En 1644, il retourna en France et mourut à La Rochelle en 1647. Par son testament, le 21 juin de cette dernière année, il léguait sa seigneurie de Sainte-Foy pour l'entretien de l'évêque futur de Québec.

1637-1640

NOËL BRULART DE SILLERY, FONDATEUR DE SILLERY

Statue à Sillery, avenue Maguire (en face de l'hôtel de ville).

HOMMAGE. CHEVALIER-PRÊTRE NOËL BRULART SILLERY. 1577-1640. 1956.

I.P.

C'est l'aide financière de Noël Brûlart, seigneur de Sillery, qui favorisa la fondation de Sillery. Il remit à cette fin, d'abord 12,000 livres au Père Charles Lalemant puis envoya au Canada, à ses frais, une vingtaine d'ouvriers, en juillet 1637. Quelques années après, il léguait 20,000 autres livres afin de créer une rente perpétuelle à la mission Saint-Joseph.

Dès 1627, il avait fait partie, parmi les premiers, de la Compagnie des Cent Associés, qui a joué un rôle important dans le progrès de la Nouvelle-France. Les RELATIONS attirent sa sympathie envers la conversion des Indiens du Canada.

Né le 25 décembre 1577, il représentait, à l'âge de 18 ans, sa famille dans l'Ordre de Malte; il devint page de son Grand-Maître. Henri IV le garda près de lui. Au nom de Marie de Médicis, il agit comme ambassadeur en Espagne pour conclure les fiançailles de Louis XIII avec l'Infante Anne d'Autriche; il fut aussi ambassadeur auprès du Pape. C'est lui qui obtint la pourpre cardinalice de Richelieu.

Le jubilé universel de 1625 le fit réfléchir. Il prit comme conseiller celui qui devait être Saint-Vincent de Paul. En 1634, il fut reçu prêtre. Il multiplia ses largesses aux oeuvres, particulièrement aux couvents et aux pauvres.

Décédé le 20 septembre 1640, il fut inhumé à l'église des Visitantines, à Paris. Vincent de Paul officia à son service et fit son oraison funèbre.

1638

LA MAISON DES JÉSUITES

À Sillery, au No 2320, chemin des Foulons.

Cette maison est la plus vieille du Canada.

Elle fut bâtie par les Jésuites, en 1637-38, grâce au don de 12,000 livres que leur fit le commandeur Noël Brûlart, seigneur de Sillery; ce dernier nom a été gardé en sa mémoire. L'inauguration eut lieu le 14 avril 1638.

Ce sont les Pères Paul Le Jeune et Dequen qui, les premiers, allèrent l'habiter. Elle était destinée à recevoir les Indiens, afin de pouvoir les convertir plus facilement. Durant les deux premiers mois, deux familles indiennes de vingt personnes y séjournèrent.

C'est là que mourut le Père Ennemond Massé, le 12 mai 1646, à l'âge de 72 ans, qui fut inhumé dans la chapelle non encore terminée.

Cette maison fut, malheureusement, incendiée en 1657, le feu ayant pris dans la cheminée de la cuisine. Elle fut immédiatement reconstruite. Donc, le solage et les murs de cette maison datent de 1637, mais le reste de 1657.

En 1924, elle appartenait à la famille Dobell; celle-ci en fit alors don au gouvernement du Québec, qui l'a confiée à sa Commission des Monuments historiques.

1639

OLIER, CO-FONDATEUR DE MONTRÉAL

Statue à Québec, dans une niche, sur la façade de l'Hôtel du Gouvernement.
OLIER

L'abbé Jean-Jacques Olier naquit à Paris, en 1608, l'année même de la fondation de Québec. En 1632, il eut l'inspiration de se dévouer à la fondation, au Canada, d'une ville chrétienne qui s'appellerait Ville-Marie. Il réalisa son voeu, mais sans pouvoir n'y jamais venir personnellement.

En 1639, avec le baron de Renty, de la Dauversière et du baron-abbé Fancamp, il créa la Société de Montréal qui réalisa la fondation projetée.

Cette réalisation se fit d'abord en y envoyant des chefs de file comme de Maisonneuve, Jeanne Mance et Marguerite Bourgeoys et des colons, mais, aussi, en y fondant trois communautés religieuses: l'une, formée d'ecclésiastiques pour l'instruction des enfants mâles; l'autre, avec des religieuses pour l'éducation des filles, indigènes et françaises; enfin la troisième pour les soins hospitaliers.

En 1650, quand la Société précitée dut se réformer, c'est encore M. Olier qui y joua un rôle important; il en assuma la présidence.

En 1641, il avait fondé le Séminaire de Saint-Sulpice qui, grâce à celui de Montréal, devait réaliser une oeuvre considérable à Ville-Marie, laquelle se continue de nos jours.

Il mourut en 1657, assisté de son ami, saint Vincent de Paul. Sa cause de béatification a été inscrite à Rome.

1639

MARIE DE L'INCARNATION

Statue dans une niche, sur la façade de l'Hôtel du Gouvernement, à Québec.

MARIE DE L'INCARNATION

ÉMILE BRUNET, SCULPTEUR

La fondatrice des Ursulines de Québec, Marie de l'Incarnation, naquit à Tours, le 28 octobre 1599. Elle était issue du mariage de Florent Guyart, maître boulanger, et de Jeanne Michelet.

Envoyée toute jeune à l'école, elle se sentit, dès lors, attirée à Dieu, à qui elle aimait raconter «ses petites affaires». À l'âge de 14 ans, elle voulait entrer dans une communauté. Mais ses parents, voyant sa belle humeur et son sens pratique, la crurent plutôt prête au mariage, vers ses 17 ans. Elle épousa alors Claude-Joseph Martin, maître ouvrier en soie de sa ville, dont elle eut un fils, Claude. Devenue veuve alors que celui-ci n'avait que six mois, et à peu près sans bien, elle alla d'abord demeurer chez son père, puis avec son sens des affaires, aida au commerce de son beau-frère, Paul Buisson.

Elle aurait pu facilement se remarier, mais préféra demeurer dans la solitude et la prière. En 1731, elle fit son entrée chez les Ursulines de Tours, ayant confié son fils à sa soeur. Elle prononça ses voeux en 1633. Son fils, qui avait d'abord été fort éprouvé par la perte de sa mère dans ces circonstances, entreprit ses études chez les Jésuites; il devint, plus tard, l'un d'eux et écrivit la biographie de sa mère.

Marie de l'Incarnation lisait les RELATIONS DES JÉSUITES. Elle résolut de se rendre au Canada, s'y dévouer à l'enseignement. Le père Poncet lui fit faire la connaissance de Mme de La Peltrie, qui avait le même désir. Il fut résolu qu'elles uniraient leurs efforts à cette fin.

Le 4 mai 1639, elle monta sur le SAINT-JOSEPH avec Mères Marie de Saint-Joseph et Cécile de Sainte-Croix, en route pour la Nouvelle-France.

1640

MATHURIN, JEAN ET PIERRE GAGNON

MATHURIN, JEAN ET PIERRE, FILS DE PIERRE GAGNON, DU PERCHE, S'ÉTABLIRENT ICI EN 1640. HONNEUR À CES VALEUREUX PIONNIERS! 14 SEPTEMBRE 1940.

MATHURIN, JEAN AND PIERRE, SONS OF PIERRE GAGNON, OF PERCHE, SETTLED HERE IN 1640. ALL HONOUR TO THOSE BRAVE PIONNEERS! SEPTEMBER, 14th, 1940.

C.M.H.Q.

Plaque à Château-Richer, sur la route 360, en face de la maision de M. Charles Simard.

Ces frères se tenaient comme les doigts de la main. Nés à Saint-Aubin de Tourouvre (Perche), de Pierre et de Madeleine-Renée Roger, ils furent, sans doute, sollicités par Robert Giffard ou Noël Juchereau à s'établir au Canada.

Ils commencèrent par occuper leurs terres à Château-Richer, mais, en 1651, ils bâtirent un magasin sur la place de la basse-ville, non loin de celui de la Communauté des Habitants.

Mathurin était le seul qui savait écrire des trois. Il était le chef, celui qui alla en France régler les affaires de famille et celles du commerce. L'été, il s'occupait de sa ferme et, l'hiver, du magasin. En 1650, avec une concession de 6 arpents par une lieue et demie de profondeur, il s'y établit définitivement. Onze ans après, il avait 20 bêtes à cornes et 45 arpents de terre cultivés.

À 41 ans, il épousa, en 1647, Françoise Goudreau, âgée de 13 ans, qui lui donna seize enfants. En 1690, il décédait. Ses descendants sont innombrables en Amérique.

1641-1642

PAUL DE CHOMEDEY DE MAISONNEUVE HIVERNA À SAINTE-FOY

Statue dans une niche sur la façade de l'Hôtel du Gouvernement, à l'angle de la Grande-Allée et Dufferin, Québec.

MAISONNEUVE

CLÉMENT PARÉ, SCULPTEUR

Avant d'aller fonder Montréal, le 17 mai 1642, Paul de Chomedey de Maisonneuve passa l'hiver de 1641-1642 à Sainte-Foy. Le gouverneur de Montmagny et la population de Québec firent pression sur lui pour qu'il reste près d'eux, lui offrant l'île d'Orléans. Maisonneuve refusa catégoriquement, voulant respecter l'engagement qu'il avait pris auprès de la Société de Montréal de fonder une colonie à Ville-Marie.

Il lui fallut, tout d'abord, trouver des logements pour les quelque 56 personnes qui l'accompagnaient, ce qui était impossible à Québec même. C'est alors qu'il fit connaissance avec Pierre de Puiseaux, propriétaire des seigneuries de Sainte-Foy et de Saint-Michel (Sillery). Celui-ci, reconnu comme un bon vieillard tout zélé pour ce pays dans lequel il avait fait de très grandes dépenses», fut enthousiasmé par le projet montréalais. Il donna, par acte devant le notaire Tronquet, le 23 novembre 1641, ses seigneuries précitées à la Société de Montréal. (Il devait, deux ans après, demander la rétrocession de ces biens, pour retourner en France.)

Le 8 mai suivant, les fondateurs de Montréal quittaient Québec dans quatre embarcations: une pinasse à trois mâts, une gabarre à fond plat et deux barques, portant 53 colons, dont 48 hommes et cinq femmes. Les accompagnaient M. de Montmagny, gouverneur, le Père Vimont, supérieur des Jésuites à Québec, qui devait bénir le nouvel établissement, Jeanne Mance, Mme de La Peltrie et sa demoiselle de compagnie, Charlotte (Catherine) Barré, ainsi que M. de Puiseaux. Le voyage dura neuf jours, s'arrêtant à l'heure des repas et pour camper sur la rive pour la nuit.

Chomedey de Maisonneuve dépensa 23 ans de sa vie à cette oeuvre. Il mourut, célibataire, en France, en 1676; il fut inhumé dans l'abbaye Saint-Étienne-du-Mont.

1641

LA FONDATION DU MONASTÈRE DES URSULINES

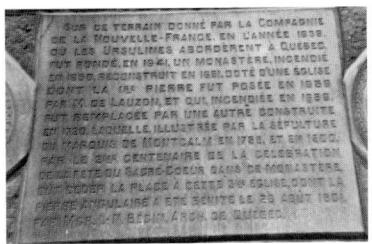

Plaque à Québec sur un mur du monastère, rue Donnacona, à l'angle de la rue des Jardins.

SUR CE TERRAIN DONNÉ PAR LA COMPAGNIE DE LA NOUVELLE-FRANCE, EN L'ANNÉE 1638, OÙ LES URSULINES ABORDÈRENT À QUÉBEC, FUT FONDÉ, EN 1641, UN MONASTÈRE, INCENDIÉ EN 1650, RECONSTRUIT EN 1651, DOTÉ D'UNE ÉGLISE DONT LA 1re PIERRE FUT POSÉE EN 1658 PAR M. DE LAUZON, ET QUI, INCENDIÉE EN 1666, FUT REMPLACÉE PAR UNE AUTRE CONSTRUITE EN 1720, LAQUELLE, ILLUSTRÉE PAR LA SÉPULTURE DU MARQUIS DE MONTCALM, EN 1759 ET EN 1900 PAR LE 2ème CENTENAIRE DE LA CÉLÉBRATION DE LA FÊTE DU SACRÉ-COEUR DANS LE MONASTÈRE, DUT CÉDER LA PLACE À CETTE 3ième ÉGLISE DONT LA PIERRE ANGULAIRE A ÉTÉ BÉNITE LE 26 AOÛT 1901, PAR MGR L.N. BÉGIN, ARCH. DE QUÉBEC.

I.P.

Les Ursulines, qui fondèrent et établirent le monastère de Québec, venaient de ceux de Tours et de Dieppe.

La fondatrice fut Mme Marie-Madeleine de Chauvigny de La Peltrie, et la supérieure Marie de l'Incarnation (Marie Guyart).

Ses annalistes anonymes ont écrit plusieurs volumes pour en raconter l'histoire dans ses détails.

C'est le 21 novembre 1642, après un rigoureux jeûne, que les religieuses prirent possession de leur monastère, qui a joué, depuis, un rôle considérable dans maints domaines.

La plaque ci-dessus donne une idée des épreuves que les Ursulines eurent à subir.

En 1642, c'était une maison de trois étages. Les reconstructions et agrandissements postérieurs répondaient à des besoins grandissants.

C'étaient généralement les Hospitalières qui, durant ces reconstructions, recueillaient les religieuses, qui leur rendirent le même service, particulièrement en 1755.

La première profession religieuse s'y fit dès 1648.

À la demande de Mgr de Saint-Vallier, les Ursulines ouvrirent un couvent aux Trois-Rivières, en 1697. Il en fut de même pour Roberval en 1882, Stanstead (diocèse de Sherbrooke) en 1884, Rimouski en 1906, etc.

Les couvents des Ursulines ont une réputation considérable. Les gouverneurs Dorchester et Prescott y envoyèrent leurs filles y apprendre le français.

1643-1715

LOUIS XIV, ROI DE FRANCE

Buste à Québec, à la Place Royale.

Louis XIV le Grand, né en 1638 de Louis XIII et d'Anne d'Autriche, n'avait pas cinq ans quand il devint roi de France, sous la régence de sa mère.

Il s'unit, en 1660, à Marie Thérèse, fille de Philippe IV d'Espagne, qui eut une vie effacée auprès du «Roi-Soleil».

À la mort du ministre Mazarin, en 1661, il gouverna seul de main de fer, assisté de ministres d'envergure comme Colbert et Louvois.

Après le décès de son fils, le Grand Dauphin (1711) et celui de son petit-fils, le duc de Bourgogne (1712), il ne lui resta comme héritier qu'un arrière petit-fils, le duc d'Anjou, qui lui succéda sous le nom de Louis XV.

Durant ses 72 ans de règne, il contribua considérablement au progrès du Canada, même si ses nombreuses guerres et ses dépenses l'empêchèrent de faire davantage. C'est ainsi que, en 14 ans, il y envoya 4,000 personnes. C'est lui qui sauva la colonie contre les Iroquois, en les faisant mettre à la raison par le régiment de Carignan, ce qui coûta à la couronne 234,074 livres. Son désir que des officiers et des soldats s'y établissent se réalisa. Il y créa le Conseil Souverain et y désigna des chefs aussi compétents que Frontenac, Talon et autres. Annuellement, le Canada lui coûta des sommes élevées.

Par le traité d'Utrecht (1713) il se vit obligé de céder à l'Angleterre Terre-Neuve, l'Acadie et la baie d'Hudson, afin de garder des conquêtes européennes.

Son règne donna à la Nouvelle-France les structures qui en firent une nation en puissance.

Le buste de Louis XIV fut installé à cet endroit le 6 novembre 1686 par l'intendant Bochart Champigny, au cours de grandes réjouissances. Jean Gaultier dit Larouche, taillandier, voulant manifester sa joie, tira alors plusieurs coups de fusil et tua Henry Petit, marchand de Paris, âgé de 64 ans.

Le buste actuel n'est pas celui ci-dessus, qui est disparu depuis 1690. Il fut donné par la France en 1948.

1644

LA MAISON DE MADAME DE LA PELTRIE

Plaque au No 12 rue Donaconna, à l'angle de la rue des Jardins (face de l'entrée de la chapelle des Ursulines).

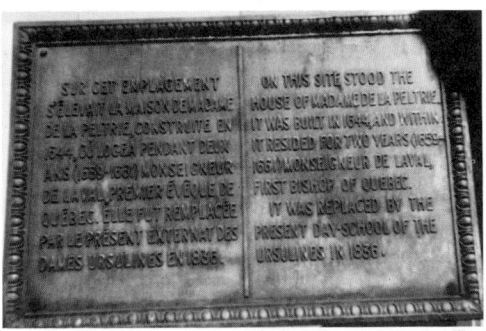

SUR CET EMPLACEMENT S'ÉLEVAIT LA MAISON DE MADAME DE LA PELTRIE, CONSTRUITE EN 1644, OÙ LOGEA PENDANT DEUX ANS (1659-1661) MONSEIGNEUR DE LAVAL, PREMIER ÉVÊQUE DE QUÉBEC. ELLE FUT REMPLACÉE PAR LE PRÉSENT EXTERNAT DES DAMES URSULINES EN 1836.

ON THIS SITE STOOD THE HOUSE OF MADAME DE LA PELTRIE. IT WAS BUILT IN 1644, AND RESIDED IT FOR TWO YEARS (1659-1661) MONSEIGNEUR DE LAVAL, FIRST BISHOP OF QUÉBEC. IT WAS REPLACED BY THE PRESENT DAY-SCHOOL OF THE URSULINES ON 1836.

I.P.

Cette maison à trois étages est en pierre et bois, avec toit pointu canadien à quatre pentes et à fenêtres à panneaux. Style canadien. En 1836, elle fut transformée pour fins scolaires et autres. Le premier étage est réservé au Musée Marie de l'Incarnation.

Marie-Madeleine de Chauvigny de La Peltrie, la fondatrice séculière des Ursulines de Québec, était la fille cadette de Guillaume de Chauvigny et de Jeanne Du Bouchet; elle naquit à Alençon (France), en 1603. Elle épousa le seigneur de La Peltrie. Mais, veuve à 22 ans, elle vécut ensuite dans la solitude jusqu'à ce qu'elle lise la RELATION DES JÉSUITES, qui lui donna la résolution de se dévouer aux missions canadiennes, auxquelles elle consacra ses biens.

Un Jésuite, le père Poncet de La Rivière, lui apprit que Marie de l'Incarnation avait la même intention qu'elle. Elles se rencontrèrent à Tours.

Elle fit fréter un bateau sur lequel elle prit place avec trois Ursulines et Charlotte Barré qui fut la première professe à Québec. Ils arrivèrent en cette localité le 1er août 1639. Mme de La Peltrie consacra le reste de ses jours à l'enseignement, à Québec, sauf dix-huit mois à Ville-Marie.

Elle mourut le 12 novembre 1671 d'une pleurésie. Elle fut inhumée dans un cercueil de plomb dans la chapelle des Ursulines. À sa demande, on remit son coeur aux Jésuites, pour qui elle eut toujours une grande admiration.

1644 ET 1653

LOUIS ET PIERRE GAGNÉ ET LEURS ÉPOUSES MARIE MICHEL ET MARGUERITE ROSÉE, PIONNIERS DE STE-ANNE-DE-BEAUPRÉ

Plaque à Sainte-Anne-de-Beaupré, sur la façade de la petite église, vis-à-vis la basilique.

À LA MÉMOIRE DE LOUIS GAGNÉ ET MARIE MICHEL, SA FEMME, ET DE PIERRE GAGNÉ ET MARGUERITE ROSÉE, SA FEMME, ÉTABLIS À STE-ANNE-DE-BEAUPRÉ AU MILIEU DU XVIIe SIÈCLE.

C.M.H.Q.

La plupart des Gagné du Canada sont issus des frères Pierre et Louis. Ils étaient nés de Louis et Marie Launay.

Louis arriva au Canada vers 1644 et Pierre en 1653.

Pierre, baptisé en 1610, épousa, en 1639, Marguerite Rosée (Rouzée). Ils habitèrent, en 1640, à Saint-Cosme-de-Vair (Sarthe) et à Courcival, en 1651. De leur mariage naquirent en France: Jacques, Jean, Louis, Pierre, Nicolas, et, au Canada: Marguerite baptisée à Québec en 1653. Lui mourut «des fièvres lentes», en 1656.

Louis, né en 1612 à Igé, se maria, vers 1638, à Marie Michel. Ils quittèrent Igé pour le Canada avec leur fillette, Louise. Leurs enfants suivants naquirent ici: Marie, Pierre, Olivier, Louis, Anne, Ignace et Joachim. Il décéda vers 1661.

Marguerite, devenue veuve, s'établit à Montréal avec sa famille, sauf Louis qui resta à la côte de Beaupré. Elle y épousa, en 1657, Guillaume Étienne, dit le Sabre. Elle était issue de Jehan et Catherine Le Barbier (ou Barbier), de Jauzé (Sarthe).

Marie Michel se remaria à Paul de Rainville. Son père s'appelait Pierre et sa mère Louise Gory, demeurant à Saint-Martin-du-Vieux-Bellême (Orne).

1644

JOSEPH GRAVELLE ET MARGUERITE TAVERNIER

Plaque à Château-Richer, sur la maison au No 7516, route No 360.

JE CHANTE JOSEPH-MASSÉ GRAVELLE, LE PREMIER DE CEUX QUI NOUS ONT DONNÉ UNE PATRIE, UNE HISTOIRE, UN DEVOIR. JOSEPH-MASSÉ GRAVELLE — 1er MAI 1644 — MARGUERITE TAVERNIER. CLAUDE GRAVELLE — 4 FÉV. 1687 — JEANNE CLOUTIER ET LEURS DESCENDANTS QUI ONT VÉCU ICI JUSQU'EN 1865. HOMMAGES DE L'ABBÉ PIERRE GRAVEL, CURÉ DE BOISCHATEL. 24 JUIN 1966.

I.P.

Joseph Gravelle, fils de Joseph et de Marguerite Massé, bretonne, naquit à Dinai, diocèse de Saint-Malo (Bretagne), vers 1616.

Il arriva à Québec, en 1641. Il acheta d'abord une terre sur la côte de Beaupré.

Le 1er mai 1644, il épousait Marguerite Tavernier, fille d'Éloi et de Marguerite Gagnon. Leur mariage fut célébré par le jésuite Georges d'Emlemarre, à la chapelle de Beauport, en présence de Legardeur de Repentigny, Noël Juchereau des Châtelets et Mathurin Gagnon, oncle de l'épouse.

Il mourut, le 28 avril 1686, et fut inhumé à Château-Richer, laissant onze enfants.

La famille célébra le tricentenaire de l'arrivée de Joseph Gravelle au Canada, le premier juillet 1941 et le 325e anniversaire, le 25 juin 1966.

1645

LOUIS JOLLIET

Monument à Québec, rue Petit Champlain, près du funiculaire.

LOUIS JOLLIET 1645-1700, NATIF DE QUÉBEC. AVEC MARQUETTE IL DÉCOUVRIT ET EXPLORA LE MISSISSIPI, 1673.

NATIVE OF QUÉBEC. WITH MARQUETTE HE DISCOVERED AND EXPLORED THE MISSISSIPI, 1673. A.D. 1957.

C.S.M.H.C.

Louis Jolliet fut baptisé à Québec, à l'église de l'Immaculée-Conception, le 21 septembre 1645, issu du mariage de Jean, Charron à l'emploi de la Compagnie des Cent Associés, et de Marie d'Abancourt.

Ses papiers personnels ayant été perdus ou détruits, nous ne possédons, présentement, rien de précis sur le lieu exact de sa naissance et de son décès, survenu en 1700, entre le 4 mai et le 18 octobre.

Orphelin de son père alors qu'il n'avait que cinq ans, sa mère se remaria successivement à Geoffroy Guillot dit Lavallée et à Martin Prévost.

À l'âge de onze ans, il commença ses études classiques au collège des Jésuites. À dix-sept ans, il reçut les ordres mineurs. Mais, ne se sentant pas appelé à la vocation religieuse, il quitta l'état ecclésiastique pour se rendre d'abord en France, grâce à de l'argent prêté par Mgr de Laval. L'année suivante, il revenait au pays pour se rendre, avec des coureurs de bois, au lac Supérieur, afin d'y découvrir des mines de cuivre, à la demande des autorités.

Le reste de sa vie en fut une d'aventure, de voyages, d'exploration, d'établissement. C'est lui qui fut le chef de l'expédition au Mississipi avec le Père Marquette, afin de répondre aux autorités à la question: «Dans quelle mer s'allait décharger la Grande Rivière».

Il fut le conseiller, en plusieurs occasions, des dirigeants du Canada.

Pour le récompenser de ses travaux, il reçut des concessions à l'île Anticosti, où il s'établit, aux îles Mingan, etc. Il résidait, cependant, à Québec, où ses qualités de musicien, de cartographe, etc. étaient appréciées. Il fut nommé hydrographe du roi. Il était seigneur.

Sa réputation s'étendait à l'étranger. Les Anglais de la baie d'Hudson lui offrirent une pension annuelle de mille livres et autres dons, pour entrer au service de l'Angleterre, ce qu'il refusa avec dignité.

En 1675, il avait épousé, à Québec, Claire-Françoise Bissot qui lui donna sept enfants: Louis, Charles, François, Marie-Geneviève, Anne, Jean-Baptiste et Claire.

Jolliet fut «l'une des plus authentiques et des plus parfaites réussites de cette bâtisseuse d'hommes que fut la Nouvelle-France» (André Vachon).

1645

DANS LA MAISON TRUDELLE: PREMIÈRE MESSE À L'ANGE-GARDIEN

Monument à Boischatel, vis-à-vis le No 5694 sur la route No 138.

1645.- 1664 ICI DANS LA MAISON DE JEAN TRUDELLE PREMIER ANCÊTRE DE LA FAMILLE FUT CÉLÉBRÉE LE 18 OCT. 1664, LA PREMIÈRE MESSE À L'ANGE-GARDIEN PAR L'ABBÉ LOUIS ANGO DES MAIZERETS.
MONUMENT ÉRIGÉ LE 1er SEPTEMBRE 1910 T.-ALFRED TRUDELLE, ARCHITECTE. H. LAFORGE & FRÈRE, ENTREPRENEURS.
PATRON MGR L'ARCHEVÊQUE L.-N. BÉGIN. PRÉSIDENTS HONORAIRES M. L'ABBÉ R.-E. CASGRAIN, ANCIEN CURÉ DE L'ANGE-GARDIEN M. L'ABBÉ O.-E. CORRIVEAU, CURÉ DE L'ANGE-GARDIEN.
COMITÉ PRÉSIDENT: JOSEPH TRUDELLE, RENTIER. VICE-PRÉS.: T.-ALF. TRUDELLE, ARCHITECTE. SEC.-TRÉS.: GEORGES TRUDELLE, HUISSIER DE LA CORPORATION DE QUÉBEC, CAPT. ÉMILE TRUDEL, CHEF DE POLICE, NICOLAS TRUDELLE, AGRICULTEUR, L.-A. TRUDELLE, GÉR. D'ASSURANCE, J.-EDMOND TRUDELLE, OFF. DE DOUANE, ALPHONSE TRUDEL, ÉTUDIANT, JOSEPH TRUDELLE, CONTREMAÎTRE.

(Premiers colons de L'Ange-Gardien): A. AYOT, R. BRISSON, L. CARREAU, J. CLÉMENT, M. ÉNAUD, F.-A. FISET, A. GABOURY, L. GARNEAU, P. GENDRON, C. GODIN, J. GOULET, C. GARNIER, L. GIRARD, M. GUYON, F. HÉBERT, M. HUOT, E. JACOB, J. JACQUEREAU, J. JULIEN, R. LABERGE, B. LACHENAY, A. LEFORT, C. LEFRANÇOIS, N. LEROY, R. LETARTE, P. MAHEUX, J. MARETTE, G. MAROIST, J. MATHIEU, R. PAGEZ, D. FERRON, P. PETIT, N. QUENTIN, R. RICHARD, N. ROUSSIN, P. TESTU, T. TOUCHET, P. TREMBLAY, J. TRUDELLE, F. VÉZINA, J. VÉZINA.

(Noms des prêtres descendants de Jean Trudelle): JOSEPH-JEAN-N. TRUDELLE, JOSEPH-PASCAL TRUDELLE, CHARLES TRUDELLE, AZADE-JOSEPH TRUDELLE, MGR F.X. TRUDELLE, CHARLES TRUDELLE, JOSEPH TRUDELLE, CHARLES-ERNEST TRUDELLE, THÉOPHILE TRUDELLE, R.P. TRUDELLE, C.S.S.R., JOSEPH-A. TRUDELLE, IRÉNÉE TRUDELLE, JOSEPH-ALFRED TRUDELLE, HORMISDAS TRUDELLE, RENÉ-PAUL TRUDELLE, SS, ANSELME TRUDELLE, ÉMILE TRUDELLE, HERVÉ TRUDELLE, LOUIS TURCOTTE, J.-L. LAURIOT, N. LACASSE, R.P. DALLAIRE, F.P., T. DASSYLVA, J.-J. MASSICOTTE, L.A. TUOT, R.P.A. TUOT, C.S.S.R.

Jean Trudelle naquit à PARFONDEVAL, (près Mortagne, au Perche) et arriva au Canada, en 1645; il demeura à Québec puis, en 1657, s'établit à L'Ange-Gardien sur une terre acquise de M. LeGardeur de Repentigny. Il décéda en 1699, laissant une famille nombreuse, dont sont originaires tous les Trudelle du Canada.

1647

ARRIVÉE DE GUILLAUME COUTURE À POINTE-LEVY

Plaque à Lauzon, au côté sud de l'église.

GUILLAUME COUTURE 1647-1947. HOMMAGE À GUILLAUME COUTURE DE LA PART DU COMITÉ GÉNÉRAL DES FAMILLES COUTURE EN CE IIIe CENTENAIRE DE SON ARRIVÉE À POINTE-LEVY 23 JUIN 1647. ÉRIGÉ À L'OCCASION DES FÊTES DU IIIe CENTENAIRE DE LA RIVE-SUD 22-26 JUIN 1947. HOMMAGE DE LA POPULATION AU PREMIER COLON.

Fils de Guillaume et de Madeleine Mallet, il naquit à Godard-de-Rouen (Normandie) vers 1617.

Il arriva au Canada à une date encore incertaine, en 1639 ou 1640; il s'y fit «domestique des révérends pères religieux de la Compagnie de Jésus de la mission des Hurons». Il apprit non seulement les idiomes indiens mais sut se faire aimer des diverses tribus, y compris les Iroquois; il devint interprète, diplomate et même ambassadeur, entreprenant de nombreux voyages, à la demande des autorités, même jusqu'au partage des eaux du Nord.

En 1646, il obtint du supérieur Jérôme Lalemant l'autorisation de rompre son voeu de «donné», car il avait décidé de s'établir comme colon et à se marier. En 1647, il s'associait avec François Byssot de La Rivière pour s'établir à Pointe-Lévy. Il construisit le corps de logis de celui-ci ainsi que sa propre maison, sur un terrain voisin. Ils obtinrent leur titre officiel le 15 octobre 1648 du seigneur Jean de Lauzon. Et le 18 novembre 1649, il épousait, à Québec, Anne Esmard, originaire de Niort (Poitou), dont il eut neuf enfants.

À partir de 1665, il demeura sur sa terre qu'il agrandit graduellement. Au recensement de 1667, l'on voit qu'il a 20 arpents en culture et 6 bêtes à cornes. Il fut capitaine de milice, greffier, juge sénécal et notaire. En 1690, avec ses hommes il repoussa les soldats de Phipps voulant s'établir sur la côte de Lauzon. Il mourut en 1701. Ses descendants se comptent par milliers.

I.P.

VERS 1648

LA MAISON DELISLE

À Deschambault, à environ un mille à l'est du village, sur la route No 2, (No 172, chemin du Roy).

Cette maison porte ce nom, non seulement parce qu'elle a été possédée, sans interruption durant plus de 200 ans par la même famille Delisle, mais, aussi, parce que le propriétaire actuel de cette lignée, M. Luc Delisle, technicien agricole, a demandé et obtenu qu'elle soit classée monument historique.

C'est, en 1764, que Auguste Delisle en fit l'acquisition avec trois arpents de terre sur trente arpents, de Paul Perrot. Ses successeurs furent: Augustin, François-Xavier, Augustin, Octave puis Luc Delisle.

Il est probable que cette maison a été bâtie par sections, la première semblant l'avoir été vers 1648, par François Chavigny, sieur de Beschereau qui, semble-t-il, aurait eu les services de Paul Chalifour comme maître-maçon. L'on croit que, alors que Frontenac, de 1672 à 1682, devait multiplier ses déplacements entre Québec et Trois-Rivières, aurait vu à ce que cette bâtisse soit un entrepôt et un magasin pour ses troupes; cela expliquerait les agrandissements progressifs.

Le 19 août 1759, les Anglais, prévenus, atterrirent avec des péniches, deux milles plus bas que l'église et pillèrent l'entrepôt, y trouvant des provisions, etc. évaluées à 90,000 livres ($250,000). En partant, ils y mirent le feu. Lorsque Augustin Delisle acheta, les trois-quarts de la maison étaient encore calcinés.

La maison mesure présentement 21 par 41 pieds. En 1969, au nord-est, l'on trouva, en creusant, des masses considérables de pierres de champs en ligne avec le prolongement des murs.

Voilà qui est rare et magnifique: six générations sans interruption dans cette maison, tous étant demeurés cultivateurs.

1649

LE MARTYRE DU PÈRE BRÉBEUF

BRÉBEUF

Statue dans une niche, sur la façade de l'Hôtel du Gouvernement, Québec.

Le Père Jean de Brébeuf subit l'un des martyres les plus atroces de toute la chrétienté. Voici comment Christophe Regnault décrit ses restes: «Le Père de Bréboeuf avoit les jambes, les cuisses et les bras tous decharnez jusqu'aux os; jay veu et touché quantite de grosses ampoules qu'il avoit en plusieurs endroits de son corps; de l'eau bouillante que ces barbares lui avoient versé en dérision du St Baptesme. Jay veu et touché la plaie d'une ceinture d'écorce toute plaine de poix et de raisine qui grilla tout son corps. Jay veu et touché les bruleures du collier de haches qu'on luy mist sur les épaules et sur l'estomach; jay veu et touché ses deux levres quon luy avoit couppées à cause qu'il parloit tousjours de Dieu pendant qu'on le faisoit souffrir.

Jay veu et touché tous les endroits de son corps, qui avoit receu plus de deux cents coups de baston; Jay veu et touché le sessus de sa teste ecorche; Jay veu et touché louverture que ces barbares luy firent pour luy arracher le coeur».

Né à Condé-sur-Vire, en Basse-Normandie, en 1593, il fut reçu prêtre chez les Jésuites, en 1622. En juin 1625, il arrivait à Québec. Il fut durant quinze ans missionnaire en Huronie.

Il fut supplicié à Saint-Ignace, le 16 mars 1649, et fut canonisé le 29 juin 1930.

SCULPTEUR: ALFRED LALIBERTÉ

1650

LA BASILIQUE DE NOTRE-DAME DE QUÉBEC

À Québec, rue de la Fabrique.

Après l'incendie de la chapelle de Notre-Dame de Recouvrance, en 1640, les Québécois de la haute-ville remplirent leurs devoirs religieux à la maison des Cent Associés, jusqu'à 1650, alors qu'ils eurent leur église de pierre, où la première messe fut célébrée le 24 décembre; cependant, les offices réguliers ne reprirent qu'au 31 mars 1657.

Mais, en 1674, celle-ci était élevée au rang de cathédrale.

Plusieurs agrandissements furent faits, au fur et à mesure de l'augmentation de la population. En 1744, il y avait 1,051 familles et environ 5,000 âmes. Il fallut agrandir encore davantage. Cette fois, les plans furent faits par l'ingénieur Chaussegros de Léry, père. Le 15 novembre 1748, les travaux étaient terminés. Mais, l'année 1759, la cathédrale était la cible des Anglais; dans la nuit du 22 au 23 juillet, elle était réduite en cendres et en ruines.

Les fidèles allèrent aux offices à la chapelle des Ursulines jusqu'en 1764, alors que, le séminaire étant en partie restauré, ils bénéficièrent aussi de sa chapelle.

Les travaux de reconstruction se firent de 1768 à 1771. La menuiserie, l'architecture et la sculpture furent l'oeuvre de Jean Baillargé et de ses fils, François, Jean et Thomas. Pierre Émond fit le retable et l'autel de la chapelle de Sainte-Anne.

Cette église fut encore la proie des flammes, le 22 décembre 1922, seuls les murs restant. Elle fut restaurée en 1925, la façade demeurant à peu près telle qu'elle était en 1922.

Le mur le long de la rue Buade est, à peu près, ce qui reste du régime français, avec la tour du coin sud-ouest de la façade datant du 18ème siècle.

1651

CLAUDE POULIN, JEANNE MERCIER À SAINTE-ANNE

Plaque à Sainte-Anne-de-Beaupré, sur la petite chapelle, vis-à-vis la basilique.

1639 1939. CLAUDE POULIN JEANNE MERCIER ARRIVÉS À QUÉBEC EN 1636, MARIÉS À QUÉBEC EN 1639 ÉTABLIS À STE-ANNE EN 1651 INHUMÉS ICI EN 1687, JEAN POULIN LOUISE PARÉ. 1667 STE. ANNE. COMITÉ GÉNÉRAL DES FÊTES.

I.P.

Claude Poulin (il signait: Poullain) était le fils de Pascal et de Marie Levert, de St-Maclou. Il fut baptisé, à St-Maclou, le 26 janvier 1616.

Ils furent inhumés à Ste-Anne-de-Beaupré, lui, dans l'église, le 17 décembre, et elle le 14 du même mois.

Les neuf enfants suivants naquirent de cette union: Marie (1640 ou 1641), mariée d'abord à Julien Mercier, de Tourouvre, puis à Charles de Montmesnier, de Rouen; Pascal (1645); Madeleine (1646), m. à Québec, à Pierre Maufils; Martin (1648) m. à Jeanne Barette; René (1651); Ignace (1636), m. à Ste-Anne, à Jean Amyot; Marie (1661), m. à Étienne Lessard, à Ste-Anne; et Pierre (1664), m. à Ste-Anne, à Anne Giguère.

Jeanne Mercier mourut le 14 décembre 1687 et lui trois jours après, ce dernier ayant été inhumé dans l'église.

Dans le recensement de 1667, on lit que Martin, Ignace, Marguerite, Marie et Pierre étaient alors avec leurs parents. 20 arpents étaient en valeur sur lesquels il y avait 8 bestiaux.

Jean Poulin était le frère du susnommé.

1653

ARRIVÉE DE MARGUERITE BOURGEOYS À QUÉBEC

Statue à Québec, dans une niche sur la façade de l'Hôtel du Gouvernement.

MARGUERITE BOURGEOYS   **ÉMILE BRUNET, SCULPTEUR**

Marguerite Bourgeoys arriva à Québec, le 22 septembre 1653, étant partie de Saint-Nazaire, le 20 juillet précédent. Durant ces longs deux mois de traversée, elle avait dut faire oeuvre d'infirmière, la peste s'étant déclaré; huit en moururent.

«Notre arrivée, écrivit-elle, donna la joie à tout le monde», non seulement aux arrivants mais aussi à la population; car la colonie marchait alors à la ruine, et l'arrivée d'une centaine de soldats et colons apporta l'espérance indispensable. Les Québécois se rendirent en nombre avec les arrivants à l'église chanter un TE DEUM d'actions de grâces.

Elle, ne pouvant se rendre immédiatement à Montréal, fut reçue cordialement par les religieuses Ursulines. Celles-ci, appréciant ses qualités, la prièrent d'entrer dans leur communauté. Mais, elle voulut demeurer fidèle à la mission qu'elle s'était donnée: se dévouer à Ville-Marie, où elle arriva le 16 novembre suivant.

Née à Troyes, le 17 avril 1620, elle était la troisième des sept enfants d'Abraham, fabricant de chandelles, et de Guillemette Garnier. Orpheline très jeune de sa mère, elle aimait à «assembler ses compagnes pour travailler ensemble à gagner leur vie». Son père, étant décédé alors qu'elle avait vingt-sept ans, elle prit la charge de la famille.

Mais, en 1653, M. de Maisonneuve visitant Troyes pour voir ses soeurs Mme de Ceuilly et la Soeur Louise de Sainte-Marie, y rencontra Marguerite et lui parla de l'oeuvre de Ville-Marie. Elle décida alors de s'y rendre en même temps que le fondateur de Montréal.

C'est elle qui fonda le premier couvent de la basse-ville, en 1692.

1653

LE MARIAGE DE ROBERT PARÉ ET DE FRANÇOISE LE HOUX

Plaque à Sainte-Anne-de-Beaupré, près du No 9269, route No 360.

ROBERT PARÉ ET FRANÇOISE LE HOUX, MARIÉS EN 1653, S'ÉTABLIRENT SUR CETTE TERRE, QUI FUT TOUJOURS HABITÉE PAR LEURS DESCENDANTS JUSQU'EN 1929. EN HOMMAGE À CES VALEUREUX PIONNIERS, CETTE PLAQUE FUT DÉVOILÉE LE 20 SEPTEMBRE 1953, LORS DU TRICENTENAIRE DES FAMILLES PARÉ ET LE HOUX. ROBERT PARÉ, 1655.
Sculpteur: Alphonse Paré

I.P.

Ils s'épousèrent, le 20 octobre 1653, dans la chapelle de la Visitation des Hurons, (située près du pont actuel, en la paroisse de Sainte-Pétronille), sur l'Île d'Orléans, devant le père Léonar Garaut.

Le marié était originaire de Saint-Laurent de Soulores, en Périgord (France), aujourd'hui Saint-Martial, dans le diocèse de Périgueux. Il était le fils de Mathieu et de Marie Joannet, étant né en 1626.

La mariée, qui demeurait dans l'île, était issue du mariage de Jacques et de Marie Meilleur, et était née en France, en 1625 ou 1626.

Robert Paré était charpentier. À ce titre, il construisit, particulièrement à Québec, des maisons et même un moulin sur l'Île d'Orléans; ce devait être des travaux importants, car des contrats notariés furent passés à cette fin.

Le 30 janvier 1655, par acte de concession par le gouverneur Jean de Lauzon, il devint propriétaire de quatre arpents de largeur sur une lieue et demie de profondeur en partant du fleuve, à Sainte-Anne-de-Beaupré. C'est là qu'ils vinrent s'établir et demeurèrent jusqu'à leur décès: le 17 novembre 1684 pour Robert, et quatre mois après, le 9 mars 1685, pour Françoise. Ils avaient donné la vie à neuf enfants qui tous se marièrent, sauf Pierre, l'avant-dernier, qui décéda à environ 21 ans. Une plaque sur la vieille église de Sainte-Anne-de-Beaupré rappelle le souvenir de leur fille aînée, Louise.

On a calculé que environ cent mille personnes sont issues de cette union et que le cinquième de la population de cette localité est apparenté aux Paré.

La statue de la Vierge et sa niche de pierres de rivière sont l'oeuvre du sculpteur Alphonse Paré qui, avec son frère Léopold, sont propriétaires d'une partie de la terre de leurs ancêtres susnommés.

LA SURVIVANCE DES FAMILLES PARÉ non seulement réunit plusieurs fois les descendants à l'occasion du tricentenaire du mariage de ces pionniers mais a fait ériger le monument et la plaque précités et a publié le JOURNAL DE LA SURVIVANCE DES FAMILLES PARÉ.

1655

LA PREMIÈRE MAISON DE SIEUR PAUL DE RAINVILLE

À Beauport, près de l'hôtel de ville.

ICI S'ÉLEVAIT LA PREMIÈRE MAISON DE SIEUR PAUL DE RAINVILLE ARRIVÉ AU PAYS EN 1655. RECONNAISSANCE DES DESCENDANTS.

I.P.

Le 4 septembre 1955, les descendants de Paul de Rainville et de son épouse, Pauline Poète célébraient le 3e centenaire de leur arrivée au Canada. La photo ci-dessous rappelle le dévoilement du monument érigé en cette circonstance par l'abbé Marcel Rainville et M. Armand-E. Rainville, présidents respectifs des comités de Québec et de Montréal.

Paul de Rainville naquit à Saint-Thomas de Touques (Normandie), en 1616, de Jean et de Jeanne Brechet. Lui et sa femme arrivèrent à Québec avec quatre enfants Jean, Marie, Marthe et Charles.

Robert Giffard lui concéda, aussitôt, une terre d'un arpent de front sur dix de profondeur sur la ligne du bourg de Fargy, à Beauport. En 1663, il faisait l'acquisition d'un arpent carré, qui est l'endroit exact où se trouve, actuellement, l'hôtel de ville.

Pauline Poète décéda en 1666 et fut inhumée au cimetière de la Côte de la Montagne, à Québec. Quelque temps après, son époux se remaria avec Marie Michel, veuve de Louis Gasnier.

Leurs enfants épousèrent: Marie, Nicolas Bélanger; Marthe, Pierre Marcoux; Jean, Suzanne Badeau; et Charles, Jeanne Massé.

En 1668, Paul était huissier des seigneuries de Beauport et de Notre-Dame-des-Anges.

Il décéda, en 1686. Il fut inhumé, aussi, au cimetière de la Côte de la Montagne.

Des dizaines de milliers sont issus de ces deux pionniers de Beauport.

1657

ROBERT GAGNON, L'UN DES PIONNIERS DE SAINTE-FAMILLE

Calvaire à 2 milles à l'est de l'église de Sainte-Famille, Île d'Orléans, (No 165 route No 368).

À LA MÉMOIRE DE ROBERT GAGNON, ORIGINAIRE DE VENTROUSE, AU PERCHE, FRANCE, PREMIER PIONNIER DE CETTE PROPRIÉTÉ OÙ IL SE FIXA EN 1658. UN DES NOMBREUX DESCENDANTS LE RÉVD. J.-J. GAGNON CURÉ DE CETTE PAROISSE AVEC LE CONCOURS GÉNÉREUX DE PLUS DE 40 AUTRES PRÊTRES CANADIENS TOUS ISSUS, COMME LUI, DE CE BRAVE ANCÊTRE, FIT ÉRIGER, 15 SEPT. 1909 CET HUMBLE MONUMENT DE PIÉTÉ FILIALE. INTERROGA MAJORES TUOS ET DICENT TIBI... DEUT. XXXII.

I.P.

Robert Gagnon, fils de Jean et de Marie Gostray, de Ventrouze (Perche), au recensement de 1667, était mentionné comme l'époux de Marie Parentelle; il avait alors 35 ans et celle-ci 25 ans. Ils avaient les enfants suivants: Jean, 8 ans; Isabelle, 6 ans; et Jacques 1½ an. Ils n'avaient pu mettre que 15 arpents en valeur et possédaient 7 bestiaux. À celui de 1681 il est noté: «Robert Gagnon 50; Marie Paranteau, sa femme, 43; enfants: Jean, charpentier, 22, Jacques 15, Marie 13, Jeanne 11, Pierre 8, Anne 6, René 3, Joseph 1; 1 fusil; 6 bêtes à cornes; 20 arpents en valeur.»

Lors de l'érection de ce monument, 63 de ses descendants avaient été reçus prêtres, dont 53 étaient encore vivants.

En cette circonstance, il y eut messe solennelle d'action de grâce. C'est Mgr Paul-Eugène Roy (1859-1926), évêque auxiliaire de Québec, qui bénit la croix. Il adressa alors la parole.

1657

PIERRE ET NOËL SIMARD S'ÉTABLIRENT À SAINTE-ANNE

Plaque à Sainte-Anne-de-Beaupré, sur la petite église, vis-à-vis la basilique.

EN CETTE PAROISSE DE SAINTE-ANNE-DE-BEAUPRÉ SE SONT ÉTABLIS IL Y A TROIS SIÈCLES PIERRE SIMARD DIT LOMBRETTE ET SON FILS NOËL ARRIVÉS DE POYMOYEN PRÈS D'ANGOULÊME FRANCE LE 21 JUIN 1657. HOMMAGE DE LEUR FAMILLE 1957.

I.P.

Sculpteur: HUNTER

Au recensement de 1667, il est mentionné que Pierre Simard (Simart) a 64 ans, que son fils, Noël a 30 ans et que son épouse, âgée de 21 ans, s'appelle Marie (Madeleine) Racine et que les enfants de ceux-ci sont: Pierre, 4 ans; Noël (Sunard), 3 ans; Marie (Madeleine), 8 mois. Ils ont 4 bestiaux et 13 arpents en valeur.

Au recensement de 1681, leur nom est écrit: Simard. Pierre a 60 ans et est maçon. L'âge de Noël et de son épouse est respectivement de 46 et 32 ans; les enfants suivants sont mentionnés: Noël 19, Étienne 17, Marie 14, Pierre 13, Françoise 11, Joseph 10, Augustin 8, François 6, Rosalie 1. Ils ont 3 fusils, 20 bêtes à cornes et 30 arpents en valeur.

1657

LA CONGRÉGATION DE NOTRE-DAME-DE-QUÉBEC

Plaque à Québec, sur la rue Dauphine, à l'angle de la rue d'Auteuil.

LA CONGRÉGATION DE NOTRE-DAME-DE-QUÉBEC, FONDÉE EN 1657 DANS L'ANCIEN COLLÈGE DES JÉSUITES, PAR LE PÈRE ANTOINE PONCET S.J., DIRIGÉE PAR LES PÈRES JÉSUITES, SE RÉUNIT DANS CETTE CHAPELLE DEPUIS 1820. THERRIEN & RACICOT, QUÉBEC.

C.M.H.Q.

C'est le 14 février 1657 que fut fondée cette association de laïques, ayant une dévotion particulière à la Sainte Vierge. Le Père Joseph-Antoine Poncet de la Rivière (1610-1675), alors qu'il était curé de Québec, avait eu cette pensée pieuse, suivant une tradition jésuistique reconnue canoniquement par le Pape Grégoire XIII en 1584. Il réunit alors chez lui douze hommes à cette fin. Il leur réserva une chapelle dans un corps de logis du collège des Jésuites. Le 24 suivant, l'abbé Guillaume Vignard (1604-1661), futur sulpicien, y célébra la première messe pour eux.

Charles de Lauzon, sieur de Charny, qui fut leur premier préfet, remplaçait à ce moment son père absent comme gouverneur de la Nouvelle-France.

En 1679, la congrégation comptait environ 300 membres.

Les congréganistes, en 1820, construisirent la chapelle précitée, grâce à leurs fonds mais aussi à une souscription publique. Ils placèrent dans le clocher la cloche de l'église des Jésuites. En 1907, elle célébra son deux cent cinquantième anniversaire à la salle Loyola, alors que le juge A.B. Routhier, membre depuis 1891 et son préfet en 1900, fut le conférencier parlant de L'ÉGLISE ET LA FRANCE.

Cette même année, considérant que l'entretien de la chapelle était trop onéreux pour ses revenus, la congrégation en fit don aux MISSIONNAIRES DE NOTRE-DAME DE LA SOCIÉTÉ DE JÉSUS, se réservant le droit d'en faire usage pour toutes solennités.

Parmi les autres personnalités qui en furent membres, mentionnons: P. Boucher de la Bruère, Thomas Chapais, C.-A.P. Pelletier, Thomas Chapais, L.-Pamphile Lemay, Gédéon Ouimet.

1658

LA MAISON FORNEL

À Québec aux Nos 9-9½-11-11½ Place Royale et 21-25 rue Saint-Pierre.

Cette maison appartient à la Commission des Monuments historiques du Québec, depuis 1960; elle l'a classée le 29 avril 1964. Entre-temps, c'est elle qui lui redonna le cachet architectural qu'elle avait au XVIIIe siècle.

Un incendie détruisit, en 1960, celle existant alors, décrite dans une vente en date du 1905 comme étant «en brique à quatre étages avec cave, voûte sous la dite maison et deux autres voûtes à l'épreuve du feu qui se trouvent sous le Marché».

C'est Louis Rouer de Villeray qui construisit la première maison, en août 1658, d'environ 30 pieds de longueur sur 20 pieds de largeur.

L'incendie du mois d'août 1682, qui détruisit presque toutes les bâtisses de la basse-ville, n'épargna pas celle-là non plus. Sieur de Villeray reconstruisit, donnant la maçonnerie à Nicolas Vérieul, le 6 mars 1683. La structure de la pierre ne fut pas changée, mais celle-ci devait venir de Sillery.

Sieur de Villeray mourut à Québec, en 1700, dans la maison qu'il s'était fait construire sur la Grande-Allée, là où est la salle d'exercices militaires. Son héritier, son fils Jean-Louis d'Artigny, treize ans après, vendit sa maison du bas de la ville à Jean Fornel qui en était locataire depuis un an.

Jean Fornel était commerçant. Son testament du 26 août 1723, légua la maison à son fils, Jean-Louis, pour «faciliter son établissement», ce dernier devant se marier à Marie-Anne Barbel, fille d'un notaire royal.

Jean-Louis Fornel fut l'un des grands commerçants de Québec. On l'appela le «Découvreur», parce qu'il alla exploiter un territoire de pêche et de chasse, sur les côtes du Labrador, et, particulièrement, en 1743, explorer «La Coste des Eskimaux», en passant par le détroit de Belle Isle, y découvrant 60 lieues de côte, dont il fit rapport aux autorités. Il décéda relativement jeune, 47 ans.

Sa veuve continua ses entreprises, se révélant une grande femme d'affaires. Lui et elle, de 1723 à 1765, transformèrent la maison, les bombardements de 1759 ayant éventré et brûlé celle-ci.

En 1794, c'est leur fille, Françoise Fornel, épouse de Alexandre Dumas, qui furent leur héritiers; celle-ci, trois ans après, vendit à Juste Montjon.

Cette maison, de 1712 à 1794, fut habitée et possédée par la famille Fornel. C'est bien légitime qu'elle porte ce nom en souvenir.

1658

ÉTIENNE DE LESSARD, DONATEUR DU TERRAIN DE LA PREMIÈRE CHAPELLE DE SAINTE-ANNE

Plaque à Sainte-Anne-de-Beaupré, sur la petite église, vis-à-vis la basilique.

À LA MÉMOIRE D'ÉTIENNE DE LESSARD QUI, EN 1658, DONNA LE TERRAIN SUR LEQUEL FUT BÂTIE LA PREMIÈRE CHAPELLE PUBLIQUE DÉDIÉE À SAINTE-ANNE EN AMÉRIQUE. HOMMAGE DES FAMILLES LESSARD. 21 SEPTEMBRE 1958.

I.P.

Il naquit à Chambois, (en Normandie, à deux lieues de Lisieux). Il avait 23 ans lorsqu'il arriva à Québec, en 1646. À son mariage avec Marguerite Sevestre, assistaient des personnalités comme le gouverneur de Lauzon et le fils de celui-ci, et Louis Chartier de Lotbinière, lieutenant général civil et criminel de la sénéchaussée.

En 1677, il obtint une concession à l'île aux Coudres, mais ne pouvant la mettre en valeur, il la céda, en 1687, au séminaire de Québec; il eut aussi une partie de Lanoraie.

C'est le 8 mars 1658 qu'il donna le terrain précité. Voici un extrait du contrat passé devant le notaire Guillaume Audouart: «... fut présent en sa personne honorable homme Étienne de Lessard, habitant de la côte de Beaupré. Lequel touché d'un désir de l'honneur de Dieu et de contribuer quelque chose selon son pouvoir à son service, voyant l'inclination et la dévotion que les habitants de Beaupré ont depuis longtemps d'avoir une église ou chapelle, dans laquelle ils puissent assister au service divin et participer aux Saints Sacrements de notre mère la Sainte Église, a volontairement et librement cédé et donné, cède et donne à présent pour toujours à l'avenir, par don perpétuel et irrévocable, aux curés qui seront tablis ou autres prêtres qui en feront la fonction, acceptant par messire Gabriel de Gueylus, Grand Vicaire de Nouvelle-France, une part ou portion de sa concession en la côte de Beaupré, savoir deux arpents de front sur la Grande Rivière, sur une lieue de profondeur dans les bois, autant que sa concession s'étend dans les teres bornées du côté de l'est par la concession du dit donateur et du côté de l'ouest par les terres appartenant à Élie Godin.»

Au recensement de 1681, il est dit: que sa femme était âgée de 45 ans, que ses enfants étaient: Étienne, Charles, Pierre, Thérèse, Dorothée, Noël, Joseph, Prisque, Jacques et Dorothée; qu'il avait 3 fusils, 7 bêtes à cornes et 40 arpents en valeur.

Il mourut à Ste-Anne, le 19 avril 1703.

1658

LA PREMIÈRE CHAPELLE DE SAINTE-ANNE-DE-BEAUPRÉ

Plaque à Sainte-Anne-de-Beaupré, dans le parterre de la basilique, près de la rue.

LA PREMIÈRE ÉGLISE DE SAINTE-ANNE-DE-BEAUPRÉ, CONSTRUITE EN 1668, S'ÉLEVAIT ICI.

HERE STOOD THE FIRST CHURCH OF SAINTE-ANNE-DE-BEAUPRÉ, BUILT IN 1668.

C.H.H.Q.

C'est vers 1650 que les premiers colons s'installèrent à Sainte-Anne-de-Beaupré. Huit ans après, Étienne Lessard offrit «deux arpents de front pour la construction d'une église ou chapelle». La même année, l'abbé Guillaume Vignal bénit «la place de l'église du Petit-Cap», comme on appelait au début ce lieu. Louis d'Ailleboust, gouverneur intérimaire, qui l'accompagnait, posa la première pierre. Ce temple fut dédié à Sainte-Anne. Cependant, situé trop près du fleuve, il était progressivement détruit par la marée.

En 1661, le même Étienne Lessard donnait un autre terrain, cette fois plus haut, au pied du côteau, où l'on construisit une église de pierre, en 1676. En 1693-94, celle-ci fut allongée de 20 pieds. Et en 1787-88, on la reconstruisit entièrement; elle dura près d'un siècle.

En 1872, l'église était à nouveau reconstruite, cette fois avec l'aide financière de tout le Québec.

En 1878, fut bénite la chapelle commémorative construite avec les matériaux de l'église bâtie en 1787-88 et détruite pour permettre l'érection de la basilique, qui fut détruite en 1922. Dès l'année suivante, l'on commençait à construire la basilique actuelle, qui est l'une des plus belles de l'univers.

1659

L'ACTE DE CONCESSION À PIERRE TREMBLAY

Monument à L'Ange-Gardien, sur la route No 138, côté sud près du No 6810.

PIERRE TREMBLAY OZANNE ACHON, ANCÊTRES DES TREMBLAY D'AMÉRIQUE. HOMMAGE DE LEURS DESCENDANTS 1957. ACTE DE CONCESSION. JEAN, SEIGNEUR DE LAUZON ET DE LOTHAINVILLE, CHEVALIER, GRAND SÉNÉCHAL DE LA NOUVELLE-FRANCE, À TOUS CEUX QUI CES PRÉSENTES LETTRES VERRONT, SALUT. SAVOIR FAISONS QUE NOUS AVONS DONNÉ ET CONCÉDÉ, DONNONS ET CONCÉDONS PAR CES PRÉSENTES, À TITRE DE CENS ET RENTE SEIGNEURIALES, À PIERRE TREMBLAY UNE CONCESSION CONSISTANT À ENVIRON DEUX ARPENTS DE TERRE DE FRONT SUR LE GRAND FLEUVE SAINT-LAURENT SUR UNE LIEUE ET DEMIE DE PROFONDEUR DANS LES TERRES, EN NOTRE SEIGNEURIE DE LOTHAINVILLE, À BEAUPRÉ, TENANT PAR DEVANT SUR LE DIT FLEUVE SAINT-LAURENT, PAR DERRIÈRE SUR LA ROUTE OU CHEMIN QUI RÈGNERA LE LONG DES CONCESSIONS, D'UN CÔTÉ AUX TERRES APPARTENANT AUX SEIGNEURS DE BEAUPRÉ ET D'AUTRE CÔTÉ À ADRIEN AYOT, SUIVANT ET CONFORMÉMENT TOUTE LA LARGEUR QUI EST ENTRE LES DITS SEIGNEURS DE BEAUPRÉ ET LE DIT AYOT, SUIVANT LES LIGNES ET RUMBS DE VENT QUI LUI SERONT DÉSIGNÉS.

POUR EN JOUIR PAR LE DIT TREMBLAY, SES HOIRS ET AYANT CAUSE, EN FAIRE ET DISPOSER AINSI QUE BON LUI SEMBLERA, AVEC TOUT DROIT DE PRAIRIE, CHASSE ET PÊCHE AU-DEVANT ET AU-DEDANS DE LA DITE CONCESSION, À LA CHARGE DE PAYER PAR LE DIT TREMBLAY, SES HOIRS ET AYANT CAUSE, VINGT SOLS TOURNOIS DE RENTE SEIGNEURIALE POUR CHAQUE ARPENT DE FRONT ET DEUX CHAPONS VIFS POUR TOUTE LA DITE SEIGNEURIE, LE TOUT PAYABLE À LA RECETTE DE NOTRE DOMAINE PAR CHAQUE AN, AU JOUR DE SAINT-RÉMI, CHEF D'OCTOBRE LES DITS CENS ET RENTE PORTANT LODS ET VENTE, SAISIES ET AMENDE SELON LA COUTUME DE LA PRÉVÔTÉ ET VICOMTÉ DE PARIS QUAND LE CAS Y ÉCHERRA, ET QUE LE DIT TREMBLAY Y AURA FEU ET LIEU OU AUTRE POUR LUI DANS L'ANNÉE, AUTREMENT LA PRÉSENTE CONCESSION NULLE, ENVERRA MOUDRE SES GRAINS AU MOULIN BANAL LORSQU'IL EN AURA ÉTÉ CONSTRUIT UN EN NOTRE DITE SEIGNEURIE: CLÔRA LES TERRES DE SON DÉSERT, AUTREMENT NE POURRA PRÉTENDRE AUCUNS DOMMAGES POUR LES DÉGÂTS QU'Y POURRAIENT FAIRE LES BESTIAUX DE SES VOISINS; SOUFFRIRA PASSER SUR SES TERRES LES CHEMINS QUI Y SERONT JUGÉS NÉCESAIRES PAR NOS OFFICIERS ENSEMBLE SUR LE BORD DE LA RIVIÈRE ET POUR FACILITER LA NAVIGATION, LA MONTÉE ET L'ABORD DES TERRES: ET EN CAS DE VENTE DE LA DITE CONCESSION, IL NOUS SERA LOISIBLE DE LA RETIRER EN REMBOURSANT LE FORT PRINCIPAL DE LA VENTE, FRAIS ET LOYAUX COÛTS, SUIVANT LA COUTUME DE NORMANDIE QUE NOUS VOULONS SUIVRE EN CE CHEF, LE SURPLUS ÉTANT RÉGI PAR CELLE DE PARIS. MANDONS, CAR AINSI A ÉTÉ PAR NOUS LE TOUT DONNÉ ET OCTROYÉ AU DIT TREMBLAY, EN FOI DE QUOI NOUS AVONS SIGNÉ LA PRÉSENTE, A YCELLE FAIT APPOSER LE CACHET DE NOS ARMES ET CONTRESIGNER PAR NOTRE SECRÉTAIRE, À QUÉBEC, LE QUATRIÈME JOUR D'AVRIL, L'AN MIL SIX CENT CINQUANTE-NEUF.
DE LAUZON
CHARNY
PAR MON DIT SIEUR FILLION.

I.P.

1661

JEAN DE LAUZON (FILS), VICTIME DES IROQUOIS

JEAN DE LAUZON, SÉNÉCHAL DE LA NOUVELLE-FRANCE, FILS DU GOUVERNEUR DE LAUZON, FUT TUÉ PAR LES IROQUOIS DANS LES ENVIRONS DE LA RIVIÈRE MAHEU, AU MOIS DE JUIN 1661. IL A DONNÉ SON PRÉNOM À LA PAROISSE DE SAINT-JEAN.

JEAN DE LAUZON, SÉNÉCHAL (HIGH STEWARD) OF NEW FRANCE, AND SON OF GOVERNOR LAUZON, WAS KILLED BY IROQUOIS NEAR THE RIVER MAHEU IN JUNE, 1661. HE GAVE HIS CHRISTIAN NAME TO THE PARISH OF SAINT-JEAN.

C.M.H.Q.

Plaque à Saint-Jean, Île d'Orléans; (elle était auparavant près du pont de la rivière Maheu, sur l'avenue Royale).

Sa mère portait le nom de Marie Gaudar. Il naquit en France à une date qui n'a pu être déterminée entre 1620 et 1635. Il commença sa carrière dans les armes dans les régiments de Navarre et de Picardie. Arrivé définitivement au Canada avec son père, en 1651, il épousa, la même année, Anne Després qui avait fait la traversée en même temps que lui. Son père lui concéda, aussitôt, plusieurs terres dans la seigneurie de Lauzon (où il n'habita jamais) et aux alentours du Cap Rouge. Il demeura sur sa terre de Beaumarchais, près de Beauport.

Ayant été conseiller d'État, il était au courant de l'organisation des tribunaux. Il était préparé pour agir comme sénéchal, bien qu'il fut surtout militaire.

Québec était alors menacé par les Iroquois, quoique à un degré moindre que Montréal et les Trois-Rivières. Son beau-frère, Louis Couillard de Lespinay, parti à la chasse dans l'île d'Orléans, ne revenait pas. Ils tombèrent aux mains d'environ 80 Iroquois et furent massacrés. Couillard, qui était sain et sauf, entendit les coups de feu et chercha du secours vers Québec. On retrouva, le lendemain, Lauzon décapité. Les sauvages avaient emporté sa tête comme trophée. Lui et ses compagnons furent inhumés, le jour de la Saint-Jean, dans l'église de Québec.

Lauzon eut six enfants; deux filles se firent Ursulines. Sa veuve se remaria à Claude de Bermen de La Martinière.

1662

JEAN LECLERC ET MARIE BLANQUET

Monument près du No 18, avenue Royale, (No 368) Sainte-Pétronille, I.O.

HOMMAGE À JEAN LECLERC, MARIE BLANQUET VENUS DE DIEPPE (NORMANDIE) EN 1660. ÉTABLIS SUR CETTE TERRE EN 1662. TRICENTENAIRE LECLERC. 1662-1962. DIGNES DE NOS PÈRES.

I.P.

Ceux qui portent le nom de Leclerc (qui s'orthographie aussi Leclair, Leclaire, Le Clerc, Leclercq) ne sont pas tous issus du même ancêtre.

Le premier à s'établir au Canada fut Jean, qui épousa, en 1657, Marie Blanquet; celle-ci était la fille d'Adrien dit La Fougère, dont le métier était sellier. Leurs premiers enfants furent baptisés à Québec et à Château-Richer.

Aux recensements suivants on lit:

1666: «Jean Leclercq, 27, tisserand en toile et habitant; Marie Blanquet, 36, sa femme; Pierre, 8; Marguerite, 6; Anne, 18 mois».

1667: «Jean le Clercq, 29; Marie Blanquet, sa femme, 35; Marguerite, 6; Pierre le Clercq, 7; Anne, 4; Marie, 1½; 6 bestiaux, 13 arpents en valeur».

1681: «Marie Blanquet (veuve de Jean Leclerc), 50; enfants: Pierre 23; Jean 13, Adrien 12, Martin 8, Marie 9; 1 fusil; 13 bêtes à cornes; 20 arpents en valeur».

Ils étaient alors sur leur terre dans l'île d'Orléans. Sur la carte de Villeneuve, ingénieur du roi, faite en 1689, le nom de la «Vve Jean Leclerc» est mentionné au No de cadastre 144 en la paroisse de St-Pierre.

1662

LE PREMIER PRESBYTÈRE NOTRE-DAME

À Québec, près du No 16, rue Buade, Québec.

PRESBYTÈRE NOTRE-DAME DE QUÉBEC. LE PREMIER PRESBYTÈRE NOTRE-DAME, COMMENCÉ À CET ENDROIT EN 1662, FUT AUSSI LE PREMIER PALAIS ÉPISCOPAL ET LE BERCEAU DU SÉMINAIRE DE QUÉBEC EN 1663.

IN THE YEAR 1662, CONSTRUCTION BEGAN ON THIS SITE FOR THE FIRST RECTORY OF NOTRE DAME. THE SAME BUILDING BECAME THE FIRST BISHOP'S RESIDENCE AND THE CRADLE OF THE SEMINARY OF QUÉBEC IN 1663.

ÉRIGÉE EN 1963 À LA DEMANDE DE LA SOCIÉTÉ HISTORIQUE DE QUÉBEC.

COMMISSION DES MONUMENTS HISTORIQUES.

C.M.H.Q.

L'abbé Henri de Bernières fut le premier curé de Québec, fonction qu'il exerce de 1660 à 1687. En 1665, il fut aussi le premier supérieur du séminaire de Québec, charge qu'il remplit durant vingt-cinq ans, contribuant ainsi à former plusieurs prêtres.

Il surveilla la construction du presbytère-séminaire-palais épiscopal.

C'est Mgr de Laval qui l'avait amené avec lui, en 1659; il fut ordonné prêtre à Québec, un an après son arrivée. Il était né, en 1635, à Caen (Normandie), fils de Pierre de Bernières, baron d'Acqueville, et de Madeleine Le Breton. Son père étant décédé alors qu'il n'avait que neuf ans, son oncle, Jean de Bernières de Louvigny, créateur de l'Ermitage de Caen, fit son éducation.

Il fut grand vicaire et le doyen du chapitre, sous Mgr de Saint-Vallier.

Il ne retourna qu'une fois en France. Décédé à Québec, en 1700, il donna à sa patrie d'adoption non seulement tous ses travaux, son dévouement, ses prières, mais aussi son patrimoine.

1663

LA FONDATION DU SÉMINAIRE DE QUÉBEC

Plaque à Québec, sur l'édifice du séminaire, à droite de l'entrée principale, (rue de la Fabrique).

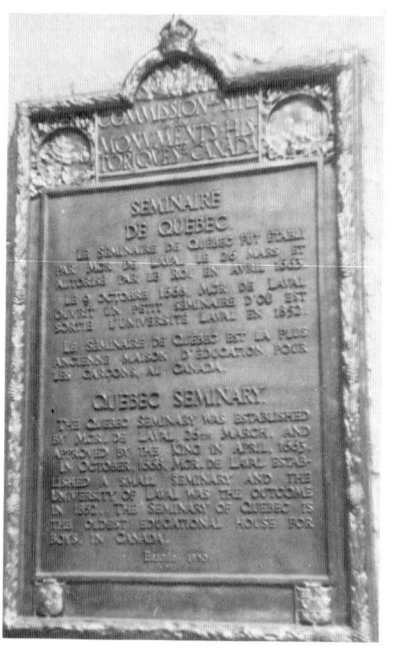

SÉMINAIRE DE QUÉBEC. LE SÉMINAIRE DE QUÉBEC FUT ÉTABLI PAR MGR DE LAVAL LE 26 MARS ET AUTORISÉ PAR LE ROI EN AVRIL 1663. LE 9 OCTOBRE 1668, MGR DE LAVAL OUVRIT UN PETIT SÉMINAIRE D'OÙ EST SORTIE L'UNIVERSITÉ LAVAL EN 1852. LE SÉMINAIRE DE QUÉBEC EST LA PLUS ANCIENNE MAISON D'ÉDUCATION POUR LES GARÇONS AU CANADA.

QUÉBEC SEMINARY. THE QUÉBEC SEMINARY WAS ESTABLISHED BY MGR DE LAVAL, 26 MARCH, AND APPROVED BY THE KING IN APRIL 1663. IN OCTOBER 1668, MGR THE LAVAL ESTABLISHED A SMALL SEMINARY AND THE UNIVERSITY OF LAVAL WAS THE OUTCOME IN 1852. THE SEMINARY OF QUÉBEC IS THE OLDEST EDUCATIONAL HOUSE FOR BOYS, IN CANADA. ÉRIGÉE 1930.

C.S.M.H.C.

Les Jésuites, en 1634, ouvrirent une école à Québec, à laquelle ils ajoutèrent, l'année suivante, une classe de latin, fondant ainsi le Collège de Québec, le premier de l'Amérique du Nord (Harvard: 1636). Ils érigèrent pour le recevoir une bâtisse en bois là où est maintenant l'hôtel de ville, laquelle fut refaite en pierre et agrandie plusieurs fois. Elle fut démolie en 1878.

Le séminaire fondé par Mgr de Laval, en 1663, avait pour mission de «former des clercs au service de Dieu». Durant le régime français, vu l'existence du collège des Jésuites, ce séminaire ne reçut jamais plus de cent élèves.

Durant le siège de Québec, la bâtisse du séminaire fut dévastée. Elle ne put recevoir d'élèves qu'en 1765. Les Jésuites, sur l'ordre des nouveaux maîtres, ne purent continuer leur collège. C'est alors que le Séminaire de Québec reçut tous ceux qui voulaient suivre son cours classique, continuant ainsi l'oeuvre commencée par les Jésuites.

En 1852, le Séminaire groupait 16 prêtres, 30 ecclésiastiques et 387 élèves. Ses succès et sa réputation n'ont fait que s'accroître.

1664

RENÉ BRISSON ET ANNE VÉZINA, PIONNIERS DE L'ANGE-GARDIEN

Plaque sur la chapelle, située à deux arpents à l'ouest de l'église paroissiale, à l'Ange-Gardien, (Route N° 360).

1664-1964. CHAPELLE DÉDIÉE AUX FAMILLES BRISSON À L'OCCASION DES FÊTES DE LEUR TRICENTENAIRE EN HOMMAGE À RENÉ, PREMIER ANCÊTRE BRISSON VENU AU CANADA ET À SON ÉPOUSE ANNE VÉZINA, PIONNIERS DE L'ANGE-GARDIEN. DIMANCHE LE 27 SEPTEMBRE 1964.

I.P.

René Brisson naquit, vers 1635, à Saint-Xandre (Aunis), diocèse de La Rochelle. Il arriva au Canada, en 1664, sur le «navire noir de Hollande», commandé par Pierre Fillye, de Brest, avec une cinquantaine d'autres.

Anne Vézina était la fille de Jacques et de Marie Boidon (Boilot ou Bourdon); elle vit le jour, en 1651, à Saint-Nicolas de La Rochelle.

Les époux demeuraient, lors de leur mariage, sur la côte de Beaupré en la paroisse appelée vulgairement Petit-Percé. Ils firent leur contrat de mariage devant Paul Vachon, notaire des seigneuries de Beauport, Notre-Dame-des-Anges, Lirec et l'île d'Orléans.

Ils cultivèrent une terre à environ un mille à l'est des chutes Montmorency, (aujourd'hui en la paroisse de Boischatel). De 1677 à 1685, René Brisson fut boucher à Québec.

Anne mourut à l'Ange-Gardien, le 29 décembre 1687 et y fut inhumée deux jours après; on ne sait pas la date de décès de son époux.

De leur mariage naquirent les dix enfants suivants: René (1665) m. à Geneviève Têtu; Marie-G. (1666) m. à Jean Migneron; Charles (1670) m. à Marie Leterte; Anne (1672) m. à Mathieu Guay; Marie (1675) m. à Nicolas Julien puis à A. Prévost; Geneviève (1678) m. à Nicolas Binet; Jean (1683) m. à Catherine Dancause; Catherine (1680); Marie-Catherine (1682); François (1686); ces trois derniers ne semblent pas s'être mariés.

La chapelle, bâtie il y a longtemps pour servir de reposoir à la Fête-Dieu par la fabrique, fut donnée par celle-ci aux familles Brisson pour qu'elles l'entretiennent.

1664

L'ÉTABLISSEMENT DE MATHIAS CAMPAGNA ET SUZANNE AUBINEAU

Monument en face du No 193, paroisse Saint-Jean, route No 368, Île d'Orléans.

1664-1964. HOMMAGE À MATHIAS CAMPAGNA ET À SUZANNE AUBINEAU VENUS DE LAROCHELLE (FRANCE) EN 1664 ET ÉTABLIS SUR CETTE TERRE EN 1667. L'ASSOCIATION DES FAMILLES CAMPAGNA. CAMPAGNA.

I.P.

Mathias Campagna, parti de Larochelle le 24 mars 1664, arriva au Canada le 24 mai suivant. Il employa les deux ou trois premières années comme aide fermier.

Le 20 avril 1669, il acheta une concession, à Saint-François, à l'île d'Orléans, de Mgr de Laval, qui signa lui-même l'acte de vente.

Cinq jours après, il passait son contrat de mariage avec Suzanne Aubineau, de Charlebourg, qui était veuve de Pierre Auclair et avait deux enfants: Pierre et André.

Au recensement de 1666-67, ils possédaient, sur leur terre de Saint-François, six bestiaux et 15 arpents en valeur. Ils s'y bâtirent une maison au bord du fleuve, au pied de la falaise.

De cette union naquirent quatre enfants: Charles (1668-1737), qui épousa Marie-Madeleine Blouin et fut le continuateur de la lignée; Anne-Françoise, née en 1671; Marie (1672-1689) et Louis (1674-1676).

Suzanne Aubineau décéda le 10 mars 1694, puis son mari le 27 août 1714. Ils furent inhumés à Saint-François.

Le magnifique monument sur la terre de ces pionniers fut érigé le 5 juillet 1964 par l'association des Familles Campagna, dont les dignitaires étaient alors: M. Léon Campagna, président, et MM. Elzéar, Nelson et Jacquelin Campagna.

Un Bulletin, écrit par le R.F. Dominique Campagna, commença, dès 1962, à prendre contact avec les membres de la famille, à préparer les fêtes du tricentenaire et à maintenir, depuis, un lien entre tous. Le projet actuel est d'amasser des fonds pour acheter la maison ancestrale, située à deux arpents du monument, et bâtie par Charles Campagna et ses enfants, vers 1731.

La devise des Campagna est: «FIDÈLE À NOS PÈRES».

1665 À 1668 ET 1670 À 1672

L'INTENDANT TALON

Statue à Québec dans une niche, sur la façade de l'Hôtel du Gouvernement,. TALON.

Sculpteur: Alfred Laliberté.

Jean Talon fut intendant de la Nouvelle-France de 1665 à 1668 puis de 1670 à 1672. Durant si peu d'années, il donna à la colonie son entité traditionnelle qui, malgré ses multiples épreuves, en assura la survie.

Il naquit en 1626, à Châlons-sur-Marne (Champagne), de Philippe et d'Anne de Bury (ou Burry). Il fit ses études, en même temps que Mgr de Laval, au collège de Clermont dirigé par les Jésuites. Après avoir exercé plusieurs charges dans l'administration militaire, il fut nommé intendant du Hainaut, n'ayant qu'une trentaine d'années. C'est alors qu'il fut nommé intendant du Canada, qui était alors dans une situation presque désespérée. Il arriva à Québec en 1665, la même année que le régiment de Carignan-Salières.

Il collabora: à la création du Conseil souverain pour rendre justice; à l'organisation de la campagne contre les Iroquois; à l'immigration: 1,500 personnes s'établirent durant son terme d'office; à l'aide aux familles de colons: 300£ aux pères de 10 enfants et 400£ aux pères de 12; à la colonisation: environ 60 fiefs accordés sur le Saint-Laurent; à l'agriculture: distribution de grains de semence pour que les habitants se suffisent à eux-mêmes; à la vie familiale: fourniture de ce qu'il faut pour que les femmes tissent vêtements, etc.; à l'industrie, particulièrement la confection de chaussures demeurée une tradition au Québec; à la construction de navires; à l'envoi au pays des «Filles du roi», au nombre d'un millier; à l'exploration vers l'Ouest; à la liberté du commerce, au profit des habitants. Etc.

De retour en France en 1672, le roi lui accorda des charges importantes. Sa terre des Islets fut mis au rang de comté en 1675 et appelée d'Orsainville. Ami de hautes personnalités, il vécut à Paris ou à Versailles, dans l'abondance.

Il décéda célibataire, en 1694, et fut inhumé dans la chapelle de son église paroissiale. Marie de l'Incarnation écrivit de lui: «depuis qu'il est ici en qualité d'intendant, le pays s'est plus fait et les affaires ont plus avancé qu'elles n'avaient fait depuis que les Français y habitaient.»

1667

LES FAMILLES MARCOTTE

Nicolas et Jacques Marcotte, nés respectivement à Fécamp (Normandie), les 23 novembre 1642 et 7 octobre 1644, de Charles, maître boucher, et de Jacqueline Baucher, arrivèrent au Canada en 1667.

En 1670, Nicolas épousa Martine Taurey et Jacques Élisabeth Sallé. Nicolas et son épouse s'établirent d'abord en la seigneurie de Dombourg (Neuville); ils allèrent, plus tard, demeurer à Lotbinière. Jacques et sa femme allèrent s'établir en la seigneurie de Dutord (Bécancour); ils demeurèrent, plus tard, à Neuville puis Cap-Santé.

Ces deux frères vécurent côte à côte, après 1670, sur leurs terres de Neuville (maintenant Donnacona). C'est pourquoi, le monument à leur mémoire y fut érigé. Celui-ci fut dévoilé le 12 août 1967, en présence d'un grand nombre de descendants Marcotte, venus du Canada et des États-Unis; une programme chargé avait été inauguré la veille et ne termina que le lendemain.

Monument à Donnacona (près de Neuville), en face du No 1700, route No 2 (à l'ouest d'un viaduc, côté sud).

TRICENTENAIRE MARCOTTE 1667-1967. ANCÊTRES NICOLAS MARCOT ET SON ÉPOUSE MARTINE TAUREY, JACQUES MARCOT ET SON ÉPOUSE ÉLISABETH SALLÉ VÉCURENT ICI. CARRIÈRES, MARTINEAU & DESCHAMBAULT (DONATEURS).

Plaque à Cap-Santé, sur une maison côté nord de la route No 2 (1 mille à l'est du village de Portneuf):

EN HOMMAGE À JEAN-FRANÇOIS PETIT-JEAN MARCOT, FILS DE JACQUES & ÉLISABETH SALLÉ, QUI DÉFRICHA VERS 1703 CETTE TERRE HABITÉE DE NOS JOURS PAR JOSAPHAT MARCOTTE. TRICENTENAIRE DES FAMILLES MARCOTTE. 13 AOÛT 1967.

Plaque à Portneuf, sur une maison du village:

EN HOMMAGE À JEAN-FRANÇOIS JANNOT MARCOT, FILS DE JACQUES & ÉLISABETH SALLÉ, À QUI FUT CONCÉDÉE EN 1713 CETTE TERRE HABITÉE DE NOS JOURS PAR NAPOLÉON MARCOTTE. TRICENTENAIRE DES FAMILLES MARCOTTE. 13 AOÛT 1967.

Plaque à Saint-Basile Station, sur une maison, au côté nord de la route No 2:

CETTE TERRE, CONCÉDÉE EN 1748 À FRANÇOIS-DE-SALES MARCOT, PETIT-FILS DE JACQUES & ÉLISABETH SALLÉ, S'EST TRANSMISE DE PÈRE EN FILS JUSQU'À FÉLIX MARCOTTE QUI L'HABITE DE NOS JOURS. TRICENTENAIRE DES FAMILLES MARCOTTE. 13 AOÛT 1967.

1667

PIERRE BOUCHER, AMBASSADEUR AUPRÈS DE LOUS XIV

Statue à Québec dans une niche, sur la façade de l'Hôtel du Gouvernement.

BOUCHER
Sculpteur: Alfred Laliberté.

Pierre Boucher, sieur de Grosbois, fut «le Canadien le plus respectable et le plus grand de son époque» (Père Léon Pouliot).

Originaire de Mortagne (Perche) et issu de Gaspard et Nicole Lemère (Lemer ou Lemaire), en 1622, il arriva au Canada, en 1634. Il commença par suivre les Jésuites chez les Hurons, dont il apprit la langue. Il occupa ensuite plusieurs emplois: soldat, interprète, commis, etc.

Ses talents et son dévouement furent les raisons de son élévation comme gouverneur des Trois-Rivières, qu'il défendit avantageusement contre les Iroquois, convainquant ceux-ci de faire la paix avec toute la colonie, du moins pour un certain temps.

Il fut, particulièrement, envoyé spécial auprès de Louis XIV, pour lui demander de l'aide, le Canada étant à l'extrémité. Il attira non seulement la sympathie du Roi-Soleil mais obtint des colons, des soldats, de l'aide sous diverses formes et des chefs de file.

Mais, en 1667, il abandonnait le gouvernement de Trois-Rivières et allait s'établir sur sa seigneurie des «Iles-Percées» qu'il nomma Boucherville «pour avoir un lieu dans ce pays consacré à Dieu où les gens de bien puissent vivre en repos, et les habitants faire profession d'estre à Dieu d'une façon toute particulière» et «pour tâcher d'amasser quelque bien par les voies les plus légitimes». En 15 ans, cette seigneurie était devenue un modèle.

Il s'était marié, d'abord, avec Marie-Madeleine Chrétienne, indigène élevée chez les Ursulines, laquelle mourut en même temps que son premier enfant; ensuite, avec Jeanne Crevier, dont il eut quinze enfants, deux furent prêtres et les autres, en presque totalité, s'allièrent aux meilleures familles du pays. Il écrit **Histoire véritable et naturelle des moeurs et productions du pays de la Nouv.-France, vulgurairement dite le Canada.**

1667

JEAN POULIN, LOUISE PARÉ À SAINTE-ANNE

Plaque à Sainte-Anne-de-Beaupré, sur la petite église vis-à-vis la baslique.

JEAN POULIN LOUISE PARÉ. 1667. STE-ANNE. COMITÉ GÉNÉRAL DES FÊTES.

I.P.

Jean Poulin, fils de Jacques et de Marie Violette, était originaire de la paroisse de Méru, en Picardie, diocèse de Beauvais. Il épousa, à Sainte-Anne-de-Beaupré, le 14 novembre 1667, Louise Paré, fille de Robert et de Françoise Lehoux, de la même paroisse. Ceux-ci ont leur monument au No 9269, route 230, Sainte-Anne-de-Beaupré.

Voici des notes prises dans le recensement de 1681: Âgés respestivement: lui de 40 ans et elle de 27 ans, Jean et Louise ont les enfants suivants: Jean, 10 ans; Julien, 8; Cécile, 6; Pascal 2. Ils ont 4 arpents en valeur, 4 bêtes à cornes et un fusil.

1668

LA BRASSERIE DE L'INTENDANT TALON

SUR CET EMPLACEMENT L'INTENDANT TALON CONSTRUISIT, EN 1668, UNE BRASSERIE, QUI FUT TRANSFORMÉE EN PALAIS POUR LES INTENDANTS PAR M. DE MEULES, EN 1686, CET ÉDIFICE, INCENDIÉ EN 1713, RECONSTRUIT PAR M. BÉGON, DE NOUVEAU RAVAGÉ PAR LE FEU EN 1726, RESTAURÉ PAR M. DUPUY EN 1727, FUT DÉTRUIT DURANT LE SIÈGE DE QUÉBEC EN 1775.

ON THIS SITE THE INTENDANT TALON ERECTED A BREWERY IN 1668 WHICH WAS CONVERTED INTO A PALACE FOR THE INTENDANTS BY M. DE MEULES, IN 1686. THIS BUILDING WAS DESTROYED BY FIRE IN 1713. RE-CONSTRUCTED BY M. DE BÉGON, IT WAS AGAIN DAMAGED BY FIRE IN 1726. RESTORED BY M. DUPUY IN 1727, IT WAS FINALLY DESTROYED DURING THE SIEGE OF QUÉBEC IN 1775.

I.P.

À Québec, sur la rue Saint-Nicolas à l'angle de la rue Saint-Vallier est.

Le Conseil Souverain, à la demande de l'intendant Talon, rendit, en 1668, deux arrêts: l'un, le 5 mars, interdissant l'importation au pays d'aucuns vins ou eaux-de-vie, après que des brasseries y seraient créées; l'autre, le 10 novembre, autorisant la construction d'une brasserie à Québec. C'est celle mentionnée sur la plaque ci-dessus.

Les voûtes, dont les murs ont jusqu'à huit pieds d'épaisseur, nous sont restées. En 1855, Joseph Boswell, voulant agrandir sa brasserie, en fit l'acquisition et s'en servit comme fondations.

Au début du XIXe siècle, ce devint propriété d'État, le «King's Wood Yard». Les voûtes servirent, entre autres fins, d'entrepôt pour la glace, la bière, les fourrures, etc. Elles contiennent, maintenant, un musée au No 1033 des Prairies. À l'entrée arrière, se trouvent des plaques portant les inscriptions suivantes: ABOVE ORIGINAL KEYSTONE OF THE INTENDANTS PALACE. 1686. Et CANADA'S FIRST BREWERY FOUNDED BY INTENDANT TALON UNDER CHAPTER FROM LOUIS XIV. 1668.

Furent successivement intendants en Nouvelle-France: Jean Talon d'abord de 1665 à 1668 puis de 1670 à 1672, (Il mourut, célibataire, en 1694 et fut inhumé à Châlons-sur-Marne), Jacques de Meulles de 1682 à 1686, Michel Bégon de 1712 à 1726 et Claude-Thomas Dupuy de 1725 à 1728.

1672

MARIE DE L'INCARNATION À QUÉBEC

Statue à Québec, au monastère, à l'angle de la rue Donnacona et du Parloir.

MARIE DE L'INCARNATION 1639-1672.

Émile Brunet, sculpteur.

I.P.

Marie de l'Incarnation arriva à Québec, avec ses compagnes, le 1er août 1639. Elles y trouvèrent d'abord un refuge dans une petite maison, au bord du fleuve. Elles y souffrirent le froid, devant dormir dans des coffres. Elles n'en commencèrent pas moins, aussitôt, leur oeuvre d'éducation auprès des petites françaises et indiennes.

En 1642, elles entrèrent en possession de leur monastère à la haute-ville.

Marie de l'Incarnation entreprit alors, officiellement, son oeuvre, qui fut considérable, en Nouvelle-France. Elle fut la première religieuse missionnaire. Elle fut une grande mystique, comparable à Sainte Thérèse, l'une des grandes illustrations spirituelles de France. Elle était, en même temps, une femme pratique, réglant chaque jour les problèmes qui se présentaient.

Ses écrits renferment des pages de grande importance dans nombre de débats théologiques. Durant 33 ans, elle participa aux luttes pour l'implantation du fait catholique et français en Amérique du Nord.

Sur l'ordre de ses supérieures, elle écrivit deux relations de ses états d'oraison. D'abord à Tours, en 1633, puis à Québec, en 1653 et 1654, Ses lettres, de 1625 environ à 1671, surtout celles à son fils, constituent une oeuvre originale et riche qui attire l'admiration, devenant une autobiographie depuis son enfance jusqu'à sa mort survenue le 30 avril 1672.

La vénération que l'on eut pour elle de son vivant, se continue et s'intensifie après des siècles.

Son rêve de l'union de toutes les congrégations des Ursulines françaises s'est réalisé au Canada, en 1953, ayant une supérieure générale et des provinces érigées à Québec, Trois-Rivières et Rimouski.

1672

LA CONCESSION DE LA SEIGNEURIE DE BEAUMONT

Plaque à Beaumont entre le manoir et le chemin, vis-à-vis de No 5739 de la route No 2

1672-1972. TROISIÈME CENTENAIRE DE LA CONCESSION DE LA SEIGNEURIE DE BEAUMONT À CHARLES COUILLARD, PETIT-FILS DE LOUIS HÉBERT.

SUR CET EMPLACEMENT DU DOMAINE SEIGNEURIAL, IL CONSTRUISIT SON MANOIR, D'OÙ IL VEILLA À L'ÉTABLISSEMENT DES COLONS SUR CES TERRES QUI, AVEC LA SEIGNEURIE DE VINCENNES FORMENT AUJOURD'HUI LA PAROISSE DE BEAUMONT.

MINISTÈRE DES AFFAIRES CULTURELLES. COMMISSION DES MONUMENTS HISTORIQUES.

Charles Couillard, né en 1647, sieur des Islets et de Beaumont, épousa, en 1668, Marie Pasgnier de Franclieu, puis, en 1688, Louise Couture. Il fut anobli en 1668.

Cette seigneurie porta le nom de Beaumont, en souvenir, probablement, d'un petit village du département de Puy de Dôme (France).

La paroisse de Saint-Étienne-de-Beaumont fut érigée canoniquement le 25 août 1714. Elle avait été desservie jusqu'alors par voie de mission; en 1713, fut nommé son premier curé.

La municipalité du même nom a été érigée le 1er juillet 1845.

DE 1672 À 1682 ET DE 1689 À 1698

FRONTENAC, GOUVERNEUR GÉNÉRAL DU CANADA

Statue à Québec dans une niche sur la façade de l'Hôtel du Gouvernement.

FRONTENAC

Louis de Buade de Frontenac et de Palluau fut l'architecte de l'expansion française en Amérique du Nord et le tacticien de la lutte contre les Iroquois.

Né en 1622, il fut le fils posthume et unique de Henri et d'Anne Phélypeaux de Pontchartrain. Il eut Louis XIII comme parrain. Il reçut une belle instruction. Tout jeune, il se fit militaire et gagna ses grades; en 1646, il fut blessé au bras droit. Il était prodigue et toujours endetté.

Il fut gouverneur général du Canada deux fois. Durant ce temps, eurent lieu les principaux événements suivants: Construction du fort qui porta son nom et qui devint Kingston; découverte du Mississipi; exploration de La Salle; érection de l'évêché de Québec; vaillante défense de Québec contre Phips, etc.

En 1648, il avait épousé, secrètement, Anne de La Grange, aussi belle que riche. Mais le père de celle-ci s'opposant à ce mariage, la deshérita, l'empêchant même de recevoir l'héritage de sa mère. De ce mariage naquit un seul fils, François-Louis, qui mourut vers 1672, en Allemagne alors qu'il était colonel.

Frontenac mourut à Québec, en 1698. Il fut inhumé dans l'église des Récollets. Sa femme mourut en 1797 presque dans la pauvreté.

Sculpteur: Philippe Hébert.

1673

LOUIS JOLLIET, CO-DÉCOUVREUR DU MISSISSIPI

Louis Jolliet et le Père Jacques Marquette, demeurent ensemble les héros de la découverte en 1673, du fleuve Mississipi; ils ont constaté que celui-ci ne se jette pas du côté de la Californie comme on l'espérait, mais dans le golfe du Mexique.

C'est Jolliet qui fut l'initiateur de ce projet qui reçut l'approbation de l'intendant Talon et l'autorisation du gouverneur Frontenac; ceux-ci voulaient surtout savoir où se jetait cette «Belle rivière» (traduction de Mississipi).

À son retour, Jolliet se maria à Claire Byssot et alla s'établir sur la côte nord du Saint-Laurent, où il forma une compagnie avec son beau-père et autres pour faire la traite aux Sept-Îles et même jusqu'au Labrador. Il devint un commerçant important.

Jolliet, fils de Jean, charron, et de Marie d'Abancourt, fut baptisé à Québec, en 1645; il eut sept enfants. Orphelin à cinq ans et demi et sa mère s'étant remariée, il commença à onze ans ses études classiques chez les Jésuites de Québec. Il était musicien, touchant l'orgue à la cathédrale de Québec de nombreuses années. Il mourut en 1700; on ne sait à quelle date ni à quel endroit.

Il fut un authentique Canadien.

Statue à Québec dans une niche sur la façade de l'Hôtel du Gouvernement, à l'angle de Grande-Allée et Dufferin.

JOLIET

M.-A. SUZOR-CÔTÉ, SCULPTEUR.

1673

LE PÈRE MARQUETTE, CO-DÉCOUVREUR DU MISSISSIPI

Statue à Québec antérieurement dans une niche sur la façade de l'Hôtel du Gouvernement, à l'angle de Grande-Allée et Dufferin.

Le père Jacques Marquette, Jésuite, fut le découvreur du Mississipi, en 1673, avec Louis Jolliet.

Né à Laon (France), en 1637, il était le fils de Nicolas, seigneur de la Tombelle, et Rose de La Salle.

Il débarqua à Québec, le 20 septembre 1666, où, durant deux ans, il étudia la langue algonquine. Il se rendit, ensuite, dans les pays d'en-haut d'Ottawa; il prit la direction de la mission Saint-Esprit. C'est là qu'il prit contact avec les coureurs de bois, particulièrement avec Louis Jolliet. Les Illinois lui dirent que «leur nation très considérable habite vers une très grande rivière, large d'une lieue et davantage, venant du nord et coulant vers le sud, qu'elle va si loin que les indigènes, après quantité de journées de navigation, n'en ont jamais trouvé l'embouchure».

En 1672, il était à Michillimakinac; Jolliet l'y rejoint. Celui-ci, à la demande de Talon et avec l'autorisation de Frontenac, l'invita à aller avec lui découvrir le Mississipi, qu'ils descendirent jusqu'à l'Arkansas.

En 1695, malade, en route pour Michillimakinac, il mourut, sur le bord d'une rivière (près de Ludington actuel, au Michigan). Son corps fut transféré, deux ans après, à la mission Saint-Ignace.

Son nom a été donné à plusieurs lieux, non seulement au Canada mais aux États-Unis.

R.P. MARQUETTE

SCULPTEUR: ALFRED LALIBERTÉ.

1688

L'ÉGLISE NOTRE-DAME DES VICTOIRES

CETTE ÉGLISE, ÉRIGÉE SOUS LE VOCABLE DE L'ENFANT-JÉSUS EN 1688, SUR L'EMPLACEMENT DU VIEUX MAGASIN DU ROY, PRIT LE NOM DE NOTRE-DAME DE LA VICTOIRE EN 1690 ET DE NOTRE-DAME DES VICTOIRES EN 1711.

EN FACE DE CETTE ÉGLISE SE TENAIT LE MARCHÉ DE QUÉBEC DURANT LA DOMINATION FRANÇAISE. AUTOUR DE LA PLACE RÉSIDAIENT LES PRINCIPAUX MARCHANDS DE QUÉBEC. AU CENTRE, L'INTENDANT CHAMPIGNY POSA, EN 1686, UN BRONZE DE LOUIS XIV.

C.M.H.Q. Plaque sur la façade de cette église, à droite, place Royale

Mgr de Laval, voulant une église pour les fidèles de la basse-ville, pensa le premier à en ériger une à cet endroit.

Ce temple fut détruit par l'incendie, en 1759, lorsque les Anglais canonnèrent Québec des hauteurs de Lévis. Il fut reconstruit en 1765. Restauré, en 1888, à l'occasion du deuxième centenaire, il le fut aussi en 1929 lors du premier congrès marial de Québec.

En 1690, les Québécois s'y rendirent en pèlerinage pour demander à la Vierge et à Saint-Joseph la victoire sur Phipps; celui-ci leva le siège et se retira. En 1711, devant l'invasion du Canada par Walker, les habitants de Québec adressèrent des suppliques à la Mère de Dieu; la flotte ennemie se brisa sur les écueils de l'Île aux Oeufs.

On remarque dans l'église plusieurs inscriptions latines et autres, particulièrement les suivantes:

L'AN DE NOTRE SEIGNEUR 1688, INNOCENT XI ÉTANT SOUVERAIN PONTIFE, FRANÇOIS DE LAVAL ÉTANT PREMIER ÉVÊQUE DE QUÉBEC, LOUIS XIV LE GRAND RÉGNANT EN FRANCE, LA PREMIÈRE PIERRE DE L'ÉGLISE SUCCURSALE DE LA BASSE-VILLE DE QUÉBEC, DÉDIÉE À L'ENFANT-JÉSUS, A ÉTÉ POSÉE PAR L'ILLUSTRISSIME SEIGNEUR JACQUES-RENÉ DE BRIZAY, MARQUIS DE DENONVILLE, VICE-ROI EN LA NOUVELLE-FRANCE.

L'AN DE NOTRE-SEIGNEUR 1688, LOUIS XIV LE GRAND RÉGNANT, LE TRÈS ILLUSTRE M. JEAN BOCHART, SIEUR DE CHAMPIGNY, NOROY, VERNEUIL, ETC., L'INTENDANT DE L'ADMINISTRATION POLITIQUE ET FINANCIÈRE EN LA NOUVELLE-FRANCE, A POSÉ LA PREMIÈRE PIERRE DE LA CHAPELLE DÉDIÉE À SAINTE GENEVIÈVE DANS L'ÉGLISE SUCCURSALE DE L'ENFANT-JÉSUS DE LA BASSE-VILLE DE QUÉBEC.

I.P.

AVANT 1689

LA MAISON ROBERGE

À Saint-François, Île d'Orléans, au No 20, avenue Royale (368).

Cette maison a été classée «monument historique», le 30 juillet 1968, parce qu'elle est très vieille et est de style normand. Elle porte le nom de «Roberge» parce que c'est son propriétaire, M. Hugues Roberge qui a demandé ce classement.

Elle apparaît sur le plan de l'île dressé par Robert de Villeneuve (1645-1692), ingénieur-cartographe, arrivé au Canada en 1685; on le connaît sous le nom de «CARTE DE L'ÎLE ET DE LA COMTÉ DE ST-LAURENT» en date de 1689.

Elle mesura originairement environ 26' x 22' mais fut agrandie au sud-ouest vers 1780, et, au nord-est, vers 1850.

Ses murs sont en pierre et son toit est en pente aigüe, recouvert en bardeau de cèdre. La charpente, qui est intacte, a été équarrie à la hache. La cheminée a trois sorties.

On ne peut pas encore préciser qui l'a construite, mais l'on croit que ce put être Jos. Deblois. La famille Guérard l'a habitée durant 4 ou 5 générations et la famille Giguère 3 générations.

1673

LA MAISON GINCHEREAU

Au No 16, avenue Royale, (368) Saint-François, Ile d'Orléans.

C'est Louis Ginchereau qui, en 1673, construisit cette maison de pierre, mesurant 50' par 24'9", à deux étages, à toiture pointue, à deux pans symétriques et à pignon à pan vertical. Ses fenêtres françaises à deux vantaux penturés sur chambranles sont remarquables, ainsi que sa cheminée au centre.

Fait à souligner, elle fut la demeure des Ginchereau jusqu'en 1950, soit près de trois cents ans.

Louis Ginchereau était le fils de Pierre et de Perrine Bouin, de Saint-Mathurin (évêché de Luçon), France. En 1673, il épousait, à Saint-François, I.O., Marie Magnié, veuve de Michel Chartier, dont naquirent Jean, Pierre, Isabelle, Guillaume, Marie, Louis et François.

Louis mourut à Saint-François en 1708 et sa femme en 1723.

Cette maison fut classée le 14 juillet 1971.

1674

MGR DE LAVAL, PREMIER ÉVÊQUE DE QUÉBEC

Monument à Québec, à la Place du bureau de poste, entre les rues Port Dauphin, Buade et du Fort.

FRANÇOIS DE LAVAL DE MONTMORENCY.
1623-1708. FONDATEUR DE L'ÉGLISE DE LA NOUVELLE-FRANCE ET DU SÉMINAIRE DE QUÉBEC. HOMME D'ÉTAT DANS L'ORGANISATION DU CONSEIL SOUVERAIN, DE FRUCTUEUSES MISSIONS AUPRÈS DE LA COUR DE FRANCE, DANS LA PACIFICATION DES ESPRITS ET DES PEUPLES. APÔTRE DE LA FOI, DE L'ÉDUCATION DE LA TEMPÉRANCE. VÉNÉRABLE POUR SES VERTUS DE CHARITÉ, DE FORCE ET DE MORTIFICATION. A.D. MCMVIVI.
Sculpteur: Philippe Hébert

Mgr François de Montmorency Laval, premier évêque de Québec, vit le jour à Montigny-sur-Avre (Eure-et-Loire), dans le diocèse de Chartres, le 30 avril 1623. Il était le fils de Hugues, seigneur de Montigny et de plusieurs autres lieux, et de Michelle de Péricard.

Il fut reçu prêtre en 1647. Il renonça à ses droits d'aînesse et patrimoine en faveur de son frère benjamin. Il fut désigné comme vicaire apostolique du Canada le 3 juin 1658 et consacré le 8 décembre suivant par le nonce, à l'abbey de Saint-Germain-des-Prés. Il s'embarqua, en 1659, pour le Canada, qui n'avait alors que 2,000 âmes. Il y avait alors 17 Jésuites, 4 Sulpiciens et 6 séculiers.

Il vécut pauvrement, successivement chez les Hospitalières, chez les Ursulines et les Jésuites, pour, enfin, acheter, en 1662, une vieille maison.

Il érigea canonique la paroisse de Québec en 1664, dont il consacra l'église, deux ans après. En 1668, il fonda le petit séminaire sous le nom de l'Enfant-Jésus. Vers cette année-là, il fonda, à Saint-Joachim, une école de métiers et une petite école.

Le 4 octobre 1674, Mgr de Laval reçut la bulle le nommant évêque du diocèse de Québec, qui comprenait toute l'Amérique du Nord.

En 1685, il choisit l'abbé de Saint-Vallier pour son grand vicaire, qui fut consacré évêque en 1688. Il avait alors accru ses paroisses de 5 à 35, les prêtres de 24 à 102 et les religieuses de 32 à 97. 13 prêtres étaient canadiens, alors que ce nombre était de 50 pour les soeurs. Il se retira au séminaire, distribuant ses biens aux oeuvres et aux pauvres. Il eut la douleur de voir l'incendie détruire son séminaire, la chapelle et le presbytère.

En 1708, il eut une engelure au talon qui contribua à sa mort, le 6 mai de cette même année. Il fut inhumé dans sa cathédrale.

1675-1676

LA MAISON JACQUET

Plaque à Québec, sur la maison, au No 34, rue Saint-Louis, à l'angle de la rue des Jardins.

LA MAISON JACQUET. CONSTRUITE EN 1675-76 PAR FRANÇOIS JACQUET. PLUSIEURS NOTABLES DE QUÉBEC L'HABITÈRENT, NOTAMMENT PHILIPPE AUBERT DE GASPÉ, L'AUTEUR DU ROMAN «LES ANCIENS CANADIENS», DE 1815 À 1824. ELLE EST L'UNE DES PLUS ANCIENNES MAISONS DE QUÉBEC.

THE JACQUET HOUSE. ONE OF THE OLDEST HOUSES IN QUÉBEC, BUILT BY FRANÇOIS JACQUET IN 1675-76. PROMINENT CITIZENS OF QUÉBEC CITY LIVED HERE, OF WHOM PHILIPPE AUBERT DE GASPÉ, AUTHOR OF «LES ANCIENS CANADIENS", FROM 1815 TO 1824.

LA COMMISSION DES MONUMENTS HISTORIQUES DU QUÉBEC.

Seule la petite maison à l'angle de ces rues remonte au régime français.

Philippe-Aubert de Gaspé l'acquit de Marguerite de La Naudière, sa tante, en 1815, et à la revendit, en 1824, à William Millar, maître d'école.

François Jacquet dit Langevin, maître couvreur d'ardoises, acheta le terrain, 45 pieds sur 46 pieds, des Dames Seigneuresses, les Ursulines, en 1674, moyennant une rente annuelle de six livres tournois. Il donna son terrain à la fille aînée de Pierre Ménage, charpentier, qui y construisit la maison de 25 pieds sur 30.

Dans le rapport de Baillargé et Jourdoin, en 1800, on lit: «La maison est bâtie en pierre à un étage, divisée en trois appartements — salle, chambre et cuisine, — trois cheminées, des mansardes au grenier, cave, et une cour dans laquelle il y a un puits, écurie bâtie en bois et privé, un vestibule pour entrer dans la maison».

C'est une habitation typique du régime français.

Il n'existe aucune preuve que Montcalm y soit mort.

1676

TOUSSAINT TOUPIN INHUMÉ À CHÂTEAU-RICHER

Plaque au cimetière de Château-Richer.

1616-1676. ICI REPOSE TOUSSAINT TOUPIN, SIEUR DU SAULT ET DU CLOS, MAÎTRE DE BARQUE ET BOURGEOIS DE QUÉBEC, SÉNÉCHAL DE LA SEIGNEURIE DE LAUZON, SEIGNEUR DE BÉLAIR DIT LES ÉCUREUILS.

C.M.H.Q.

Le titre de «bourgeois» au début de la colonie équivaudrait, aujourd'hui, à celui de «brasseur d'affaires». Son nom est mentionné dans une cinquantaine de pièces notariées, ce qui est considérable pour le temps. Talon lui confia plusieurs responsabilités. L'une de ses barques était de vingt tonneaux. Il est considéré comme le premier armateur du Saint-Laurent.

Originaire de Normandie, l'on ne sait pas son lieu et sa date de naissance exacts. Il arriva au Canada, au plus tard en 1638. Il eut sa résidence rue Sault-au-Matelot à Québec et sa ferme à Château-Richer, un peu en deça de la rivière Sault-à-la-Puce.

Il s'allia aux bonnes familles de la Nouvelle-France. Il fut le beau-frère de Pierre Boucher, gouverneur des Trois-Rivières et seigneur de Boucherville, d'Étienne Pépin, seigneur de La Madeleine, puis d'Urbain Beaudry, époux de Magdeleine Boucher.

De son premier mariage avec Marie Boucher, il eut six enfants: Jean, qui épousa Marie Gloria, à la même cérémonie où son père s'unissait à la mère de celle-ci; Marie, épouse de Pierre Monet; Antoine, qui prit pour épouse Louise Cloutier; Marguerite, qui ne vécut que dix jours; François, dont on ne sait que peu de chose; et un anonyme mort le lendemain de sa naissance.

En secondes noces, il épousa Marie Bourdon, veuve du notaire Jean Gloria; furent issus de cette union: Jeanne, mariée à Guillaume Guyon; Élisabeth, qui fut hospitalière sous le nom de soeur Sainte-Françoise; et Jean, né à Château-Richer en 1675.

Voilà l'un des bâtisseurs du pays!

1677

LE MANOIR DE CHARLEVILLE

À Boischatel, vis-à-vis le No 5739, route No 360.

LE MANOIR DE CHARLEVILLE. CONSTRUIT PAR CHARLES DE LA CHESNAYE À LA FIN DU DIX-SEPTIÈME SIÈCLE SUR LE FIEF DE CHARLEVILLE, CE MANOIR A ÉTÉ RESTAURÉ ET CLASSÉ MONUMENT HISTORIQUE EN 1965. LE FIEF DE CHARLEVILLE AVAIT ÉTÉ CONCÉDÉ EN 1677 À AUBERT DE LA CHENAYE PAR MGR DE LAVAL, SEIGNEUR DE BEAUPRÉ. COMMISSION DES MONUMENTS HISTORIQUES DE QUÉBEC.

Ce fief correspondait à la paroisse actuelle de Boischatel. En 1677, Charles Aubert de La Chesnaye y fit construire ce manoir.

Celui-ci mesure 63' par 29'. Il fut construit en trois parties. En 1760, les deux tiers étaient déjà terminés. Il ne subit, heureusement, que peu de dommages des bombardements anglais, n'ayant été que «un peu brûlée».

En 1694, ce fief fut de nouveau réuni à la seigneurie de Beaupré; alors, le manoir fut vendu au fermier Trudelle. Par alliance, il passa à la famille Huot, qui le vendit à l'architecte Pierre Cantin. C'est celui-ci qui le restaura, car il était alors en ruines, et le fit classer monument historique, le 19 octobre 1965.

Charles Aubert de La Chesnaye était arrivé au Canada en 1655, comme agent de la Compagnie particulière; il était originaire de Saint-Michel-d'Amiens, étant né en 1630 de Jacques et de Marie Goupil. À son arrivée, il était déjà fortuné, car, en 1660, il pouvait prêter 6,000 livres à la fabrique pour la construction du presbytère. Six ans après, il devenait agent général de la Compagnie des Indes occidentales, administratrive de la colonie.

Il se maria trois fois. D'abord avec Catherine-Gertrude, fille de Guillaume Couillard, puis avec Marie-Louise Juchereau de La Ferté et enfin avec Marie-Angélique Denys de La Ronde. Il eut 18 enfants. Il mourut à Québec, en 1702.

1678-1680, 1692-1695, 1822

LES TROIS AILES DU SÉMINAIRE DE QUÉBEC

À Québec, au No 1, côte de la Fabrique.

Fondé par Mgr de Laval, le 26 mars 1663, le séminaire de Québec fut construit par celui-ci, et inauguré le 9 octobre 1668.

Trois ailes composent le séminaire:

Le corps principal qui a été construit de 1678 à 1681; les voûtes ainsi que l'étage de la Procure en sont demeurés. On l'appelait le grand séminaire, car il servit durant de nombreuses années aux prêtres et aux séminaristes.

La partie attenante à ce corps principal a été bâtie de 1692 à 1695. Elle fut éprouvée par les incendies de 1701 et de 1705 et reconstruite. En 1820-21, on l'élargit d'environ dix pieds dans la cour.

Quant à l'aile de l'entrée, elle remonte à 1822.

Ces trois ailes ont été classées monuments historiques le 30 juillet 1968.

1680

LA MAISON DE L'ÂTRE

À Sainte-Famille, Île d'Orléans, au No 172, avenue Royale.

Cette maison de pierre des champs, datant de 1680, est du plus pur style normand.

On remarque son long toit recouvert de bardeau de cèdre, ses trois cheminées, ses murs de trois pieds d'épaisseur, ses larges poutres taillées à la hache, ses plafonds bas, ses planchers en bois, ses fenêtres françaises de verre soufflé.

Nous ne savons à peu près rien de son historique ni sur ceux qui l'ont possédée et habitée.

Le célèbre peintre Horatio Walker en a apprécié si bien le charme qu'il en a fait une peinture, en 1926.

Cette maison a été classée, le 6 décembre 1961, à la demande de Jean-Antoine Demers.

Elle sert présentement de restaurant où sont à l'honneur non seulement les mets canadiens mais aussi la musique, spécialement celle du XVIIième et du XVIIIième siècle.

1681

LA RÉSIDENCE DE CHARLES AUBERT DE LA CHESNAYE

Plaque à Québec, en face du No 122 de la Côte de la Montagne.

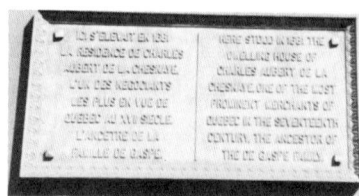

ICI S'ÉLEVAIT EN 1681 LA RÉSIDENCE DE CHARLES AUBERT DE LA CHESNAYE, L'UN DES NÉGOCIANTS LES PLUS EN VUE DE QUÉBEC AU XVII SIÈCLE, L'ANCÊTRE DE LA FAMILLE DE GASPÉ.

HERE STOOD IN 1681 THE DWELLING OF CHARLES AUBERT DE LA CHESNAYE, ONE OF THE MOST PROEMINENT MERCHANTS OF QUÉBEC IN THE SEVENTEENTH CENTURY, THE ANCESTOR OF THE DE GASPÉ FAMILY.

I.P.

Il arriva au Canada, en 1655 «tout pauvre» comme il l'écrit dans son testament. Mais il était alors le représentant d'importants marchands de Rouen, ce qui avantagea ses débuts.

C'est en 1663 qu'il se lança dans les grandes affaires, en obtenant la dernière enchère pour 46,500 livres, l'adjudication publique du monopole de Tadoussac pour la traite des fourrures ainsi que de la taxe sur les peaux de castor et d'orignal. Le commerce des fourrures, celui des marchandises et l'agriculture contribuèrent le plus à l'édification de sa fortune.

Seul ou avec d'autres, il était propriétaire de plusieurs navires jaugeant de 60 à 300 tonneaux, qui se rendaient jusqu'aux Antilles et en Hollande mais surtout, naturellement, la France.

Contrairement à d'autres, il plaçait son argent dans la colonie, prêtant à toutes les classes de la société. Les pertes qu'il en subit rendit sa situation financière difficile à la fin de sa vie.

En 1681, soit à l'apogée de sa richesse, celle-ci s'élevait à 476,000 livres, soit 175,000 en comptes recevables; 100,000 en contrats de rente; 50,000 en marchandises, 60,000 pour sa maison de la basse-ville; et 66,000 pour ses fermes et seigneuries; etc.

Il possédait, en tout ou en partie, les seigneuries de Repentigny, de Rivière-du-Loup, de Kamouraska, Beaupré, Charleville, etc., et des propriétés près de et dans Québec.

Il fut jusqu'à la fin le chef de file des marchands. Il était généreux. Lors de l'incendie de 1682 qui détruisit 55 bâtiments de la basse-ville, il épuisa sa réserve d'argent pour aider ses concitoyens à reconstruire.

De roturier, il s'éleva à la noblesse grâce à Louis XIV en 1693, ajoutant à son nom celui de La Chesnaye.

1681

LE LIEU DE LA RÉSIDENCE ET
DE LA CHAPELLE DES RÉCOLLETS

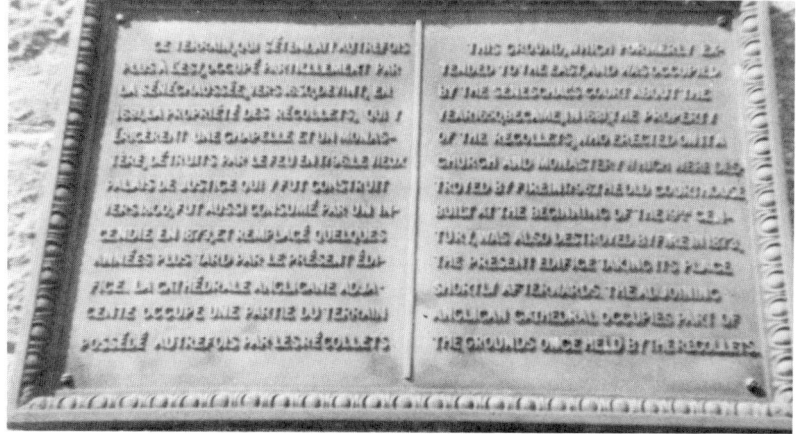

Plaque à Québec sur le côté sud du palais de Justice, à l'entrée arrière, place d'Armes.

LE TERRAIN, QUI S'ÉTENDAIT AUTREFOIS PLUS À L'EST, OCCUPÉ PARTIELLEMENT PAR LA SÉNÉCHAUSSÉE, VERS 1650, DEVINT, EN 1681, LA RÉSIDENCE DES RÉCOLLETS, QUI Y ÉRIGÈRENT UNE CHAPELLE ET UN MONASTÈRE, DÉTRUITS PAR LE FEU EN 1796. LE VIEUX PALAIS DE JUSTICE, QUI Y FUT CONSTRUIT VERS 1800, FUT AUSSI CONSUMÉ PAR UN INCENDIE EN 1873, ET REMPLACÉ QUELQUES ANNÉES PLUS TARD PAR LE PRÉSENT ÉDIFICE. LA CATHÉDRALE ANGLICANE ADJACENTE OCCUPE UNE PARTIE DU TERRAIN POSSÉDÉ AUTREFOIS PAR LES RÉCOLLETS.

THIS GROUND, WHICH FORMERLY EXTENDED TO THE EAST, AND WAS OCCUPIED BY THE SENECHAL'S COURT ABOUT THE YEAR 1650, BECAME, IN 1681, THE PROPERTY OF THE RÉCOLLETS, WHO ERECTED ON IT A CHURCH AND MONASTERY WHICH WERE DESTROYED BY FIRE IN 1796. THE OLD COURTHOUSE BUILT AT THE BEGINNING OF THE 19th CENTURY WAS ALSO DESTROYED BY FIRE IN 1873. THE PRESENT EDIFICE TAKING ITS PLACE SHORTLY AFTERWARD. THE ADJOINING ANGLICAN CATHEDRAL OCCUPIES PART OF THE GROUND ONCE HELD BY THE RÉCOLLETS.

I.P.

1683

LA MAISON DE LOUIS JOLLIET

À Québec, au pied de l'ascenseur de la Terrasse Dufferin, ave Petit Champlain.

MAISON LOUIS JOLLIET. CONSTRUITE EN 1683 POUR LOUIS JOLLIET, DÉCOUVREUR DU MISSISSIPI, QUI L'OCCUPA JUSQU'À SA MORT EN 1700. CETTE MAISON FUT RESTAURÉE EN 1946. UNE VOÛTE SOUTERRAINE S'OUVRAIT SUR L'ANSE DU CUL-DE-SAC.

LOUIS JOLLIET HOUSE. THIS HOUSE WAS BUILT BY ARCHITECT BAILLIF FOR LOUIS JOLLIET, DISCOVERER OF THE MISSISSIPI WHO OCCUPIED IT UNTIL HIS DEATH, IN 1700. A SUBTERANEAN PASSAGE LED TO THE CUL-DE-SAC COVE.

C.M.H.Q.

Cette maison, dont Jolliet ne prit possession qu'en 1685, mesurait 36 pieds de longueur, mesure française, sur 26 pieds de profondeur et était à deux étages avec mansardes. Baillif, le maître-maçon, avait Claude comme prénom.

Jolliet était «marchand bourgeois», passant alors une bonne partie de l'année en bas du fleuve. Après avoir habité sa maison jusqu'à vers 1688, il la loua, cette année là, à son beau-frère, Pierre Benac. Mais, vers 1694, il revint chez-lui pour faire instruire ses enfants.

Sa succession vendit la maison par licitation à Jean Soumande, en 1715.

En 1759, cette maison, comme toutes les autres de la basse-ville, sauf une dizaine, fut ravagée par les boulets de canon et pots de feu des Anglais, postés sur les hauteurs de Lévis. Mais, après quatre ans, elle était réparée pour faire l'objet d'un bail en faveur de Samuel Sills.

En 1879, William-Alexander Griffith, Isidore Thibaudeau, Joseph Hamel, T.H. Dunn et George Baldwin allaient donner une nouvelle existence à cette bâtisse, qui devenait le débarcadère de l'ascenseur de la Terrasse Dufferin, dont l'inauguration eut lieu le 17 novembre.

En 1945, un incendie endommagea et l'ascenseur et la maison. On répara l'un et l'autre, en donnant à celle-ci son cachet actuel.

1686 ET 1769

LA MAISON DUPONT-RENAUD (MATTE)

La première maison érigée sur ce terrain le fut par Nicolas Dupont, en 1686, étant une concession par le gouverneur Davaugour, en 1662.

Né en France en 1632, Dupont arriva au Canada en 1663, en compagnie de Mgr de Laval et du gouverneur Mésy. Il y fut un personnage important. Membre du conseil souverain, garde des sceaux, il remplaça l'intendant de Meulles durant l'absence de celui-ci en Acadie. Il fut anobli. Il devint seigneur de Pointe-aux-Trembles, portant le nom de Dupont de Neuville.

Parmi les propriétaires qui se succédèrent, mentionnons: Louis Prat, qui fut probablement le premier de la colonie à construire un navire pour son compte; Jacques Charly, qui épousa Thérèse, fille unique du riche Étienne Charest, seigneur de Lauzon.

Elle fut incendiée par les Anglais, en 1759; mais les voûtes ou caveaux demeurèrent intacts. Elle fut reconstruite, en 1769, par son nouveau propriétaire, Jean Renaud, avec les mêmes dimensions qu'avant. Elle avait trois étages sur la rue, quatre du côté du fleuve, avec cinq fenêtres par étage. Mais, en 1811, le feu y fit de nouveau des ravages.

Maintenant, la maison a quatre étages sur la rue, cinq du côté de la grève avec un toit à la mansarde. Les voûtes ont été détruites, mais il reste un caveau en avant de la maison en-dessous de la rue.

Jean Renaud était négociant et le voyer du district de Québec.

La Commission des Monuments historiques du Québec a classé cette maison le 12 août 1964 sous le nom de Matte, qui en a fait la demande.

Au No 18, rue Saint-Pierre, Québec.

1687

LE PREMIER CIMETIÈRE DE QUÉBEC

Plaque à Québec, sur un mur, en face du No 28 Côte de la Montagne.

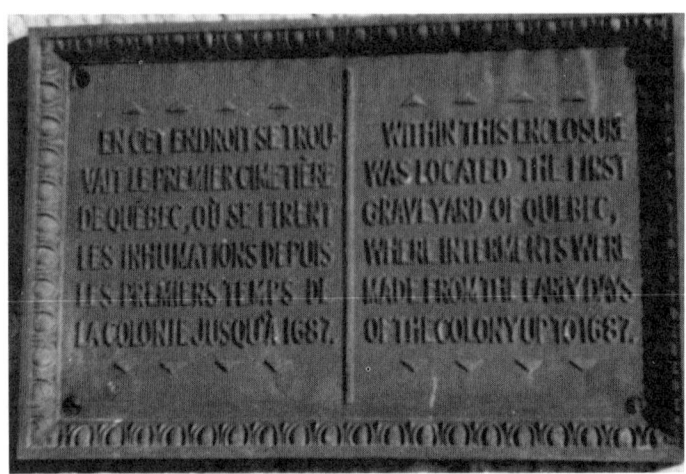

EN CET ENDROIT SE TROUVAIT LE PREMIER CIMETIÈRE DE QUÉBEC, OÙ SE FIRENT LES INHUMATIONS DEPUIS LES PREMIERS TEMPS DE LA COLONIE JUSQU'EN 1687.

WHITHIN THIS ENCLOSURE WAS LOCATED THE FIRST GRAVEYARD OF QUÉBEC, WHERE INTERMENTS WERE MADE FROM THE EARLY DAYS OF THE COLONY UP TO 1687.

I.P.

Il était sur un terrain triangulaire, à droite de la Côte de la Montagne, vers son coude. On en voit l'emplacement sur une carte de Champlain, édition de 1613 de ses Voyages.

Le 11 juin 1636, Montmagny, débarquant à Québec, se rendit par la grande côte (celle de la Montagne actuelle), pour aller à l'église Notre-Dame de Recouvrance. Il se mit à genoux devant la croix de ce cimetière.

De 1608 à 1640, peu d'adultes décédèrent à Québec. À la suite de l'incendie, le 15 juin 1640, de Notre-Dame de Recouvrance, ses premiers registres brûlèrent; on ne peut donc pas connaître les noms de ceux qui y furent inhumés, s'il y en eut. Mais de 1640 à 1670, 122 personnes y furent enterrées, plus une couple de cents enfants, soit environ trois cents.

En 1655, le cimetière était devenu trop exigu. Le gouverneur de Lauzon concéda à la fabrique le droit de faire usage de la moitié du petit parc Montmorency-Laval actuel. À partir de 1657, on commença à enterrer au cimetière Saint-Joseph, près de l'église paroissiale.

1688

LES SUCCESSEURS DE MGR DE LAVAL

Mgr de Laval fut d'abord vicaire apostolique de la Nouvelle-France de 1657 à 1674, puis évêque de Québec de 1674 à 1688.

Ses successeurs au siège épiscopal de Québec furent:

Mgr Jean-Baptiste de Lacroix Chevrières de Saint-Vallier, de 1688 à 1727.

Mgr Louis-François Duplessis de Mornay, de 1727 à 1733. Il ne vint pas au Canada.

Mgr Pierre-Hermann Dosquet, de 1734 à 1739.

Mgr François Pourroy de Lauberivière, de 1739 à 1740. Il fut victime de son dévouement aux malades atteints du typhus.

Mgr Henri-Marie du Breil de Pontbriand, de 1741 à 1760. (Le Canada resta sans évêque jusqu'en 1766).

Mgr Jean-Olivier Briand, de 1766 à 1784.

Mgr Louis-Philippe Mariauchaud d'Esgly, de 1784 à 1786. Il fut le premier Canadien de naissance élevé à l'épiscopat.

Mgr Jean-François Hubert, de 1786 à 1797.

Mgr Pierre Denaut, de 1797 à 1806, qui administra son diocèse de sa cure de Longueuil.

Mgr Joseph-Octave Plessis, de 1807 à 1825.

Mgr Bernard-Claude Panet, de 1825 à 1832.

Mgr Joseph Signay, de 1832 à 1850, premier archevêque.

Mgr Pierre-Flavien Turgeon, de 1850 à 1867.

Mgr Charles-François Baillargeon, de 1867 à 1870.

Mgr Elzéar-Alexandre Taschereau, de 1871 à 1898, premier cardinal canadien.

Mgr Louis-Nazaire Bégin, de 1898 à 1924.

Mgr Paul-Eugène Roy, de 1925 à 1926.

Mgr Raymond-Marie Rouleau, de 1926 à 1931.

Mgr Rodrigue Villeneuve, de 1931 à 1947.

Mgr Maurice Roy, depuis 1947.

LAVAL

Statue à Québec, dans une niche, sur la façade de l'hôtel du Gouvernement.

1689

LA MAISON DEMERS (LEMIEUX)

À Québec, aux Nos 28-30, rue Champlain.

Cette maison, qui mesure 33' x 33' et a trois étages au nord et deux au sud, fut construite, en 1689, par Jean Demers (Dumets), suivant son propre devis. Il avait acheté le terrain d'Étienne Dumets (Demers), en 1678. Elle fut bombardée, en 1760, par les Anglais, mais fut réparée, quatre ans après, en gardant sa ligne originale.

Elle porte le nom de «Demers» en souvenir du susnommé, mais on lui donne aussi celui de «Lemieux», qui en fut propriétaire de 1890 à 1965. Elle fut classée monument historique par la Commission provinciale le 1er mars 1966.

Dès la fin du XVIIIe siècle, elle fut fragmentée en deux, dans l'axe nord-sud, logeant des locataires par étages, par moments. Depuis 1720, et jusqu'à la fin du XIXe siècle, des propriétaires différents eurent chaque partie.

Jean Demers avait confié la construction au maçon Jean Le Rouge, que Talon avait aussi élevé au titre d'arpenteur pour tout le pays, en 1672. C'est aussi à lui que Frontenac avait confié, en 1693, la construction de la première porte Saint-Louis, qui dura jusqu'en 1878. Du mariage de Jean Le Rouge avec Jeanne Poitevin naquirent quatre filles, dont l'aînée vit le jour à Québec, en 1669.

1690

LE MARCHE TRIOMPHALE DU RÉGIMENT DE CARIGNAN ET DES CANADIENS FRANÇAIS LE LONG DE LA GRANDE-ALLÉE

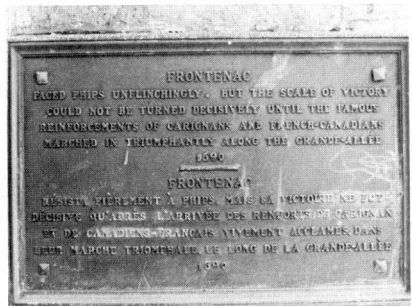

Plaque à Québec, au côté est de la Grande-Allée, à l'angle de l'avenue Dufferin.

FRONTENAC FACED PHIPPS UNFLINCHINGLY. BUT THE SCALE OF VICTORY COULD NOT BE TURNED DECISIVELY UNTIL THE FAMOUS RENFORCEMENTS OF CARIGNAN AND FRENCH CANADIANS MARCHED IN TRIUMPHANTLY ALONG THE GRANDE-ALLÉE, 1690.

FRONTENAC RÉSISTA FIÈREMENT À PHIPPS. MAIS SA VICTOIRE NE FUT DÉCISIVE QU'APRÈS L'ARRIVÉE DES RENFORTS DE CARIGNAN ET DE CANADIENS-FRANÇAIS VIVEMENT ACCLAMÉS, DANS LEUR MARCHE TRIOMPHALE LE LONG DE LA GRANDE-ALLÉE 1690.

C.S.M.H.C.

Les mères patries étant en guerre, les colons de la Nouvelle-Angleterre, en mai 1690, décidèrent d'en finir avec les Français du Canada. À cette fin, deux armées se préparèrent à envahir celui-ci: l'une par la rivière Richelieu sous le commandement du général Winthrop; l'autre, par le Saint-Laurent, sous l'amiral Phipps. C'était une menace terrible.

Les hommes de Winthrop se réunirent au lac Saint-Sacrement (George); mais la maladie en décima plusieurs centaines, même parmi les Iroquois, leurs alliés. Ceux-ci se crurent empoisonnés et quittèrent l'armée, qui se débanda graduellement.

Mais Phipps, le 16 octobre au matin, arriva en vue de Québec avec 34 vaisseaux et des milliers de soldats. Frontenac, qui était à Montréal, arriva à temps pour parer au pire. Phipps commença par sommer le gouverneur de se rendre. C'est alors que celui-ci lui répondit: Allez, je vais répondre à votre maître par la bouche de mes canons.

C'est ce qu'il fit. Car les canons de la basse-ville tirèrent sur les bateaux, dont celui de l'amiral qui perdit son pavillon et qu'un nageur de Québec alla chercher et le porta au gouverneur.

Le 17, des renforts arrivèrent de Montréal et d'ailleurs. Le 18, 1,300 Anglais, dirigés par Walley, descendirent à Beauport, alors que Phipps fit avancer des bateaux près de Québec qu'il bombarda. Ces attaques et d'autres furent repoussées. Parmi les soldats canadiens, les anciens du régiment de Carignan se signalèrent particulièrement. Phipps retraita, ayant fait des pertes considérables.

1690

LE CAVALIER DU MOULIN

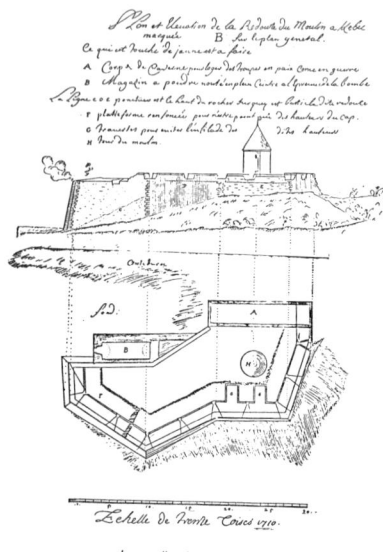

Le cavalier du Moulin en 1710.

Plaque à Québec, au No 31 de la rue Mont-Carmel.

SUR CETTE ÉMINENCE, APPELÉE LE MONT-CARMEL, IL Y AVAIT EN 1690 UN MOULIN À VENT EN PIERRE OÙ L'ON MONTA UNE BATTERIE DE TROIS CANONS ET QUI SERVIT DE REDOUTE DURANT LE SIÈGE DE QUÉBEC PAR PHIPPS. ON L'APPELA LE «CAVALIER DU MOULIN».

ON THIS HEIGHT, CALLED MOUNT CARMEL, THERE STOOD IN 1690 A STONE-HILL WHEREON WAS MOUNTED A BATTERY OF THREE GUNS, AND WHICH SERVED FOR A REDOUBT DURING THE SIEGE OF QUÉBEC BY PHIPPS. IT WAS CALLED "LE CAVALIER DU MOULIN".

William Phipps jeta l'ancre devant Québec, le 16 octobre 1690, avec 32 navires et environ 2,000 hommes.

Le gouverneur Buade de Frontenac, qui était à Montréal, n'était arrivé à Québec que le 14 précédent. Il avait, durant les mois antérieurs, fait renforcer les défenses de la ville, sur le côté de la campagne, et avait accru les batteries près du fleuve. Il pouvait compter sur environ 3,000 miliciens canadiens, en outre des soldats français.

Dès son arrivée, Phipps envoya le major Thomas Savage sommer Frontenac de se rendre. Celui-ci lui répondit: «Je n'ay point de Reponse a faire a vostre general que par la bouche de mes cannons et a coups de fuzil.»

Le 18 suivant, les troupes anglaises, commandées par le major John Walley, commandant en second, débarquèrent mais furent repoussées par les milicens, sous le commandement de Jacques Le Moyne.

Les canons des navires bombardèrent la ville.

Mais, le 20, Phipps constata que ses plans ne réussissaient pas comme prévu. Il suivit les conseils de son état major de faire rembarquer ses troupes, où s'élevait du mécontentement et où la maladie commençait à sévir. Les munitions n'étaient d'ailleurs pas suffisantes pour un long siège.

Les 23 et 24, après échange de prisonniers, Phipps leva le siège et fit voile vers Boston.

Québec était sauvé!

I.P.

AVANT 1691

LA PORTE DU PALAIS

Plaque à Québec, Côte du Palais entre les rues Arsenal et Lacroix.

ICI S'ÉLEVAIT LA PORTE DU PALAIS OU ST-NICOLAS, CONSTRUITE EN 1691, RESTAURÉE EN 1720 ET DE NOUVEAU EN 1790. ELLE FUT RECONSTRUITE DE 1823 À 1832, ET DÉMOLIE EN 1874.

HERE STOOD PALACE OR ST. NICHOLAS GATE, BUILT IN 1691, RESTORED SUCCESSIVELY IN 1720 AND 1790. IT WAS REBUILT FROM 1823 TO 1832, AND FINALLY DEMOLISHED IN 1874.

I.P.

L'abbé Louis Beaudet, dans QUÉBEC SES MONUMENTS ANCIENS ET MODERNES, écrit: «(Cette porte) était la plus belle des cinq portes de la ville qui existèrent simultanément pendant près de 100 ans. Elle consistait en trois arcades, à plein cintre, une grande pour les voitures et deux petites pour les piétons; le bas était en pierre de taille chanfreinée, le haut présentait un entablement orné de trois parallélogrammes figurés en creux, un au-dessus de chaque porte et deux assises en pierre en amortissement flanquée de deux consoles... C'est par cette porte que, le 13 septembre 1759, une partie des troupes de Montcalm sortit, après la bataille des plaines d'Abraham pour gagner le pont de bateaux placé sur la rivière St-Charles.»

Les autres portes étaient: Hope et Prescott, qui ont été démolies et Saint-Jean ainsi que Kent et Saint-Louis, qui ont été refaites.

ENTRE 1791 ET 1837

LA MAISON EULOGE GIRARD

À Québec, aux Nos 353, 355, 359 et 361, rue Saint-Paul.

Cet édifice, dont l'historique est à faire, a été classé, le 19 octobre 1965.

L'immeuble portant le No 353 est distinct du reste. Suivant l'Inventaire canadien des Édifices historiques, il daterait de 1837. Son toit est surmonté d'un genre de clocheton où se trouvent un grand oeil de boeuf à la façade et de plus petits de chaque côté.

Suivant le Service des monuments historiques du Québec, la partie portant les Nos 355, 359 et 361 ci-dessus daterait de 1791, alors que l'Inventaire précité fixe cette date vers 1830.

Il s'y trouve trois cheminées et deux foyers.

L'édifice est en pierre et mortier. Les fenêtres sont françaises.

Euloge Girard l'habita vers 1859 et Simon Bédard vers 1886.

1692

LE COUVENT DES SOEURS DE LA CONGRÉGATION

À Québec, à l'angle des rues Saint-Pierre et de la Côte de la Montagne.

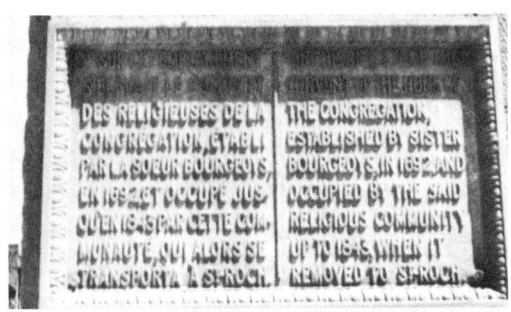

SUR CET EMPLACEMENT S'ÉLEVAIT LE COUVENT DES RELIGIEUSES DE LA CONGRÉGATION ÉTABLI PAR LA SOEUR BOURGEOYS, EN 1692, ET OCCUPÉ JUSQU'EN 1843 PAR CETTE COMMUNAUTÉ, QUI ALORS SE TRANSPORTA À ST-ROCH.

ON THIS SITE STOOD THE CONVENT OF THE NUNS OF THE CONGREGATION, INSTALLED BY SISTER BOURGEOYS, IN 1692, AND OCCUPIED BY THE SAID RELIGIOUS COMMUNITY UP TO 1843, WHEN IT REMOVED TO ST. ROCH.

I.P.

Soeur Marguerite Bourgeoys se rendit à Québec au printemps de 1692, où elle arriva chez ses Filles le 8 mai. Le 11 juin suivant, elle achetait pour sa Communauté, de François Hazeur, un terrain avec constructions pour le prix de 7,500 livres, étant des conditions avantageuses. Le contrat fut signé devant le notaire Chamberlan par elle et les soeurs Ursule Gariépy, qui devenait la supérieure à ce couvent, Catherine Charly et Élisabeth Guyon.

Cette propriété mesurait 150 pieds carrés où étaient, particulièrement, deux bâtisses en pierre à deux étages séparées par une cour de cinquante pieds. Celle qui donnait sur la rue Saint-Pierre n'avait pas de fenêtre sur la cour; elle fut louée à un marchand. Les classes furent installées dans l'autre, qui n'avait pas d'entrée sur la rue. C'est par une porte dans le mur joignant les deux bâtisses qu'on y parvenait. En entrant dans la cour, il y avait, à droite, un hangar devant servir à entreposer la viande, puis, vers le fleuve, une étable. Au coin de la maison des soeurs se trouvait un puits.

L'année suivante à cette école se trouvaient: la supérieure susnommée, et les soeurs Madeleine Asselin de Saint-Ignace et Marguerite Neveu.

En 1759, les Anglais incendièrent ce couvent, obligeant les soeurs à retourner à Montréal, mais la congrégation reprit son enseignement en 1769.

François Hazeur, pendant une trentaine d'années, fut l'un des plus éminents hommes d'affaires de la Nouvelle-France. Né en France en 1638, il arriva au Canada en 1670 et mourut à Québec en 1708. Lorsqu'il vendit son terrain, il avait convenu avec la Congrégation qu'il aurait droit, à perpétuité, aux prières de celle-ci.

1693

L'HÔPITAL GÉNÉRAL DE QUÉBEC

À Québec, sur la rue des Commissaires à l'angle du boulevard Langelier.

Les Récollets, en 1620, construisirent, au lieu actuel de l'Hôpital Général de Québec, la première église des possessions françaises en Amérique du Nord. Ils durent quitter le pays, en 1629, lorsque les Kirke prirent le pays. À leur retour, ils trouvèrent leur temple en ruine. Ils le reconstruisirent, en 1671, ainsi que leur monastère.

Mgr de St-Vallier (Ste-Croix) acheta d'eux ces constructions pour y loger l'hôpital qu'il avait d'abord confié aux Religieuses de la Congrégation, qui s'y établirent en 1692. Mais, en 1693, arrivèrent les Fondatrices: Marguerite Bourdon de St-Jean-Baptiste, Louise Soumande St-Augustin, qui devint la Mère Fondatrice, Geneviève Gosselin de Ste-Madeleine et Madeleine Bacon de la Résurrection, toutes religieuses de l'Hôtel-Dieu à Québec. Six ans après, cette communauté devenait autonome.

En 1710, on ajouta deux ailes: l'une pour les appartements de Mgr de St-Vallier; l'autre pour le service de l'hôpital.

Mgr de St-Vallier, qui fut chapelain de l'institution, y fit ériger la chapelle du Saint-Coeur de Marie, où il fit faire son tombeau; (ses restes sont maintenant dans un mausolée à droite de la chapelle).

Cet hôpital fut l'asile d'un grand nombre d'éprouvés: malades, blessés, réfugiés, etc., particulièrement, en 1759, au siège de la ville, en 1775, à l'invasion américaine, aux incendies de Québec.

L'institution a grandi, graduellement. En 1957, les treize communautés canadiennes se groupaient en fédération.

L'Hôpital Général de Québec a multiplié, depuis près de trois siècles, le dévouement le plus entier à tous ceux qui ont souffert.

1695

LE MOULIN DU PETIT-PRÉ

À Château-Richer, sur la route No 360, à environ 3 milles à l'ouest de l'église.

Ce moulin (appelé aussi «moulin banal de Mgr de Laval»), situé sur la terre dont Jean Jolliet (père du découvreur du Mississipi), fut le premier tenancier, fut construit par le Séminaire de Québec, seigneur de Beaupré, entre avril et novembre 1695. Il coûta 14,566 livres, 6 s et 3 d. Charles Pouliot en fut l'entrepreneur.

Jean Richard en fut le premier meunier; son engagement fut pour six ans, à 180 livres par an.

En 1730, l'eau de la rivière Lotherville était insuffisante pour alimenter le moulin; le Séminaire fit faire la «retenue» sur la rivière Laval. En 1741 et 1742, celui-ci fit allonger de douze pieds le moulin, afin d'y ajouter une troisième moulange.

En 1759, les Anglais l'incendièrent. Il fut reconstruit en 1764. Joseph Demers eut le contrat pour le bois et François Charley pour la charpente.

Le Séminaire, en 1871, vendit les moulins à farine et à scie à George Benson Hall, dont la veuve, six ans après, revendit à Richard Tremblay.

La partie de bois actuelle date de 1877 mais une partie des murs est de 1695.

Jusqu'en 1938, les meules de pierre étaient encore en usage; elles furent remplacées, alors, par une moulange d'acier.

La bâtisse appartient maintenant à la Coopérative de Château-Richer qui, avec l'aide du ministère des Affaires culturelles, l'a restaurée, récemment.

1696

LE SANCTUAIRE DE L'ÉGLISE DE NEUVILLE

À Neuville, comté de Portneuf.

Cette église fut construite en 1696, mesurant alors 75 pieds sur 40, mais elle fut agrandie et modifiée, de sorte qu'elle ne fut réellement terminée qu'en 1854. C'est le curé, Mgr Charles-François Bailly de Messein (1777-1794) qui fit faire le magnifique baldequin. Tout le sanctuaire fut classé monument historique, le 6 octobre 1965, par la Commission des Monuments historiques du Québec.

Jean Bourdon, arpenteur, de Québec, fut le premier seigneur, en 1653, de la paroisse de Pointe-aux-Trembles, appelée ensuite Saint-François-de-Sales-de-Neuville. Mais le seigneur lui donna le nom de Dombourg (anagramme de Bourdon).

La première église fut bâtie en 1679, n'ayant que 30 pieds sur 22 et étant en colombage avec couverture en chaume.

La paroisse fut érigée canoniquement par Mgr de Laval, en 1684. L'abbé Jean Basset en fut le premier curé, l'année suivante. C'est lui qui surveilla la construction de la seconde église, qui avait d'abord eu les grandeurs de 75 pieds sur 40, et qui ne fut terminée qu'en 1715. C'est le curé Parent qui, en 1854, fit construire la grande nef, tout en gardant le choeur de 1696.

L'on admire les peintures de l'église qui sont du célèbre peintre Antoine Plamondon (1804-1895), alors qu'il habitait cette localité. Il fit don de l'orgue, s'étant réservé le droit, sa vie durant, d'en faire usage durant la grand'messe.

1697

LA PAROISSE DE SAINTE-CLAIRE DANS LA SEIGNEURIE DE LOUIS JOLLIET

Plaque près de l'église de Sainte-Claire, comté de Dorchester.

LA PAROISSE DE SAINTE-CLAIRE EST SITUÉE DANS LA SEIGNEURIE QUI FUT ACCORDÉE À LOUIS JOLLIET, DÉCOUVREUR DU MISSISSIPI, PAR LE GOUVERNEUR FRONTENAC ET L'INTENDANT BOCHART CHAMPIGNY, LE 30 AVRIL 1697.

THE PARISH OF SAINTE-CLAIRE IS IN THE SEIGNIORY GRANTED TO LOUIS JOLLIET THE DISCOVERER OF THE MISSISSIPI, BY FRONTENAC, AS GOVERNOR, AND BOCHART CHAMPIGNY, AS INTENDANT, ON THE 30th OF APRIL, 1697.

C.M.H.Q.

Le 30 avril 1697 fut une date mémorable pour Louis Jolliet. Non seulement le roi Louis XIV lui accorda alors une seigneurie sur la rivière Etchemin, mais il le nomma professeur d'hydrographie, titre qu'il apprécia particulièrement, lui qui avait parcouru presque toute la Nouvelle-France. Il avait alors 52 ans et était à la fin de sa vie.

En novembre 1695, Jolliet reçut l'ordre de conduire en France la flotte la CHARENTE avec une riche cargaison de fourrure, le seul à pouvoir le faire à cette saison. Frontenac écrivait alors à M. de Lagny, intendant du commerce: «M. de Champigny n'est pas moins disposé que je suis à aider le sieur Jolliet en tout ce qui se pourra; et il le mérite assurément.»

Le fief susmentionné, situé à 22 milles au sud-est de Lévis, était contigu à la seigneurie de Lauzon, propriété de son beau-frère, Étienne Charest. Il est le seul à porter son nom. Jolliet ne put le mettre en valeur.

Celui-ci, durant la froide saison, enseigna au collège des Jésuites, mais il passa l'été à ses établissements à l'Île Anticosti ou à Mingan, que les Anglais, en 1692, avaient saccagés et brûlés.

Les années qui suivirent 1697 jusqu'à sa mort, en 1700 sont demeurées obscures; on ne sait où il est décédé. Il fut l'un de ces géants qu'a produits la Nouvelle-France.

1698

LA ROUTE DES PRÊTRES

À mi-chemin entre les églises de Saint-Pierre et Saint-Laurent, à l'Île d'Orléans.

«LA ST-LAURENT 1948» A VOULU CÉLÉBRER LES 250 ANS DE LA PAROISSE SOUS LE VOCABLE DE ST-LAURENT, AUTREFOIS ST-PAUL. CETTE CROIX RAPPELLE L'ÉCHANGE DE RELIQUES FAIT EN CES LIEUX À L'OCCASION DU CHANGEMENT DE VOCABLE. 15 AOÛT 1948.

Mgr de Saint-Vallier, évêque de Québec, à la fin du 17ème siècle, fit don à la paroisse de Saint-Paul d'une relique — un ossement du bras — de l'apôtre Saint-Paul. Mais, quelques années après, il changea le nom de cette paroisse en celui de Saint-Laurent; il exprima alors le voeu que celle-ci et celle de Saint-Pierre honorent l'apôtre Saint-Paul, qui serait leur patron conjoint.

M. le curé de Saint-Pierre, l'abbé Aug. Douric, demanda au R.P. François Poncelet, S.J., curé de l'autre paroisse, la relique de Saint-Paul en échange de celle de Saint-Clément consistant en trois parties de ses ossements. Après la visite de l'archidiacre, M. de La Colombière, le 3 juillet 1702, qui approuva ce projet, l'échange se fit le 24 du même mois.

À Saint-Pierre, la relique de Saint-Paul devint l'objet d'une grande vénération. Mais certains paroissiens de Saint-Laurent déplorèrent de ne plus posséder la relique à eux seuls comme autrefois. L'un d'eux quelques années après, porta la relique de Saint-Clément à son église d'origine et, en secret, rapporta celle de Saint-Paul dans son temple. Une querelle devint telle que l'évêque agit comme arbitre. Il ordonna que chaque relique soit ramenée à son église respective comme il avait été convenu auparavant. De plus, il demanda que cet échange soit fait, à jour donné, à mi-chemin entre les deux églises.

Une grande croix fut érigée à l'endroit où, processionnellement, les paroissiens se rencontrèrent à cette occasion. Le rang garda le nom de «Route des Prêtres».

DÉBUT DE 1700

LA MAISON BEAUDRY

À Cap-Santé, au No 66, ancien chemin du roi.

Cette maison a été classée «monument historique» par la Commission des sites et monuments historiques du gouvernement fédéral, parce qu'elle représente le type même des constructions à ossature qu'on appelle «pièce sur pièce», «madriers en coulisse», «Red River frame» ou «Hudson's Bay style». Les pièces horizontales (grumes ou gros madriers) sont fixées au cadre vertical par tenons et mortaises.

Ce style, adopté très tôt par les Français établis au Canada, devint celui ordinaire de constructions où s'exerçait le commerce des fourrures. On a voulu garder cette maison comme typique de ce genre du régime français pour l'Est du Canada.

L'on ne sait à peu près rien de la date de sa construction, de son constructeur et des personnalités qui en ont été propriétaires ou l'ont habitée.

On l'a appelée «maison Beaudry», parce que son dernier propriétaire, au moment où elle a été ainsi classée, est M. Jean-Paul Beaudry. Elle est considérée d'une grande importance architecturale à ce titre.

VERS 1700

LA MAISON GENDREAU

À Saint-Laurent, Île d'Orléans, au No 65, Sainte-Anne.

Cette maison, classée monument historique le 12 août 1964 (No 1514), est à peu près la seule de ce type dans l'Île d'Orléans.

On remarque ses murs en pierre peu élevés et son long toit pointu où se trouvent deux rangées de lucarnes. Il n'y a qu'une cheminée qui n'est ni au centre de la maison ni aux extrémités.

Cette maison porte le nom de Gendreau, parce qu'elle a été habitée par au moins huit générations de cette famille.

La paroisse eut d'abord comme patron Saint-Paul; elle avait des registres depuis 1679. À partir de 1698, elle fut désignée sous le nom de Saint-Laurent, en l'honneur de Laurent Mauvide, le seigneur de l'époque. Elle eut son existence canonique en 1714. Un curé y résida depuis 1700.

VERS 1700

LA MAISON IMBEAU

Au No 58, Chemin Royal, Saint-François, Île d'Orléans.

Le recensement de 1681 mentionne que Claude Plante, dans le «comté de St-Laurent» (Île d'Orléans), et Marie Patenaude, son épouse, étaient âgés, respectivement, de 26 et de 20 ans avec un fils, Charles, d'un an; ils possédaient deux bêtes à cornes et avaient cinq arpents en valeur.

N'est-ce pas lui qui a construit la maison précitée, que l'on appelle maintenant «Imbeau», parce qu'elle a été plusieurs générations habitée par une famille de ce nom, Joseph Imbeau l'ayant acquis de François Plante, en 1848? La propriétaire actuelle, Mme Madeleine-T. Guimont, l'acquit de André Imbeau, en 1967 et la fit classer le 24 mai 1968.

Les Plante et Imbeau étaient cultivateurs, mais gagnaient un revenu supplémentaire grâce à la pêche.

Cette maison, autrefois voisine du moulin banal de la seigneurie d'Argentenay disparu depuis longtemps, mesure 51'11" par 26'4" du côté est et 25'10" à l'ouest. Elle est en pierre de champ avec toit en bardeaux de bois. Elle a deux demi-sous-sols, une cheminée double et un four à pain intérieur. Ses murs ont 32 pouces d'épaisseur; placée sur le plateau du Domaine, elle pouvait ainsi résister aux attaques possibles.

Elle comprend les pièces suivantes: une cuisine d'été avec son âtre, son linteau avec sa Croix St-André et sa potence; une cuisine d'hiver, un grenier (où, autrefois, on entreposait le grain et faisait sécher le tabac) comprenant plusieurs chambres. Ces pièces sont meublées comme elles l'étaient autrefois.

Aucun événement historique ne semble s'être produit dans cette maison. C'est son style normand, fin XVIIe siècle, qui lui a mérité son titre de «maison historique».

1703

HECTOR DE CALLIÈRES, GOUVERNEUR-GÉNÉRAL

HECTOR DE CALLIÈRES, CHEVALIER DE SAINT-LOUIS, 26 MAI 1703.
C.M.H.Q.

Plaque à Québec. (Elle a présentement été enlevée).

Il fut nommé d'abord gouverneur de Montréal en 1684 et gouverneur-général de la Nouvelle-France de 1698 à 1703.

Fils de Jacques de Callières, gouverneur de Cherbourg, et de Madeleine Potier, il naquit au château familial en 1646.

Officier du régiment de Navarre, il donna vingt-cinq ans de sa jeunesse à son pays. C'est en reconnaissance de son dévouement que le roi lui accorda d'être gouverneur de Montréal, qui n'avait cependant, alors, que 647 habitants.

Il arriva à Ville-Marie à l'automne, mais n'exerça sa charge qu'en 1685. Il se fixa à l'endroit qui a gardé son nom la **Pointe-à-Callières**.

En 1694, il fut l'un des premiers à recevoir la croix de chevalier de l'Ordre militaire Saint-Louis.

Frontenac étant décédé à Québec, en 1698, il lui succéda comme gouverneur-général du Canada. Son oeuvre maîtresse, à ce titre, fut d'avoir préparé les voies et avoir obtenu la signature d'un traité de paix par les Iroquois des Cinq-Cantons, en juillet 1700. Deux ans après, ceux-ci demandaient des missionnaires, qui furent les Pères J. de Lamberville, Julien Garnier et François Vaillant de Gueslis.

Sa mort, le 26 mai 1703, à Québec, fut un deuil pour tous. Son corps fut inhumé chez les Récollets. Ses ossements sont dans la cathédrale de Québec. Il était célibataire. Le Père Gélase, commissaire des Récollets, prononça son oraison funèbre.

1706

PIERRE LE MOYNE D'IBERVILLE

Pierre Le Moyne d'Iberville fut le plus grand homme de guerre de la Nouvelle-France. Il parcourut une grande partie de l'Amérique du Nord par mer et par terre, capturant des vaisseaux anglais, prenant des forts à la Baie d'Hudson, chassant les ennemis à Terre-Neuve, découvrant l'embouchure du Mississipi et multipliant ses exploits au loin.

Né à Montréal, le 20 juillet 1661, il était le troisième enfant issu de Charles et de Catherine Thierry, fille adoptive d'Antoine Primot. Son nom vient d'un fief possédé par sa famille à Dieppe (Normandie). Plusieurs de ses frères s'illustrèrent.

Il fut aussi colonisateur, trafiquant, fondateur de la Louisiane, chevalier de Saint-Louis, etc.

De son mariage avec Marie-Thérèse Pollet, (qui vécut presque toujours en France), naquirent, suivant AEG. Fauteux, six enfants. Cinq sont connus.

Il mourut à La Havane, vers le 9 juillet 1706, où son corps fut enterré sur le site de l'ancienne église de Saint-Christophe.

Dans un mémoire, demandant au gouvernement métropolitain, de coloniser la vallée du Mississipi, il écrivit: «Si la France ne se saisit pas de cette partie de l'Amérique, qui est la plus belle, pour avoir une colonie assez forte pour résister à celle que l'Angleterre a dans la partie de l'est depuis Pescadoué jusques à la Caroline, la colonie anglaise, qui devient très considérable, s'augmentera de manière que, dans moins de cent années, elle sera assez forte pour se saisir de toute l'Amérique et en chasser toutes les autres nations.»

Statue à Québec, dans une niche sur la façade de l'Hôtel du Gouvernement, à Québec.

D'IBERVILLE
ELZ. SOUCY, sculpteur.

1708

LES RESTES DE MGR DE LAVAL REPOSENT DANS LA CHAPELLE DU SÉMINAIRE DE QUÉBEC

Plaque à Québec, à l'entrée principale gauche du Séminaire, rue de la Fabrique.

DANS CETTE CHAPELLE REPOSENT LES RESTES DE FRANÇOIS DE MONTMORENCY-LAVAL, PREMIER ÉVÊQUE DE QUÉBEC ET FONDATEUR DU SÉMINAIRE DE QUÉBEC 1623-1708.

IN THIS CHAPEL LIE THE REMAINS OF FRANÇOIS MONTMORENCY-LAVAL, FIRST BISHOP OF QUÉBEC AND THE FOUNDER OF THE SEMINARY 1623-1708.
I.P.

Mgr de Laval, en 1681, tomba gravement malade. Âgé de 60 ans et épuisé, il songea à démissionner afin d'être remplacé par un plus jeune, son diocèse s'étendant à presque toute l'Amérique du Nord. Il fut remplacé par Mgr de Saint-Vallier, qui fut consacré le 25 janvier 1688. Celui-ci fut absent de 1700 à 1713, et c'est «Mgr l'Ancien», comme on appelait alors le premier évêque de Québec, qui remplit les fonctions épiscopales.

Il tenait à rehausser de sa présence les offices dans sa cathédrale. Le vendredi saint de 1708, il s'y gela un talon, ce qui le fit terriblement souffrir. Le six mai suivant, il mourait à sept heures et demie du matin.

Son corps fut exposé dans la cathédrale. L'intendant Jacques Raudot écrit: «Aussitôt après son décès les peuples l'ont pour ainsi dire canonisé, ayant eu la même vénération pour son corps qu'on a pour ceux des saints, étant venus en foule de tous côtés pendant qu'il a été exposé sur son lit de parade et dans l'église, lui faire toucher leurs chapelets et leurs heures. Ils ont même coupé des morceaux de sa robe, que plusieurs ont fait mettre dans de l'argent, et ils les regardent comme des reliques».

1712

LA REDOUTE DAUPHINE

À Québec, dans le parc de l'Artillerie, entrée à l'intersection des rues Richelieu et McMahon.

Jean-Maurice-Josué Boisberthelot de Beaucours, ingénieur militaire, reçut, en 1693, l'ordre du gouverneur de Frontenac de réparer les fortifications de Québec. Il construisit les portes Saint-Jean et Saint-Louis et traça les plans de cinq ouvrages fortifiés devant être reliés par une muraille.

Commencés en 1712, les travaux de la redoute, de Beaucours écrivit, cette année-là, pour la première fois «redoute Dauphine», en souvenir des deux dauphins de France qui moururent alors.

Cette redoute est le deuxième plus vieux bâtiment militaire de Québec, le premier étant celle du Cap Diamant situé à l'intérieur de la citadelle actuelle.

En 1748-49, l'ingénieur de Léry termina les casernes de cette redoute, où la garnison française habita jusqu'en 1759. Ses anciennes casernes servirent de résidence et de mess des officiers anglais jusqu'en 1871. Après 1880, la redoute servit de résidence du surintendant de l'arsenal.

De Beaucours, né en 1662 en Bretagne, arriva au Canada, en 1691, comme lieutenant d'infanterie. Il y gagna vite ses grades, étant capitaine en 1693. Comme officier et ingénieur, il s'illustra jusqu'en Acadie et à Terre-Neuve. Il mérita la croix de Saint-Louis. Il mourut à Montréal, en 1750.

Joseph-Gaspard Chaussegros de Léry, (dont le père portait les mêmes prénoms), naquit à Québec en 1721. Il égala et surpassa même son père comme ingénieur. Il fortifia les forts Saint-Frédéric, Montréal, Chambly, Saint-Jean-sur-Richelieu, Carillon, etc. Il s'illustra aussi comme officier, prenant le fort Bull aux Anglais, en 1756. Lui aussi reçut la croix de Saint-Louis. Il fut, dès 1768, nommé par le gouverneur Carleton grand voyer; il fut l'un des rares Canadiens à recevoir, sous le régime anglais, les pensions accordées par le roi de France. Il fut membre du Conseil législatif. Il mourut à Québec en 1797.

1712

LE PARC DE L'ARTILLERIE

À Québec, entre les rues suivantes, depuis la porte Saint-Jean: d'Auteuil, McMahon, Côte du Palais, Saint-Vallier, Côte Samson.

Se trouvent, particulièrement, dans ce parc: la redoute Dauphine (1712), les casernes (1749) qui sont le bâtiment militaire français le plus long en Amérique, l'entrepôt des affûts de canon (1810 et 1832), le quartier des capitaines (1820), la fonderie (1902), l'atelier (1907), les maisons de la côte du Palais, dont quelques-unes datent du XVIIIe siècle, les entrepôts, etc. On y trouve aussi un centre de renseignements.

Ce parc a 8,2 acres en superficie, formant 6,6% du Vieux Québec.

Ces fortifications furent érigées pour défendre Québec contre les attaques à venir de la rivière Saint-Charles.

Depuis environ deux siècles et demi, les armées françaises d'abord, puis anglaises et maintenant canadiennes l'ont occupé.

VERS 1715

LA MAISON DE LA VEUVE GROLO

À Deschambault, au No 200, chemin du Roy.

Cette maison en pierre calcaire porte ce nom en souvenir de Geneviève Laberge, veuve de Pierre Grolo, qui l'a fait construire, probablement vers 1715. Elle mesure 42 pieds de façade et 32 pieds de profondeur; on y trouve 4 foyers, toujours en bon état, ainsi qu'un four à pain et une crémaillère. Le fournil a 25 pieds de profondeur par 18½ de largeur.

Pierre Grolo, (ce nom est orthographié différemment dans les documents), fut d'abord procureur des Hospitalières, lorsqu'il arriva au Canada. Il fut baptisé en 1642, né du mariage de Nicolas et de Hilaire Joy de St-Nicolas-de-Poiré de Velin (près de Fontenay, évêché de La Rochelle). Au recensement fait par le seigneur d'Eschambault, le 20 mai 1688, pour ses terres de Deschambault, on lit que Pierre Grolo est âgé de 45 ans, que sa femme a 24 ans et qu'il a un fils appelé Jean-Baptiste. Il décéda en 1705.

Geneviève Laberge fut baptisée en 1664, étant issue du mariage de Robert, célébré à l'Ange-Gardien.

La maison fut toujours habitée. D'abord par la famille Grolo et descendants. Vers 1800, leurs successeurs furent les familles Gauthier, Paquin, etc., dont Télesphore Chavigny de la Chevrotière, arpenteur-géomètre. En 1900, la veuve de celui-ci, Florence Hamelin, la vendit à Georges Arcand, pilote licencié, époux de Precilla Paquette, fille de Joseph Paquette, capitaine du beau navire, ÉTOILE, qui eut ses années de gloire de 1880 à 1918, reliant Québec et Montréal, régulièrement.

Mlles Gratia et Georgette Arcand, petites-filles du capitaine Paquette, obtinrent le classement de cette maison comme monument historique, le 24 février 1971; le propriétaire actuel est M. Pierre-Luc Roberge.

Les propriétaires firent des changements et des réaménagements à la maison, mais celle-ci est demeurée à peu près la même.

1718

L'ÉGLISE SAINT-PIERRE, I.O.

JÉSUS MARIE JOSEPH SAINT-PIERRE, SAINT-PAUL, 1769.

À Saint-Pierre, Île d'Orléans.

Dans les livres de la paroisse Saint-Pierre, on lit qu'il a été payé: en 1717: 16 louis à Guillaume Laberge pour l'église neuve; en 1718: 1,113 francs à Antoine Carpentier pour pierre de taille et maçonne, ainsi que 35 livres à Pierre Langlois pour portes et centres de fenêtres, de même que 7 livres aux Ursulines pour «le plomb de la plaque pour la première pierre»; en 1719, à Jean Costé pour façon et bois pour le choeur et la voûte; en 1720, à Pierre Langlois pour le clocher. En 1718, la construction était donc suffisamment avancée.

C'est à Charles Vézina que l'on doit les sculptures intérieures, de 1732 à 1740, et à Jean Bussières le rétable du sanctuaire.

En 1759, les soldats anglais rasèrent les maisons et dépendances dans la paroisse; leurs balles criblèrent le toit de l'église, mais l'intérieur fut heureusement épargné. Il fallut payer, en 1763, à Jean Goulet une somme fort élevée pour faire les réparations requises.

C'est M. P. Caillet qui était curé quand l'église fut construite, fonction qu'il exerça de 1714 à 1731.

VERS 1720

LA MAISON TRUDEL

À Beaumont, sur la route No 2, côté sud, à 1½ mille à l'est du village.

Cette maison, qui mesure 24' par 54', est une habitation paysanne du type normand, construite en pin, pièces sur pièces, avec murs de crépi à chevilles de bois. Elle a été construite vers 1720; trois ans après, elle appartenait à un M. Le Roy. On ne sait pas le nom de celui qui l'a fait construire ni du maître menuisier. Alors qu'un M. Turgeon la possédait, elle fut agrandie. On remarque, particulièrement, son rez-de-chaussée au ras du sol, son style à quatre versants et sa cheminée au centre.

Parmi ceux qui en furent propriétaires, mentionnons: 1762-63, Jean Roy; 1781, Jean-Guillaume Roy; 1848, Louis Turgeon; 1859, Jean Turgeon; 1877, John E. Turgeon; 1889, Jean Turgeon; 1905, Sifroy Roy; 1946, Albert Guay; 1947, Léandre Bernier; 1949, Édouard Casault. Mme Rita Lebrun Trudel en est propriétaire depuis 1969. Elle l'a fait classer le 25 mars 1970 et l'a restaurée alors, fidèlement telle qu'elle était originairement. Cela explique pourquoi cette maison porte le nom de Trudel. On lui a aussi donné le nom de Sifroy Roy. Elle a été classée le 25 mars 1970.

1720

LA MAISON MORENCY-DEMERS

À Sainte-Famille, Île d'Orléans, au No 176, avenue Royale.

Cette maison, comme celle connue sous le nom l'ÂTRE, sa voisine au No 272, est du plus pur style normand.

Elle est aussi en pierre de champs. Elle a des murs épais et des lucarnes. Elle n'a qu'une vaste cheminée. Il y a four à pain, crémaillère, brimbale.

Comme l'Âtre, elle appartient à M. Jean-Antoine Demers, qui l'a fait classer monument historique, le 7 juin 1962, qui l'habite avec son épouse; celle-ci est musicienne et lui est artiste peintre.

L'on ne connaît que bien peu son historique.

VERS 1722

LA MAISON MARCHAND

À Québec, aux Nos 1-3, rue Sainte-Famille.

Cette maison, qui mesure 49'6" de longueur par 30'4" de largeur, a deux étages et demi. Elle est en pierre, mais est recouverte d'un lambris de planches pour la protéger contre les vents glacés. Son toit est pointu. Elle a deux cheminées. Elle a cinq fenêtres françaises par étage, avec six vitres et quatre lucarnes avec quatre vitres. Elle a l'aspect traditionnel des maisons québécoises du régime français.

Le Séminaire de Québec vendit le terrain à Étienne Marchand, le 16 août 1721, avec entente qu'une maison logeable y serait construite durant l'année. Comme, l'acquéreur était maître-charpentier, il l'a sans doute construite lui-même. Comme propriétaires lui succédèrent son fils, Louis, et son petit-fils, Nicolas. En 1746, ce dernier vendit une moitié de la maison à un M. Marcesseau.

Antoine Franchère devint propriétaire de toute la propriété, en 1781. Alphonse Letellier, qui l'acquit en 1877 de sa famille, en demeura propriétaire jusqu'en 1920.

Au cours des années, la maison subit certaines réparations mais demeura sensiblement la même depuis sa construction.

Elle a été classée monument historique le 14 mai 1963.

1723

PIERRE TOUPIN, PIONNIER DE BEAUPORT

L'ANCÊTRE CANADIEN PIERRE TOUPIN DIT LAPIERRE, FILS DE GUILLAUME ET DE JEANNE ARNAUD, ORIGINAIRE DE ROUFFIAT, ÉVÊCHÉ D'ANGOULÊME, UN DES PIONNIERS DE BEAUPORT, FUT INHUMÉ ICI LE 28 JANVIER 1723.

C.M.H.Q.

Dans le cimetière de Beauport.

On ne sait que peu de chose sur Pierre Toupin.

Au recensement de 1681, il a été constaté que Pierre Toupin est âgé de 55 ans, que son épouse, Mathurine Gratton a 31 ans et que leurs enfants sont les suivants: Thérèse (10 ans), Pierre (8 ans), René (5 ans) et Louise (2 ans). Il a un domestique, Pierre, qui a 13 ans. Il possède alors 2 fusils, 9 bêtes à cornes avec une terre de trente arpents en valeur.

VERS 1729

LA MAISON CUREUX

À Québec, au No 86, rue Saint-Louis.

Cette maison porte le nom de celui qui l'a fait construire, vers 1729, Michel Cureux fils, aubergiste. Lui et son frère, Louis, qui fit ériger la sienne adjacente avec un mur mitoyen, passèrent, en 1729, un contrat à cette fin, avec Jacques Ménard, maître-maçon.

En 1761, la maison de Michel était «couverte en planche embouftée (embouvetée) et chevauchée par dessus»; en 1780, il y avait quatre pièces au rez-de-chaussée et quatre chambres à l'étage supérieur; à l'arrière, se trouvaient un très beau jardin avec puits ainsi qu'une étable et un hangar.

Des illustrations, entre 1820 à 1870, montrent le toit à pignon ainsi qu'une immense cheminée. Le toit en mansarde date d'environ 1890, alors que c'était devenu la grande mode.

Le terrain même appartint à la Couronne jusqu'en 1651, alors qu'il fut concédé, avec plus grande étendue, à Mathieu Huboust dit des Longchamps, qui, dix ans après, vendit à Louis-Théandre Chartier, Sieur de Lotbinière, lieutenant-général de la sénéchaussée de Québec, le prix payable «en castors loyants et marchands ou en argent monnayé». Celui-ci en fit don à sa fille, Marie-Françoise, à son mariage avec Pierre de Joybert, Sieur de Marsan et Soulanges, laquelle vendit ensuite à Gabriel du Chesne. C'est de la veuve de ce dernier, Anne Demers, que Michel Cureux père, aussi aubergiste, en fit l'acquisition. Ses deux fils susnommés, à son décès, reçurent leur terrain respectif comme héritage.

La maison Cureux est probablement la deuxième plus vieille de la rue Saint-Louis, après celle connue sous le nom de «Jacquet», à l'angle de la rue des Jardins.

Elle était, lors de sa construction, l'une des plus grandes de la haute-ville, presque toutes les autres n'ayant qu'un étage.

Elle fut classée monument historique, le 6 octobre 1965.

1732

L'ÉGLISE DE SAINT-JEAN

À Saint-Jean, sur l'Île d'Orléans.

La première église de cette paroisse fut érigée en 1672. Son premier curé fut M. P. de Francheville, de 1683 à 1688. Cette paroisse fut toujours la plus importante et la plus populeuse de l'île, grâce, pour beaucoup, à son quai.

L'on croit que l'église actuelle a été construite en 1732, par l'abbé René-Philippe de Portneuf, son curé, le même qui, alors qu'il avait la cure de Saint-Joachim, tomba, en 1759, sous les balles des Anglais pour avoir assisté ses paroissiens. L'abbé Dominique Devole (ou De Voble) était alors curé de Saint-Jean; le 10 octobre 1760, il écrivait dans les registres que, par précaution, il dut faire les entrées sur des feuilles mobiles.

Dans le cimetière de cette paroisse reposent les restes du Dr Hubert Larue, l'un de nos hommes de lettres les plus distingués. Il avait demandé, par testament, d'y être inhumé, près du fleuve Saint-Laurent, dont il avait décrit les beautés dans ses oeuvres, surtout ses MÉLANGES.

L'église a une architecture admirable, tant à l'intérieur qu'à l'extérieur. Elle contient plusieurs beaux tableaux, particulièrement celui représentant Saint-François-Xavier, de Plamondon.

Elle a été classée le 3 janvier 1957.

1733

LOUIS-GUILLAUME VERRIER, FONDATEUR DE LA PREMIÈRE ÉCOLE DE DROIT AU NORD DU MEXIQUE

Plaque à Québec, au No 17, rue Sainte-Famille.

LOUIS GUILLAUME VERRIER. ADMIS AU BARREAU DE PARIS EN 1712. PROCUREUR-GÉNÉRAL AU CONSEIL SUPÉRIEUR DE QUÉBEC EN 1725. FONDA, EN 1733, LA PREMIÈRE ÉCOLE DE DROIT AU NORD DU MEXIQUE. NÉ À PARIS LE 17 OCTOBRE 1690. DÉCÉDÉ À QUÉBEC LE 13 SEPTEMBRE 1758. PLAQUE APPOSÉE PAR LE GOUVERNEMENT DU CANADA. COMMISSION DES LIEUX ET MONUMENTS.

C.M.H.C.

Il vit le jour à Paris, en 1690. Son père, Guillaume, était procureur de la Cour, et sa mère, Marie-Madeleine Thibault, était aussi fille d'un procureur. Il n'est donc pas surprenant qu'il choisit de devenir avocat, à l'âge de 22 ans.

En 1727, Mathieu-Benoît Collet, procureur général au Conseil supérieur de Québec, décédait. Verrier demanda à lui succéder. Sa commission fut enregistrée à Québec le 17 septembre 1728, mais sa charge ne lui fut accordée officiellement que le 25 octobre 1729. Il exerça cette charge, bien peu lucrative, durant une trentaine d'années. On lui confia aussi la confection du papier-terrier (relevé des aveux, démembrements et déclarations) ainsi que le dépouillement de toutes les minutes des notaires de Québec et des environs. C'était un travail de bénédictin.

Son prédécesseur avait offert de donner des cours de droit, ce qui ne fut pas accepté. Verrier fit les mêmes offres qui le furent. Ainsi lui revint l'honneur de le faire, un demi-siècle avant la fondation de la faculté de droit de Harvard, E.U. (1817). Il posa spontanément ce geste et ne demanda, d'abord, aucune rémunération.

Verrier commença ses cours en 1733. Ses élèves peu nombreux, furent des hommes distingués qui firent leur marque. Il possédait une bibliothèque de près de trois mille volumes, ce qui est considérable aujourd'hui et bien davantage à cette époque.

Il mourut célibataire dans une maison louée, rue Saint-Georges (aujourd'hui Hébert) située à 90 pieds du coin sud de la rue Sainte-Famille.

1733 ET 1759

L'ÉGLISE DE BEAUMONT, OÙ MONCKTON AFFICHA UN PLACARD

EN JUIN 1759, MONCKTON S'EMPARA DE L'ÉGLISE DE BEAUMONT, ET Y AFFICHA LE PLACARD CONSERVÉ PAR L'HISTOIRE.

IN JUNE, 1759, MONCKTON USED THIS PARISH CHURCH FOR AFFIXING THE NOTICE WHICH HISTORY RECORDS.

C.M.H.Q.

Plaque à côté de l'église, en bordure du chemin du roi.

Cette église, avec son toit très pointu surmonté d'un double clocher terminé d'un coq, ne cache pas son âge, 1733, qui est gravé dans la pierre, au haut de la façade. Elle est belle et élégante; pourtant, elle est demeurée à peu près telle qu'elle était il y a des siècles.

C'est Louis Marchand qui, en 1693, donna à la fabrique un arpent de front sur le fleuve par deux arpents de profondeur pour y bâtir une église. Celle-ci, construite en 1694, devait durer jusqu'à ce que celle actuelle la remplaçat, en 1733.

Monckton, en 1759, y fit placer un placard que, selon la tradition, des paroissiens déchirèrent. Les Anglais mirent le feu au temple, qui fut cependant sauvé. Montgomery fit, plus tard, de même quant à l'incendie, mais avec le même résultat.

Monckton est celui à qui Lawrence confia le mandat d'exécuteur de la déportation des Acadiens, en 1755. En 1759, étant commandant en second des troupes de terre, il s'empara des hauteurs de Lévis. Il participa à la bataille des Plaines d'Abraham et y fut blessé. Il reçut nombre de charges et titres comme salaire. La ville de Moncton, N.B. rappelle son souvenir.

1734

LE MANOIR MAUVIDE-GENEST

Au No 793, avenue Royale, à Saint-Jean de l'Île d'Orléans.

Le Sr Jean Mauvide, chirurgien du Roi, s'établit à Saint-Jean de l'Île d'Orléans en 1732. C'est lui qui, en 1734, fit construire le manoir.

Premier médecin de l'île, il y vécut 49 ans, soit jusqu'à sa mort en 1782.

Ce manoir de style français, dominant le fleuve, semble avoir été bâti pour servir non seulement de demeure seigneuriale mais aussi de fortin afin de protéger le Saint-Laurent de l'invasion de l'ennemi sur Québec, clef de la colonie.

Cette bâtisse mesure 75 pieds de largeur sur vingt-cinq pieds de profondeur. Ses murs ont une toise d'épaisseur. Ses deux grandes portes, ses seize vastes fenêtres aux deux étages, ses trois lucarnes et ses deux massives cheminées par-dessus son toit bien pointu lui donnent un air de grandeur. Très délabrée en 1924, elle a été restaurée d'abord par le juge J. Camille Pouliot, en 1926, descendant de la famille Genest. Elle a été classée monument historique le 8 décembre 1971.

Jean Mauvide était marié à Marie-Anne Genest dit La Barre, fille de Charles et de Marie Mourier. C'est de Charles Genest que Jean Mauvide avait acquis sa propriété, suivant acte de Me François Barbel, notaire, le 24 mars 1734. C'est la famille «Mauvide-Genest» qui occupait le manoir, lorsque les troupes anglaises occupèrent l'ouest de l'île en 1759.

Notons que c'est dans ce manoir que naquit, en 1833, le Dr Hubert Larue, docteur en médecine, professeur, homme de lettres et l'un des fondateurs de **Soirées Canadiennes.**

1734

L'ÉGLISE DE SAINT-FRANÇOIS-DE-SALES

En la paroisse Saint-François, à l'Île d'Orléans.

Elle fut construite en 1734, remplaçant la première bâtie en 1707.

La paroisse de Saint-François-de-Sales date de 1679, érigée canoniquement en 1714, elle le fut civilement en 1845.

Le premier desservant fut François Lamy de 1679 à 1687 et le premier curé Georges Coeur de Roy de 1707 à 1708.

Lors de l'invasion du Canada, en 1759, c'est l'abbé François Leguerne, originaire de Quimper (France), et arrivé au Canada en 1751, qui était curé. Dans le registre, on trouve des notes où il est mentionné que des boulets anglais traversèrent son église et que celle-ci, de même que le presbytère servirent d'hôpital pour les envahisseurs.

En 1683, il y avait en cette paroisse 51 familles et 384 personnes. En 1851, on y comptait 521 personnes et en 1920, 414.

Cette église a été classée monument historique le 3 janvier 1957.

1734

LE CHEMIN DU ROI ENTRE QUÉBEC ET MONTRÉAL

CHEMIN ROYAL. LE 5 AOÛT 1734 LANOUILLIER DE BOISCLERC, GRAND VOYER DE LA NOUVELLE-FRANCE, PARTIT DE QUÉBEC POUR MONTRÉAL EN VOITURE, INAUGURANT ALORS OFFICIELLEMENT LE GRAND CHEMIN ROYAL DE LA COLONIE.

ON THE 5th AUGUST 1734, LANOUILLIER DE BOISCLERC, CHIEF ROADMASTER OF NEW FRANCE, STARTED FROM QUÉBEC BY COACH FOR MONTRÉAL THEN OFFICIALLY INAUGURATING THE KING'S HIGHWAY IN CANADA. A.D. 1947.

C.S.M.H.C.

Plaque à Québec, sur la porte Saint-Jean, (rue Saint-Jean).

La voie de communication entre Québec et Montréal fut, durant environ 126 ans, le fleuve Saint-Laurent. Depuis 1720, été comme hiver, on pouvait cependant se servir plutôt mal que bien de la route nord. Ce sont les seigneurs qui devaient voir à «fournir les chemins».

En 1734, grâce au grand voyer, Jean-Eustache Lanouillier de Boisclerc, fut inaugurée officiellement la voie carossable qu'on appela le «chemin du roi».

La première loi de la voirie fut adoptée en 1796. Elle stipulait que les grands chemins devaient avoir 30 pieds de largeur, les routes 20 pieds et les ponts 18. Ces travaux étaient faits par corvées, ce que détestait la population. En 1815, le Bas-Canada vota $30,000 pour aider ces travaux.

Le chemin était loin d'être en ligne directe. On comptait 226 milles entre Québec et Montréal. Il y avait 29 relais (soit entre 3 à 10 milles entre eux) et 16 traverses de rivières. Les chevaux devaient faire 6 milles à l'heure; la relève aux relais prenait un quart d'heure. Les maîtres de poste devaient avoir au moins 4 calèches et 4 carrioles avec le nombre de chevaux requis. Il en coûtait de $18.00 à $30.00 pour faire le trajet quand un service de diligence fut créé, en 1800.

C'est Benjamin Franklin qui, à la demande de Londres, établit le service des postes, en 1763, entre Québec et Montréal, d'abord une fois la semaine, puis, en 1765, deux fois la semaine: ça prenait 30 heures pour se rendre à destination. Jusqu'en 1840, il en coûtait 6 pence pour les 100 premiers milles, plus 2 pence pour chaque 100 milles additionnels. Ce service fut confié à Hugh Finlay en 1763, jusqu'en 1800.

Le «chemin du roi» fut particulièrement à l'honneur, le 24 juillet 1967, lorsque le général de Gaulle se rendit de Québec à Montréal, accompagné du premier ministre québécois, Daniel Johnson.

VERS 1736

LA MAISON MAILLOU

À Québec, au No 17, rue Saint-Louis.

MAISON MAILLOU.
CONSTRUITE SANS ÉTAGE VERS 1736 PAR JEAN MAILLOU, ARCHITECTE, ELLE FUT SURÉLEVÉE À SA HAUTEUR ACTUELLE AVANT 1775 PAR ANTOINE DUCHESNAY, CONSEILLER ÉXÉCUTIF, PUIS AGRANDIE EN 1764 PAR JOHN HALE, ADJOINT DU TRÉSORIER, PAYEUR-GÉNÉRAL DES TROUPES BRITANNIQUES. EN 1764 LE CONSEIL MILITAIRE, RÉGION DE QUÉBEC, SIÉGEA ICI ET LE DÉPÔT DES VIVRES, LE BUREAU DE LA SOLDE ET CELUI D'ÉMISSIONS DES BILLETS DE L'ARMÉE Y FURENT LOGÉS DE 1815 À 1871. D'UNE ARCHITECTURE TYPIQUE DE LA VILLE DE QUÉBEC, CETTE MAISON A ÉTÉ RESTAURÉE EN 1959 PAR LE GOUVERNEMENT FÉDÉRAL ET LA CHAMBRE DE COMMERCE DE QUÉBEC.

MAILLOU HOUSE.
BUILT AS A ONE-STOREY HOUSE ABOUT 1736 BY JEAN MAILLOU, ARCHITECT, IT WAS RAISED BEFORE 1775 TO ITS PRESENT HEIGHT BY ANTOINE DUCHESNAY, EXECUTIVE COUNCILLOR AND EXTENDED IN 1764 BY JOHN HALE, DEPUTY PAYMASTER GENERAL OF THE BRITISH FORCES. HERE THE MILITARY COUNCIL, DISTRICT OF QUÉBEC, HELD ITS MEETINGS 1815-71. A GOOD EXAMPLE OF QUÉBEC TOWN ARCHITECTURE, IT WAS RESTORED IN 1959 BY THE FEDERAL GOVERNMENT AND THE QUÉBEC CITY BOARD OF TRADE.
C.S.M.H.C.

Jean Maillou, à qui l'on donnait le titre «d'architecte et d'entrepreneur des travaux du Roi», habita sa maison jusqu'à son décès en 1753.

Celle-ci appartint, ensuite, à Louis de Beaujeu, sieur de Villemonde, de 1754 à 1766, puis à son gendre, Antoine Juchereau-Duchesnay, seigneur de Beauport, de 1766 à 1782; c'est celui-ci qui ajouta les deux étages actuels. Tous deux n'y habitèrent pas, mais la louèrent.

En 1760, le général James Murray, gouverneur militaire de Québec, désignait cette maison comme lieu des réunions du Conseil militaire.

Parmi ses locataires, mentionnons: James Monk, avocat, procureur général et administrateur du Bas-Canada, et Thomas Walker, avocat et, comme Monk, militant du «parti anglais».

En 1799, John Hale, qui fut receveur général adjoint, y installa la «caisse militaire» et y fit construire, au rez-de-chaussée, la grande voûte aux murs de six pieds d'épaisseur, qui y protégea jusqu'à 100,000 livres sterling en souverains d'or, en dollars espagnols d'argent et en pièces d'argent britanniques. C'est au deuxième étage que l'on émettait les billets de l'armée, précurseurs du système bancaire canadien.

1736

LE CHIEN D'OR

Plaque à Québec, No 3 rue Buade, (au-dessus de l'entrée principale du bureau de poste).

1736. JE SUIS UN CHIEN QUI RONGE LO. EN LE RONGEANT JE PREND MON REPOS. UN TEMS VIENDRA QUI N'EST PAS VENU QUE JE MORDERAY QUI M'AURA MORDU.

I.P.

En lisant cette inscription, on se pose bien des questions. Qui apposa cette plaque, quand, pourquoi? À qui fait-on allusion?

Soulignons, d'abord, que cette inscription moins le mot «mon» avant «repos» vient de la ville de Pézenas, France. On y lit au bas: «1561 A.Z.R.».

C'est Thimothée Roussel, chirurgien à l'Hôtel-Dieu, qui, en 1683, ayant eu le terrain de Jacques de Chambly, y construisit sa maison. Comme il était originaire de Notre-Dame de Montpellier, localité située non loin de Pézenas, il fit graver sur une pierre le texte précité, qu'il apposa sur sa demeure, comme il était usage.

Quant à la date de 1736, il y a tout lieu de croire que ce n'est pas lui qui l'a fait graver mais, l'un de ses successeurs, Nicolas Jacquin dit Philibert, qui y ajouta un corps de logis, cette année-là.

Ce texte a fait travailler l'imagination de plusieurs qui ont créé des légendes. Elle a inspiré un roman, qui est un hommage aux ancêtres des Canadiens français, et dont l'auteur est un Anglais protestant, William Kirby, de Niagara-sur-le-lac, et intitulé **Le Chien d'Or.** La première édition fut de Lowell, Adams Weason and Co., de Rouse's Point, N.Y., en 1877. Ce roman a attiré de nombreux touristes américains et autres à Québec. Une traduction en a été faite par Pamphile Lemay, en 1886, publiée dans l'**Étendard** sous forme de feuilleton puis imprimée en volume.

Dans la présentation de ce roman, Lemay écrivit: «Quelles sources d'inspirations poétiques, quelle mine précieuse de faits et d'aventures chevaleresques, l'Histoire du Canada ne met-elle pas à leur disposition! Quelle richesse inépuisable de matériaux il y a là pour édifier une littérature canadienne égale, sinon supérieure, à celle de tout autre peuple!»

VERS 1740

LA MAISON BEAUDOIN (GARON)

À Québec, aux Nos 54 et 56 de la côte de la Montagne et aux Nos 2 et 4 du Petit-Champlain.

La maison Beaudoin actuelle (aussi appelée Garon, parce que Mme Alfred Garon en a obtenu le classement comme monument historique, le 11 novembre 1964), n'est pas exactement celle construite par le Dr Gervais Beaudoin, chirurgien, vers 1740. Celle-ci fut tellement bombardée en 1759, par les Anglais postés à Pointe-Lévis, qu'elle n'avait plus à la fin que les murs.

Étienne Griault, qui en fit l'acquisition en 1766, la remit en état, lui rendant son visage d'antan; dans les actes de vente postérieurs, on la décrit comme «maison de pierre... à deux étages sur la rue La Montagne et à quatre étages sur la rue de l'Escalier.» Il y a 3 cheminées et neuf foyers.

Mais, en 1935, elle fut transformée, en ajoutant, particulièrement, d'autres étages à la place du toit incliné. En 1966, on refit à neuf la façade.

Le Dr Beaudoin était fils du chirurgien portant le même prénom, et de Anne Aubert. Il épousa Thérèse Guyon Fresnay. Sept enfants naquirent de cette union, dont Charles, qui devint prêtre; Angélique et Marie-Madeleine, qui furent hospitalières à l'Hôtel-Dieu; et Maria, qui épousa Michel Martel, écrivain principal de la Marine à la construction des vaisseaux du Roy.

Son épouse étant décédée en 1735, le docteur se remaria avec Marthe Marcou, dont naquit une fille.

Tous habitèrent cette maison. Pierre-Georges Roy était d'avis que les faits et gestes de cette famille méritent d'être mis sous les yeux de la génération actuelle.

Le Dr Beaudoin était le médecin des Ursulines et de l'Hôtel-Dieu. Il était si apprécié comme médecin et chirurgien que, à son décès en 1752, son corps fut inhumé dans l'église de Québec. Son nom est dans le DICTIONNAIRE BEAUCHEMIN CANADIEN.

1743

LES LAVERENDRYE, DÉCOUVREURS DES MONTAGNES ROCHEUSES

Statue à Québec, dans une niche sur la façade de l'Hôtel du Gouvernement, à l'angle de Grande-Allée et Dufferin.

LAVERENDRYE
Sculpteur: Jean Bailleul.

La statue ci-contre représente Pierre Gaultier de Varenne, sieur de La Vérendrye (1685-1749), qui a découvert les vastes terres entre les lacs Supérieur et Winnipeg et les Rocheuses. Celles-ci furent aperçues, pour la première fois, par des blancs, par ses fils, Pierre et Louis-Joseph, le premier janvier 1743.

L'ancêtre, René Gaultier de Varennes, né vers 1635 à Bécon (Anjou), était arrivé au Canada avec le régiment de Carignan-Salières, dont il était l'un des officiers. Il épousa Marie, fille de Pierre Boucher, gouverneur des Trois-Rivières, à qui il succéda à ce titre, en fait d'abord puis officiellement en 1672.

Son fils, Pierre, né aux Trois-Rivières en 1685, le neuvième et dernier enfant du susnommé, prit le titre de La Vérendrye, après le décès de son frère Louis qui l'avait porté jusqu'alors. (Ce nom était celui d'un oncle demeuré en France). Il se maria à Marie-Anne Dandonneau, dont il eut quatre fils: Jean-Baptiste, qui fut massacré par les Sioux, en 1735, Pierre, François, qui mourut à la bataille de Sainte-Foy en 1760, et Louis-Joseph; et deux filles, dont Marie-Thérèse, qui épousa Jean Le Ber de Senneville.

Pierre, fils, né en 1714, connu sous le nom de CHEVALIER, fut le bras droit de son père. Il eut le grade de lieutenant; il périt, en 1761, dans le naufrage de l'AUGUSTE.

Louis-Joseph, né en 1717, épousa Marie-Annable Testard de Montigny et mourut sans postérité.

Le père et ses quatre fils ont parcouru des milliers de milles, enduré des fatigues extrêmes et supporté toutes sortes d'épreuves espérant se rendre à la mer, donnant ainsi à la France un territoire immense. Ils se partagent cette gloire, dont la plus grande partie va au père.

1746

LE CHANTIER DE CONSTRUCTION DES VAISSEAUX DU ROI.
EMPLACEMENT DU PREMIER BUREAU DE DOUANES ANGLAIS.

Plaque à Québec, un peu à l'est du No 101, rue Champlain.

LE ROI LOUIS XV, EN 1746, PRIT POSSESSION DE CET EMPLACEMENT, AFIN D'Y ÉTABLIR UN CHANTIER DE CONSTRUCTION POUR SES VAISSEAUX. LE GOUVERNEMENT ANGLAIS Y ÉTABLIT SON PREMIER BUREAU DE DOUANES APRÈS LE CHANGEMENT DE RÉGIME.

IN 1746, LOUIS XV, KING OF FRANCE, TOOK POSSESSION OF THIS AREA OF GROUND IN ORDER TO ESTABLISH A NEW SHIP-YARD FOR THE BUILDING OF HIS VESSELS. HERE STOOD THE FIRST CUSTOM HOUSE ERECTED BY THE BRITISH GOVERNMENT IN QUÉBEC, AFTER THE CESSION.

I.P.

En 1696 et en 1701, le roi fit construire, à Québec, une quarantaine de petits bateaux. En 1712, Louis Pratt, Duplessis et Fornel en construisirent un de 350 tonneaux armé de 36 canons. Et, entre 1730 et 1740, une centaine de petits bâtiments furent lancés grâce à l'initiative privée.

C'était la preuve que le Canada pouvait posséder un chantier naval du roi. René-Nicolas Levasseur fut envoyé de France comme constructeur à cette fin. Avec sa femme et ses deux enfants, il arriva à Québec, en 1738 et habita la rue Champlain, non loin des chantiers à construire; il n'avait que 33 ans mais connaissait bien son métier.

Il fallait choisir le site: soit celui des marchands à l'entrée de la rivière Saint-Charles; soit l'Île d'Orléans; ou l'emplacement appelé Cul-de-Sac au bas de la Citadelle actuelle. C'est ce dernier endroit qui fut choisi. La décision à cet effet du ministre arriva en 1746.

On procéda aux expropriations, à l'emploi des bâtisses pouvant servir, à la construction d'un hangar de 300 pieds par 40, etc. Au 1er novembre 1748, on avait dépensé pour ces chantiers: 14,994 livres pour le bois des quais; 19,282 pour les forges; 9,740 en journées d'ouvriers; 79,017 pour le transport de terre; 46,874 pour les maisons et emplacements; 1,876 pour divers, etc. Quelques navires seulement y furent construits, dont l'ORIGNAL, l'ALGONQUIN.

C'est le 5 avril 1762 que fut organisé le premier bureau de douanes. Le même jour, Thomas Knox fut nommé percepteur et Thomas Ainslie contrôleur.

1747

LA MAISON LE FOYER

À Québec, No 1046, rue Saint-Jean.

Cette maison fut construite, en 1747, par Augustin Gilbert, maître taillandier et serrurier. Le contrat de construction fut accordé, par acte devant le notaire Pinguet, en 1746, à Jacques Deguise dit Flamand, maître-maçon et entrepreneur. Celui-ci s'engageait à construire une maison de 40' x 34' par 18' environ de carré, avec 4 cheminées et 4 foyers, ainsi qu'un four. Le paiement se fit moyennant seize livres la toise au fur et à mesure de l'avance des travaux.

Gilbert n'avait alors qu'un contrat verbal du terrain de 40' x 81', qu'il acquit, en 1751, de l'Hôtel-Dieu, (celui-ci l'ayant reçu pour les pauvres de Guillemette Hébert, fille de Louis Hébert, alors veuve de Guillaume Couillard).

Dès 1748, il commença à consentir des baux de chambres ou de logements, particulièrement à Jean-Baptiste Darvaux, chartier, Pierre Dorion père, André Dumas, compagnon boulanger, François de Rouet, navigateur, Pierre Lebeuf dit Boutet, voiturier. Le loyer variait de 50 à 140 livres par an.

En 1770, Gilbert céda sa propriété à Marie-Magdeleine de Gaudin de la Poterie, sa nièce, à la condition qu'elle prenne soin de lui comme elle le faisait depuis seize ans. Celle-ci épousa, en 1776, François Closse puis, en 1782, William Ennis. Elle mourut, en 1808, et fut inhumée dans la nef de l'église Notre-Dame de Québec. Parmi ceux qui furent propriétaires de la maison, mentionnons le médecin chirurgien Pierre Chicou, Archibald Campbell, notaire, protecteur de F.X. Garneau.

Cette maison fut classée en 1966.

ENTRE 1747 ET 1768

LA MAISON TOUCHET

À Québec, au No 15 de la rue Sainte-Famille, angle de la rue Hébert.

Cette maison, qui n'a pas été classée, n'en est pas moins considérée comme historique à cause de son antiquité et son style. Depuis longtemps, elle attire l'attention des visiteurs, surtout des touristes.

On l'appelle maintenant la maison Touchet, mais on lui a longtemps donné le nom de Dubreuil, par erreur affirment les spécialistes.

Il faut donc ne pas tenir compte de la plaque qui y est apposée, laquelle devrait être enlevée en attendant que l'on fasse l'historique exact de cette maison.

On remarque, particulièrement, son long toit qui descend jusqu'au dessus de la porte, sa large cheminée et ses nombreuses lucarnes.

Certains changements ont été faits en 1800.

1749

MGR PONTBRIAND CONSACRA L'ÉGLISE SAINTE-FAMILLE, I.O.

Plaque sur cette église, à l'Île d'Orléans.

MONSEIGNEUR DE PONTBRIAND CONSACRA CETTE ÉGLISE EN SEPTEMBRE 1749.

THIS CHURCH WAS CONSECRATED BY MGR DE PONTBRIAND IN SEPTEMBER, 1749.

C.M.H.Q.

Mgr Henri-Marie Du Breil Pontbriand fut sacré à Paris, le 7 avril 1741, le sixième évêque de Québec, où il arriva le 9 août suivant.

L'un de ses premiers gestes fut de restaurer le palais épiscopal qui tombait en ruine, puis, en 1745, il fit reconstruire la cathédrale; les travaux durèrent trois ans. Avant lui, il y avait 33 fêtes religieuses en semaine. Il en suprima 19, en remettant la solennité au dimanche.

Il vit à continuer l'oeuvre des missions, qui s'étendait de la Nouvelle-Orléans à l'Ouest canadien et des Illinois à l'Acadie. C'est alors qu'il était évêque que celle-ci fut éprouvée par la déportation.

Il était né au manoir de Pontbriand, paroisse de Pleurtuit (près de Saint-Malo) de Yves du Breuil, comte et capitaine des garde-côtes, et de Angélique Sylvie Marot de La Garaye. Il fit ses études aux collèges de la Flèche et à Paris, et sa théologie à Saint-Sulpice.

Au siège de Québec par les Anglais, en 1759, il se réfugia à Montréal chez les Sulpiciens, où il mourut le 8 juin 1760.

C'est Mgr de Laval, alors propriétaire de la seigneurie de l'Île d'Orléans, qui, en 1661, fonda la paroisse de Sainte-Famille, érigée canoniquement en 1664. C'est lui qui y fit construire la première église, en 1669.

En 1667, il y avait 529 âmes dans l'île et 448 seulement dans la ville de Québec.

M. Hugues Pommiers fut le premier missionnaire de cette paroisse et M. François Lamy en fut le premier curé, de 1679 à 1715.

L'église actuelle a été construite, en 1707, par le curé Lamy. C'est l'une des plus belles du Québec. Elle est la seule, consacrée sous le régime français, qui existe encore intégralement.

Le premier acte de mariage consigné au registre, célébré par le missionnaire F.-J. Morel, fut celui de Marie Perrot avec François de Verchères, père et mère de la célèbre Madeleine de Verchères.

VERS 1750

LA MAISON CÔTE

À Giffard, au No 3200, chemin Royal.

C'est sa propriétaire, Mme Marie Lortie-Côté qui, le 6 octobre 1965, a obtenu que cette maison soit classée monument historique.

Elle est la sixième génération des Laurent dit Lortie à l'avoir habitée. Ses ancêtres étaient des cultivateurs.

Cette belle maison mesure trente-cinq pieds par soixante-dix pieds et est à deux étages, en outre de la cave et du grenier. Elle a trois cheminées.

Elle avait, autrefois, trois foyers; il n'en reste plus qu'un.

L'extérieur est demeuré à peu près le même, sauf qu'il était autrefois en bardeaux de cèdre.

VERS 1750

LA MAISON BÉGIN

À Québec, au No 10, rue Saint-Stanislas.

Cette maison a été ainsi nommée de son propriétaire, Joseph Bégin, lorsqu'elle a été classée monument historique, le 14 octobre 1960.

Elle mesure trente-deux pieds de largeur sur quarante-trois pieds environ de profondeur.

Elle a un rez-de-chaussée et un étage.

Ses deux cheminées sont tôlées.

C'est son style architectural particulier qui lui a valu son classement. Elle a un foyer.

Elle a quatre lucarnes cintrées.

Sa toiture est à mansarde, fronton avec fenêtres rectangulaires; oil-de-boeuf au-dessus.

VERS 1750

LA MAISON BEAUDET

À Québec, aux Nos 17-17½ Couillard et 16 St-Flavien.

    La rue Couillard et sa continuation, la rue Hébert, sont parmi les plus typiques du régime français. Elles rappellent le souvenir de Louis Hébert, le premier colon à cet endroit, et de son successeur et continuateur, Guillaume Couillard, son gendre. Ils y furent les seuls cultivateurs à Québec jusqu'à 1629, lorsque David Kirke prit la petite forteresse; il n'y avait alors dans toute la colonie qu'une centaine de personnes, dont cinq familles.

    La maison Beaudet est ainsi appelée parce que son propriétaire d'alors, Jean-Marc Beaudet, obtint son classement comme monument historique pour son style architectural, le premier mai 1967.

    Elle est à peu près unique non seulement par le fait qu'elle mesure vingt-cinq pieds sur la rue Couillard, quarante-huit pieds sur la rue Saint-Flavien et seulement dix pieds de profondeur, mais aussi par son toit en pignon, en comble brisé, avec ses quatre lucarnes. Elle a trois étages, y compris le pignon.

    Elle est en pierre, brique et bois.

    Elle a deux cheminées et quatre foyers; l'un de ceux-ci mesure dix pieds de largeur par environ quatre pieds d'épaisseur et une autre de plus de quatre pieds de largeur et près de quatre pieds d'épaisseur, fort rustiques.

VERS 1750

LA MAISON LETELLIER

À Québec, au No 41, rue Des Remparts.

Classée monument historique le 23 juin 1966 (No 1057), cette maison porte le nom du propriétaire qui l'a habitée alors.

Vers quelle année a-t-elle été construite? L'Inventaire canadien des bâtisses historiques rapporte que c'est vers 1750. Le propriétaire actuel ne peut remonter, avec ses titres, que vers 1824.

C'est une grosse bâtisse en pierre de quarante pieds carrés environ, à quatre étages y compris le comble. Elle compte cinq cheminées et quatre foyers.

Parmi ceux qui l'ont habitée, mentionnons les Soeurs Blanches d'Afrique.

VERS 1750

LA MAISON PÉAN (ARNOUX OU MONK)

À Québec, au Nos 59-61, rue Saint-Louis.

Les murs extérieurs du rez-de-chaussée de cette maison datent de vers 1750, alors qu'elle était occupée par Michel-Jean-Hugues Péan, aide-major de Québec, et par sa femme, Angélique Des Méloizes. Protégé de l'intendant Bigot, il amassa, grâce à lui, en peu de temps, une fortune considérable, son épouse étant liée intimement à Bigot. Des fêtes fastueuses y eurent lieu.

Péan, retourné en France, ne put jouir immédiatement de sa richesse. Il fut incarcéré à la Bastille ainsi que Bigot et consorts. Il fut condamné à restituer au Roi 600,000 livres. Il vécut ensuite dans sa seigneurie d'Onzain (près de Blois, en Loir-et-Cher). Lui mourut en 1782 et elle dix ans après. Leur fille, Angélique-Renée-Françoise, née à Québec, épousa le marquis de Marconnay.

En 1758, Péan vendit sa propriété à André Arnoux, chirurgien major à Québec, chez qui, croit-on, Montcalm mourut le 13 septembre 1759.

Le gouvernement britannique l'occupa pendant quatre ans. De hautes personnalités anglaises l'habitèrent, dont Thomas Mills, receveur général, et James Monk, procureur général.

Mais, en 1796, un incendie détruisit la maison sauf le rez-de-chaussée; Monk la fit reconstruire et la vendit, en 1803, à John Elmsley, président de la Cour. La veuve de celui-ci la céda à la Couronne, en 1811, qui en est encore propriétaire.

VERS 1752

LA MAISON ESTÈBE (FARGUES)

À Québec, au No 92, rue Saint-Pierre.

C'est Guillaume Estèbe, membre du Conseil du gouverneur qui, à une date encore indéterminée mais vers 1752, fit construire cet imposant édifice. Suivant contrat signé en 1751, il en confia la construction à Nicolas DaSilva dit Portugais, Pierre Dellestre dit Beaujour et René Paquet, réputés maçons de Québec.

L'une des plus considérables de la ville, cette maison mérite ce titre, parce qu'un logement était réservé à l'étage supérieur. Le propriétaire pouvait ainsi s'occuper plus facilement de son commerce exercé au-dessous. Les eaux du fleuve se rendaient alors presque jusqu'à la rue Saint-Pierre.

Deux ans avant la chute de Québec, Joseph Cadet en devint propriétaire, puis ce fut un Suisse, Benjamin Comte, l'un des magnats du commerce de fourrure, ainsi que son ex-secrétaire, Pierre Fargues, marié à Henriette Guichaux.

Parmi ceux qui leur succédèrent, mentionnons: Peter Stuart, autre magnat de la fourrure, John Caldwell, Receveur général du Bas-Canada, et James Bibb, roi du commerce du bois.

Cette maison a donc joué un rôle important dans le commerce de la basse-ville. Elle a été classée le 2 mars 1960.

VERS 1752

LA MAISON MURRAY-ADAMS

À Québec, au No 1080, rue Saint-Jean.

Cette maison en pierre à trois étages et sous-sol est imposante. De style français, elle a trois cheminées.

Elle porte le nom de «Murray-Adams», parce que le général James Murray non seulement en fit l'acquisition le 9 mars 1764, qu'il y demeura mais aussi qu'il fut propriétaire jusqu'à son décès, en 1794; sa succession la vendit à Henry Caldwell, receveur général du Canada. Marcel Adams en était propriétaire, lorsqu'elle fut classée monument historique, en 1963, et restaurée.

Quand a-t-elle été construite? Pas facile à préciser, présentement. Certains mentionnent la date de 1720. Elle existait vers 1752, construite à un seul étage par François Daive, lieutenant civil et militaire de la Prévosté de Québec, conseiller du roi et greffier du Conseil souverain.

Elle aurait été reconstruite, en 1829, par son nouveau propriétaire, Louis Latouche, maître-maçon.

James Murray, l'un des brigadiers de Wolfe, commanda le centre de l'armée sur les plaines d'Abraham, le 13 septembre 1759. Il devint, ensuite, commandant en chef de l'armée britannique au Canada. C'est lui qui, le 28 avril 1760, dut subir la défaite devant Lévis et retraiter jusqu'à l'intérieur des fortifications. L'arrivée d'une flotte anglaise remit la victoire du côté britannique.

Murray devint gouverneur de Québec, puis, après le départ d'Amherst, celui du Canada. Considérant les Canadiens français «ses plus fidèles sujets», il s'attira la contestation des marchands anglais du Canada, qui demandèrent son renvoi. Une requête approuva la conduite de Murray qui, parti se défendre en Angleterre en 1766, demeura gouverneur encore deux ans. Parmi les services qu'il rendit au Canada, soulignons que c'est grâce surtout à lui que Mgr Briand put sauver l'Église catholique, ici, en devenant évêque.

Murray était Écossais, né en 1719. Il devint général en chef de son pays et gouverneur de Hull (Angleterre).

1752

LA MAISON OU HÔTEL CHEVALIER

Plaque à Québec, sur cette bâtisse, au marché Champlain, à l'angle de la rue Notre-Dame.

EN 1752, LE NÉGOCIANT JEAN-BAPTISTE CHEVALIER FIT CONSTRUIRE CET HÔTEL PARTICULIER QUI LUI SERVIT DE DOMICILE, DE MAISON D'AFFAIRES ET D'ENTREPÔT. L'HÔTEL FUT CONVERTI EN AUBERGE, VERS LA FIN DU XVIIIe SIÈCLE, SOUS LE NOM DE «LONDON COFFEE HOUSE». EN 1960, L'ÉTAT ENTREPRIT SA RESTAURATION ET CELLE DE DEUX MAISONS VOISINES DATANT DU XVIIe SIÈCLE.

C.M.H.Q.

Jean-Baptiste Chevalier, marchand, importateur et armateur de Québec, achetait un terrain «sur lequel il y a des murs en ruine et en masure» pour le prix de 8,000 livres, en 1752.

Bien qu'âgé de 33 ans seulement, il était déjà riche. Il fit ériger sur ce terrain la maison-hôtel ci-dessus. Il en confia la maçonnerie à un maître du métier, Pierre Renaud, (né à Québec en 1699 et mort à Charlesbourg en 1774).

Cette construction en pierre à deux étages était si solide que, lors des bombardements de Québec de 1759, si le toit fut incendié, les murs et la fondation demeurèrent en bon état. Durant les réparations, l'on trouva un boulet, qui a été conservé.

La bâtisse était alors non habitée. Marie-Angélique Pelletier, l'épouse de Chevalier, était décédée en 1758 et ce dernier était à La Rochelle.

Jean-Louis Frémont, en 1763, en fit l'acquisition. Ayant servi sous Montcalm, il était devenu marchand. Il en fit son logement.

Plus tard, c'est le rez-de-chaussée qui servit d'auberge.

La Maison ou Hôtel Chevalier est un complexe architectural comprenant, en fait, trois habitations qui étaient, autrefois, distinctes et séparées par un mur mitoyen. N'existe plus la moitié de la troisième. La partie centrale portait le nom de Maison Chesnay de la Garenne et date de 1675. La troisième est de la même époque.

La Commission des Monuments Historiques du Québec en fit l'acquisition en 1959.

1756

LE MARQUIS DE MONTCALM

Louis-Joseph de Montcalm, seigneur de Saint-Véran, de Candiac, de Tournemire, de Vestric, de Saint-Julien d'Arpaon, baron de Gabriac, vit le jour au château de Candiac, le 28 février 1712, du mariage de Louis-Daniel, baron de Gabriac et de Marie-Thérèse-Charlotte de Lauris.

À l'âge de 12 ans, il obtenait son brevet d'enseigne; mais ce n'est qu'en 1727 qu'il commença son service militaire. Il gagna graduellement ses promotions. En 1736, il épousait Angélique-Louise Talon de Boulay, dont naquirent dix enfants; deux fils et trois filles vivaient lors de son décès.

Lorsqu'il partit pour le Canada, en 1756, il était maréchal de camp. Croyant arriver plus vite à Québec, il quitta son bateau à Saint-Joachim et se rendit à destination en calèche. Plus tard, il écrivait à Lévis, en parlant de Québec: «Je me plais ici, c'est une capitale». Dans son journal on lit: «J'ai observé que les paysans canadiens parlent très bien le français».

À l'automne de 1758, il répétait au maréchal de Belleville: «La paix est nécessaire ou le Canada est perdu». Il écrivait à sa femme: «... Aimez-moi, je songe fort à vous, je vous aime beaucoup et ma mère. J'embrasse ma fille. Quand reverrai-je mon Candiac? Il faut que ma santé soit bonne, mais elle s'use par le travail, car il faut être tout ici, et de tout métier. Je t'aime plus que jamais».

Blessé à la cuisse et au ventre, le 13 septembre 1759, sur les Plaines d'Abraham, il fut reconduit à Québec sur son cheval noir, appuyé par trois militaires. On le conduisit à la maison de M. André Arnoux, chirurgien du roi, mais, malheureusement, absent au lac Champlain. C'est le frère de celui-ci qui lui donna les premiers soins.

Montcalm mourut, le lendemain, à cinq heures du matin, après avoir reçu avec piété le viatique et l'extrême-onction. On n'est pas encore certain de l'endroit exact où il expira.

La devise du blason familial est: «La guerre est le tombeau des Montcalm.»

MONTCALM
Sculpteur: Philippe Hébert.

Statue à Québec, dans une niche sur la façade de l'Hôtel du Gouvernement.

1758 ET 1759

LA MAISON OÙ RÉSIDA MONTCALM

À Québec, plaque au No 51, rue des Remparts.

MAISON MONTCALM. DANS CETTE MAISON VÉCUT LOUIS-JOSEPH DE VÉRAN MARQUIS DE MONTCALM DE 1758 À LA CAPITULATION DE QUÉBEC EN 1759. LES DEUX VOÛTES EXISTANTES FURENT CONSTRUITES EN 1728.

IN THIS HOUSE LIVED LOUIS-JOSEPH DE ST-VÉRAN MARQUIS DE MONTCALM FROM 1758 TO THE CAPITULATION OF QUÉBEC IN 1759.

MON INNOCENCE EST MA FORTERESSE. NÉ LE 28 FÉVRIER 1712 AU CHÂTEAU DE CANDIAC. MORT LE 14 SEPTEMBRE 1759 À QUÉBEC.

I.P.

Alors que Montcalm était à Montréal, où il avait passé l'hiver de 1758-59, il loua de Joseph Brassard Deschenaux une maison, qui, depuis, a été remplacée. Elle consistait en une grande demeure qui forme maintenant trois maisons. Montcalm ne l'avait pas visitée, s'étant contenté d'un plan dont il se montra satisfait. Il connaissait sa situation offrant un point de vue extraordinaire sur le fleuve et la côte de Beauport en outre du magnifique panorama des Laurentides.

Il l'habita du 22 décembre 1758 jusqu'à la fin de juin 1759, alors qu'il lui fallut rejoindre ses troupes sur les hauteurs de Beauport. Il y revint le 18 juillet suivant pour retourner avec son armée le 26 suivant. C'est aussi de cette maison qu'il partit pour les Plaines d'Abraham où la mort l'attendait.

La construction première fut faite pour Lanouiller de Boisclerc, garde des sceaux de Conseil supérieur, par le maçon-constructeur, Jacques De Guise dit Flamand. On la transforma en 1810 et en 1830.

AVANT 1759

LA MAISON THÉONAS

À Québec, aux Nos 50, 52 et 54 de la côte de la Fabrique et aux Nos 31 et 33 de la rue Garneau.

C'est pour son architecture et son site particulier que cette vaste maison a été classée monument historique, le 11 juin 1963.

Elle porte le nom de son propriétaire d'alors, Peter Théonas, d'origine grecque.

Formant presqu'un triangle, elle mesure soixante-dix-huit pieds environ de longueur. Elle est en pierre, elle est demeurée à peu près telle qu'elle était lors de sa construction avant 1759.

Elle a deux étages et demi ainsi qu'un rez-de-chaussée, son toit à pignons à plusieurs lucarnes.

Elle a deux cheminées.

Elle est particulièrement remarquée par les visiteurs.

1759

LE QUARTIER GÉNÉRAL DE MONTCALM À BEAUPORT

Plaque présentement non localisée.

MONTCALM'S HEAD-QUARTERS, BEAUPORT.

TOUT PRÈS D'ICI, DANS LE MANOIR SEIGNEURIAL DES DUCHESNAY, MONTCALM EUT SON QUARTIER GÉNÉRAL PENDANT L'ÉTÉ DE 1759.

MONTCALM HAD HIS HEADQUARTERS CLOSE BY, IN THE DUCHESNAY SEIGNIORIAL MANOR, DURING THE SUMMER OF 1759.

C.M.H.Q.

C'est Antoine Juchereau Duchesnay qui eut l'honneur de recevoir dans son manoir le marquis de Montcalm et ses officiers.

Il s'était distingué à la victoire de Carillon comme capitaine des gardes.

Il était devenu seigneur de Beauport après le décès de son frère Joseph, en 1720. Il était le fils d'Ignace et de Marie-Catherine Peuvret, étant né à Beauport, le 20 janvier 1704.

Il participa à la bataille des Plaines d'Abraham. Il mérita la croix de Saint-Louis.

Il demeura au pays, la paix revenue. Il avait épousé Marie-Françoise Chartier de Lotbinière, en 1737, dont il eut cinq enfants. Il mourut, à Beauport, en 1772.

1759

WOLFE DÉBARQUA À SAINT-LAURENT

Plaque près de l'église Saint-Laurent, Île d'Orléans.

WOLFE DÉBARQUA À SAINT-LAURENT DE L'ÎLE D'ORLÉANS LE 27 JUILLET 1759.

WOLFE CAME ASHORE AT SAINT-LAURENT ON THE ISLAND OF ORLÉANS ON THE 27th OF JULY 1759.

C.M.H.Q.

La paroisse Saint-Laurent, située au côté sud-ouest de l'Île d'Orléans, fut érigée canoniquement en 1714, mais ses registres s'ouvrirent dès 1679. Elle fut mission jusqu'en 1699, alors qu'elle eut son premier curé, qui y résida en 1700.

C'est cependant sous le nom de Saint-Paul qu'elle débuta. Ce ne fut qu'en 1698 qu'elle reçut le nom de Saint-Laurent, en l'honneur du seigneur d'alors, Laurent Mauvide.

La municipalité de la paroisse de Saint-Laurent de l'Île d'Orléans fut érigée en 1845.

1759

LA BATAILLE DE MONTMORENCY

À Courville, plaque à l'angle de la côte Saint-Grégoire et de la Terrasse Cadieux.

ICI, LE 31 JUILLET, 1759, LES TROUPES FRANÇAISES, SOUS MONTCALM ET LÉVIS, REPOUSSÈRENT L'ARMÉE DU GÉNÉRAL WOLFE.

HERE, ON 31st JULY, 1759, THE FRENCH TROOPS, UNDER MONTCALM AND LÉVIS, REPULSED GENERAL WOLFE'S ARMY.

C.M.H.C.

Le 23 mai, un courrier annonça l'apparition de la flotte anglaise, au Bic. Les troupes françaises campèrent entre la rivière Saint-Charles et le Sault Montmorency: Vaudreuil à droite, Lévis à gauche et Montcalm au centre.

Le 27 juin, la flotte ennemie débarquait une partie de ses hommes sur le haut de l'Île d'Orléans. Le 31 suivant, la moitié s'installait avec ceux-ci et l'autre moitié sur le côté sud, à peu près vis-à-vis de Québec.

Le 9 juillet, la plus grande partie des troupes de l'Île d'Orléans débarqua au-dessous du Sault Montmorency, s'installant sur la rive gauche de cette rivière.

Le 12 suivant, dans la nuit, les batteries de la Pointe-Lévy tirent sur Québec, ce qui se fit durant les deux mois suivants, y multipliant les incendies.

La nuit du 18 au 19, trois vaisseaux anglais allèrent se mouiller vers la rivière Etchemin. Le 30, un navire de 60 canons et deux frégates de 20 s'embossèrent près de la gauche des retranchements français de Beauport, alors qu'une batterie anglaise de 20 canons et 6 mortiers fut installée au-dessus du Sault Montmorency.

Entre 11 heures et midi, le 31, les Anglais commencèrent à tirer. Trois colonnes groupant environ 8,000 hommes anglais s'avancèrent sur les troupes françaises. Les Français et Canadiens attendirent froidement qu'ils ne soient qu'à quelques verges, puis ils firent pleuvoir une telle bordée de balles à répétition que la bataille ne dura pas longtemps, les colonnes anglaises débandèrent et prirent la fuite, ayant environ 500 morts et blessés.

Le 3 septembre, les troupes anglaises quittèrent leur position du Sault Montmorency.

1759

LA TUERIE DU CURÉ PORTNEUF ET 7 DE SES PAROISSIENS

Plaque sur l'église de SAINT-JOACHIM.

NON LOIN D'ICI, LE CURÉ PORTNEUF ET SEPT DE SES PAROISSIENS FURENT TUÉS DANS UNE SORTIE HÉROÏQUE CONTRE LE DÉTACHEMENT DE TROUPES COMMANDÉ PAR LE CAPITAINE MONTGOMERY, LE 24 AOÛT 1759. CES BRAVES FURENT INHUMÉS À SAINTE-ANNE-DE-BEAUPRÉ.

NEAR THIS SPOT, FATHER PORTNEUF AND SOME PARISHIONERS WERE KILLED AFTER AN HEROIC SORTIE AGAINST CAPTAIN MONTGOMERY'S DETACHMENT, ON AUGUST 24th 1759. THEY WERE BURIED AT SAINTE-ANNE-DE-BEAUPRÉ. COMMISSION DES MONUMENTS ET SITES HISTORIQUES OU ARTISTIQUES.

    Philippe-René de Portneuf naquit, à Montréal, en 1707, de René Robineau de Bécancour, 3e baron de Portneuf et de Marguerite Daneau de Muy. Il fut ordonné prêtre en 1731.

    En août 1759, Wolfe, impuissant à prendre Québec par l'est et l'ouest et après avoir bombardé la ville, s'attaqua aux campagnes. Entre autres, il fit brûler toutes les paroisses depuis Montmorency jusqu'au cap Tourmente, choisissant de préférence la nuit pour ces ravages, enlevant des femmes, des enfants, les vivres et les bestiaux. Il y eut, dans la région de Québec plus de 1,400 maisons brûlées.

    Un détachement de 300 hommes, commandés par Richard Montgomery, (qui devait s'illustrer, en 1775, en envahissant le Canada pour la Révolution américaine et mourir au pied de Québec), exerça à Saint-Joachim la plus grande cruauté. Les paroissiens ayant pris les armes pour se défendre, certains d'entre eux, y compris le curé Portneuf, furent fait prisonniers. Ce dernier les avait accompagnés pour leur administrer les secours de la religion. Lui et neuf des siens furent tués, le curé haché à coups de sabre.

    Dans son MANUSCRIPT JOURNAL, le colonel Malcolm Frazer, alors lieutenant du 78ème régiment, écrit: «There were several of the enemy killed and wounded, and a few prisoners taken, all of whom the barbarous captain Montgomery, who commanded us, ordered to be butchered in a most inhuman and cruel manner».

1759

LA SUPÉRIORITÉ DES FORCES NAVALES ANGLAISES

Plaque à Québec, au sommet de la côte Gilmour, à l'entrée des Plaines d'Abraham.

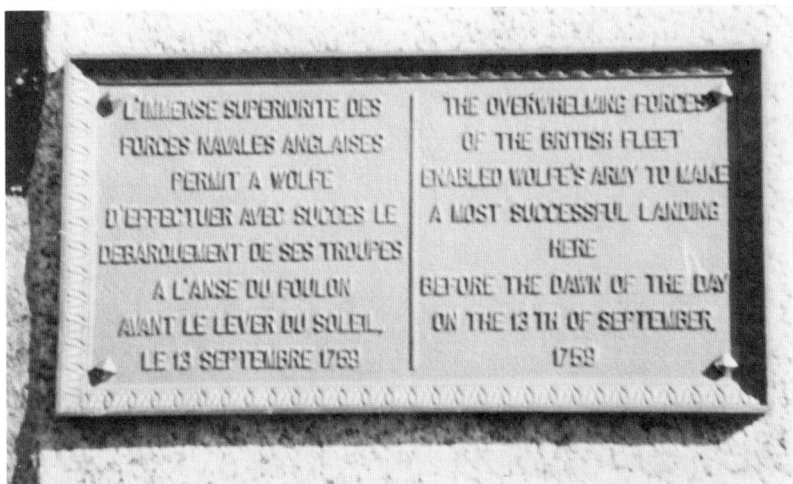

L'IMMENSE SUPÉRIORITÉ DES FORCES NAVALES ANGLAISES PERMIT À WOLFE D'EFFECTUER AVEC SUCCÈS LE DÉBARQUEMENT DE SES TROUPES À L'ANSE AU FOULON AVANT LE LEVER DU SOLEIL LE 13 SEPTEMBRE 1759.

THE OVERWHELMING FORCES OF THE BRITISH FLEET ENABLED WOLFE'S ARMY TO MAKE A MOST SUCCESSFUL LANDING HERE, BEFORE THE DAWN OF DAY, ON THE 13th OF SEPTEMBER, 1759.

C.S.M.H.C.

Cette force navale consistait en vingt-neuf gros navires, douze frégates, deux galiotes, quatre-vingts transports et une soixantaine de goélettes et petits bateaux, soit environ 173 bâtiments.

C'est l'amiral Saunders qui alla chercher l'armée du général Wolfe à Louisbourg. Celle-ci comptait huit régiments de ligne, deux bataillons de fusiliers du royal-américain, trois compagnies de «Rangers», une brigade de soldats du génie, trois compagnies de grenadiers de Louisbourg, mille soldats de marine, soit en tout près de trente mille soldats et marins.

Une avant-garde de vaisseaux, sous le commandement de l'amiral Durell, vint dans le golfe puis jusqu'au Bic, pour empêcher que des bateaux français puissent se rendre jusqu'à Québec.

Le 23 juin, le gros de la flotte anglaise arrivait à l'Île aux Coudres. Elle était au complet au bas de l'Île d'Orléans, le 25 suivant, et, deux jours après, une partie des hommes débarquait au haut de l'île. Le 31, l'autre partie en faisait autant au côté sud, à peu près vis-à-vis Québec.

1759

BURTON'S REDOUBT

À Lévis, plaque, au côté de l'église, angle des rues Saint-Julien et Notre-Dame.

LÉVIS, ICI, EN 1759, LES ANGLAIS ÉTABLIRENT UN CAMP QUI FUT CONNU SOUS LE NOM DE «BURTON'S REDOUBT» PARCE QU'IL ÉTAIT COMMANDÉ PAR LE COLONEL BURTON, DU 48ème RÉGIMENT.

LÉVIS, HERE, IN 1759, WOLFE'S ARMY BUILT "BURTON'S REDOUBT", WHICH TOOK ITS NAME FROM THE COLONEL OF THE 48th.

C.M.H.Q.

Ralph Burton participa à la bataille de la Monongahéla où il fut blessé. Il se battit aussi aux sièges de Louisbourg, en 1758 et de Québec, en 1759; à la bataille de Montmorency, il avait été blessé. Wolfe mourant lui donna l'ordre de s'emparer de la tête du pont à la rivière Saint-Charles afin d'y barrer la retraite des Français.

Après la capitulation de Québec, il devint lieutenant-gouverneur des Trois-Rivières dont il fut le gouverneur après la reddition de Montréal.

En 1762, il avait le grade de major général. Mais une mésentente éclata entre lui et Murray. On perd ensuite ses traces; on présume qu'il mourut en 1768.

1759

LE SENTIER SUIVI PAR LES SOLDATS DE WOLFE

À Québec, plaque au haut de ce sentier, sur les plaines d'Abraham.

TABLEAU DE HERVEY SMYTH

C'EST PAR UN SENTIER ABRUPT QUI SE TROUVAIT ICI QUE LES SOLDATS DE WOLFE RÉUSSIRENT À MONTER SUR LES PLAINES D'ABRAHAM, LE 13 SEPTEMBRE 1759.

ON THEIR MARCH TO THE PLAINS D'ABRAHAM ON THE 13th OF SEPTEMBER, 1759, WOLFE'S SOLDIERS BEGAN TO CLIMB THE STEEP PATH HERE.
                             C.M.H.Q.

Le 9 septembre 1759, Wolfe, qui assiégeait Québec depuis le début de juillet avec 30,000 hommes, écrivait: «ma constitution est entièrement ruinée, sans que j'aie la consolation d'avoir rendu aucun service considérable à l'État et sans que j'aie l'espoir d'en rendre».

Pourtant, c'est dans la nuit du 12 au 13 suivante qu'il parvint à placer environ 4,000 hommes sur les hauteurs d'Abraham. Comment cela se fit-il?

Dès juillet, Wolfe avait inspecté, à la longue-vue, le cap Diamant; il avait constaté la possibilité d'y escalader la falaise. Monckton, Townhend et Murray avaient conseillé de le faire et des plans avaient été préparés. Jean-Baptiste Cuquet, un vagabond, à l'Île d'Orléans, avait dit aux Anglais que cet endroit était un peu en amont de la ville.

Particulièrement, des soldats déserteurs vinrent à point apprendre aux assiégeants que, dans la nuit du 12 au 13 septembre, les Français devaient apporter, en chaloupes, des vivres pour la ville, en accostant près de l'anse au Foulon.

C'est à la suite de ces événements que Wolfe décida de tenter sa chance, l'hiver approchant.

Cette nuit-là était très noire. Des bateaux plats anglais, dérivés par le reflux de la marée, touchèrent la rive à l'anse au Foulon. Un officier écossais, s'exprimant en français, répondit au QUI VIVE: «Ne faites pas de bruit, ce sont des vivres». À la guérite, Douglas ne les fit pas reconnaître et laissa passer. Après minuit, tout un détachement anglais se trouvait entre le piquet de Languedoc à Saint-Michel et le détachement posté à l'anse sous Vergor.

Celui-ci, qui avait été le commandant poltron du fort Beauséjour, avait justement donné congé à 70 de ses 100 hommes. Lorsque les Anglais l'atteignirent, il dormait. En un clin d'oeil, la garde fut dispersée. La route était ouverte vers les plaines d'Abraham.

1759

MONCKTON, COMMANDANT DE LA DROITE ANGLAISE

À Québec, plaque sur le site de l'ancien Observatoire, à la Fontaine du Centenaire, plaines d'Abraham.

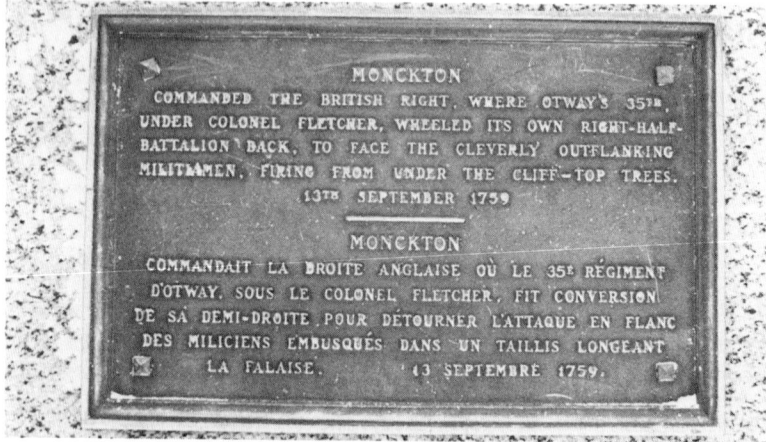

MONCKTON COMMANDAIT LA DROITE ANGLAISE, OÙ LE 35e RÉGIMENT D'OTWAY, SOUS LE COLONEL FLETCHER, FIT CONVERSION DE SA DEMI-DROITE POUR DÉTOURNER L'ATTAQUE EN FLANC DES MILICIENS EMBUSQUÉS DANS UN TAILLIS LONGEANT LA FALAISE. 13 SEPTEMBRE 1759.

MONCKTON COMMANDED THE BRITISH RIGHT, WHERE OTWAY'S 35th, UNDER COLONEL FLETCHER WHEELED ITS OWN RIGHT-HALF-BATTALION BACK, TO FACE THE CLEVERLY OUTFLANKING MILITIAMEN, FIRING FROM UNDER THE CLIFF-TOP TREES. 13th SEPTEMBER 1759.

C.S.M.H.C.

Robert Monckton participa à la prise des forts Beauséjour, Gaspareau et Louisbourg. Il reçut l'ordre de Lawrence de déporter les Acadiens, ce qu'il fit exécuter de main de fer.

En 1759, il fut le commandant en second, avec le titre de brigadier-général. Il s'empara des hauteurs de Lévis et fut l'un de ceux qui recommandèrent à Wolfe d'attaquer Québec en escaladant la falaise, en amont.

Il prit une part active à la bataille des plaines d'Abraham, où il fut blessé à la poitrine, une balle lui ayant perforé le poumon gauche; la balle fut extraite et le 24 septembre suivant, il était assez bien pour, promu colonel, se rendre à New York. Il reçut le commandement des troupes de Philadelphie, puis celui en chef de l'armée du territoire de New York. Il commanda, ensuite, les troupes aux Antilles.

La Chambre des Communes de Londres lui adopta unanimement une résolution de félicitations. Il n'avait que 37 ans lorsqu'il revint en Angleterre. Il fut député et plusieurs fois gouverneur. Entre-temps, il était devenu général. Il décéda en 1792.

C'est pour rappeler son souvenir qu'une ville du Nouveau-Brunswick porte son nom, même avec une variante dans son orthographe.

1759

LES GRENADIERS DE LOUISBOURG

Plaque à Québec, sur les plaines d'Abraham, au sud-est de l'avenue Briand.

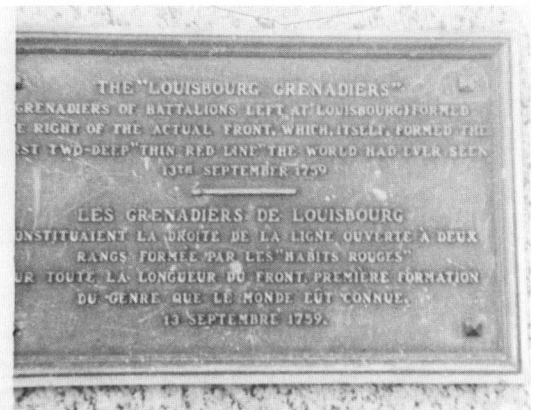

LES GRENADIERS DE LOUISBOURG CONSTITUAIENT LA DROITE DE LA LIGNE OUVERTE À DEUX RANGS FORMÉE PAR LES «HABITS ROUGES» SUR TOUTE LA LONGUEUR DU FRONT, PREMIÈRE FORMATION DU GENRE QUE LE MONDE EUT CONNUE. 13 SEPTEMBRE 1759.

THE "LOUISBOURG GRENADIERS" (GRENADIERS OF BATTALIONS LEFT AT LOUISBOURG) FORMED THE RIGHT OF THE ACTUAL FRONT, WHICH, ITSELF, FORMED THE FIRST TWO-DEEP "THIN RED LINE" THE WORLD HAD EVER SEEN. 13th SEPTEMBER 1759.

C.S.M.H.C.

Louisbourg était la capitale de l'Île Royale (le Cap-Breton d'aujourd'hui); sa rade pouvait contenir 300 voiles. Les Français, en 1720, y érigèrent une forteresse qui leur coûta trente millions de livres.

Dès 1744, les Anglais, après un siège de 47 jours, prirent la place. Mais le traité d'Aix-la-Chapelle rétrocéda l'île à la France.

Mais, William Pitt, ministre de la guerre d'Angleterre, décida de tuer la France en Amérique. Il fut décidé de s'emparer d'abord de Louisbourg.

En 1758, Amherst, Wolfe, Howe et Lawrence, avec une armée de 15,000 hommes, ainsi que Boscawen, Hardy, Buckle, Evans et Durell, avec une flotte de 192 unités, 1,800 gardes-marine et 1526 canons, attaquèrent la forteresse. Les Français, n'ayant à leur opposer qu'environ cinq mille hommes et onze navires, sous les ordres du gouverneur Drucourt et de l'amiral Des Gouttes, durent capituler, après une résistance d'un mois et dix-huit jours.

Les vainqueurs dépensèrent 50,000 livres pour faire démolir ces fortifications, que le gouvernement du Canada a fait reconstruire, récemment, au coût de millions de dollars.

1759

LE ROYAL ROUSSILLON

Plaque à Québec, au sud-est de l'avenue Briand, sur l'avenue No 1, sur les Plaines d'Abraham.

LE ROYAL ROUSSILLON SOUS LE COLONEL POULARIÈZ, FORMANT LA GAUCHE DU FRONT DE L'ARMÉE FRANÇAISE, FUT LE PREMIER À L'ATTAQUE ET LE DERNIER À SE REPLIER DEVANT UN FEU MEURTRIER. 13 SEPTEMBRE 1759.

THE ROYAL ROUSSILLON, COMMANDED BY COLONEL POULARIEZ, FORMED THE LEFT OF THE ACTUAL FRENCH ATTACK, AND LAST IN RETREAT BEFORE A DEVASTATING FIRE. 13th SEPTEMBER 1759.

C.S.M.H.C.

Le bataillon Royal Roussillon fut créé le 26 mai 1657. Il s'embarqua pour le Canada en mai 1755. Poularièz arriva au Canada en 1755.

Lévis, en 1760, pour la bataille de Sainte-Foy, mêla, pour la première fois, les détachements de ligne et de marine avec les miliciens, en six brigades, dont les bataillons Guyenne et Royal Roussillon qui en formèrent un. Celui-ci avait alors 24 officiers, 305 soldats et 278 miliciens. Lorsque ce dernier s'embarqua pour la France, le 14 septembre 1760, il avait 27 officiers et 230 soldats.

Les soldats du Royal Roussillon portaient un habit blanc, avec collet et parements bleus, doublure blanche aux retroussés des basques, veste rouge, boutons jaunes. Son petit tricorne noir était bordé de jaune. Comme armement, il portaient fusil, épée et bayonnette. La poignée de l'épée était de cuivre jaune suspendue à la hanche gauche par une buffeterie blanche. Leur gibecière était soutenue par une bandoulière blanche passée sur la poitrine de gauche à droite. On se servait de cartouches depuis quelques années, mais les soldats avaient encore leur poire de poudre suspendue à leur giberne en bandoulière.

Ce bataillon avait trois drapeaux: un blanc colonel avec croix blanche semée de fleurs de lis, un d'ordonnance bleu, rouge et feuilles mortes.

1759

LE BRIGADIER DE FONTBONNE

À Québec, plaque au sud-est de l'avenue Briand, sur l'avenue No 4, plaines d'Abraham.

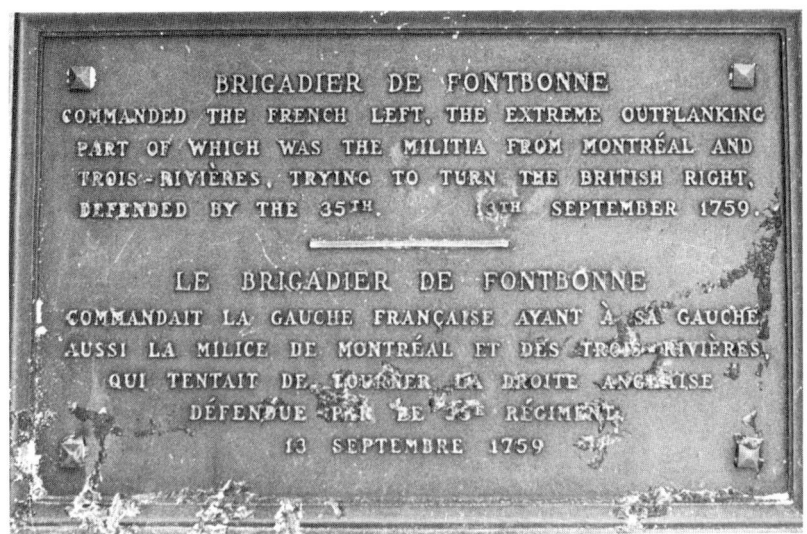

LE BRIGADIER DE FONTBONNE COMMANDAIT LA GAUCHE FRANÇAISE AYANT À SA GAUCHE AUSSI LA MILICE DE MONTRÉAL ET DES TROIS-RIVIÈRES, QUI TENTAIT DE TOURNER LA DROITE ANGLAISE DÉFENDUE PAR LE 35e RÉGIMENT. 13 SEPTEMBRE 1759.

BRIGADIER DE FONTBONNE COMMANDED THE FRENCH LEFT, THE EXTREME OUTFLANKING PART OF WHICH WAS THE MILITIA FROM MONTRÉAL AND TROIS-RIVIÈRES, TRYING TO TURN THE BRITISH RIGHT, DEFENDED BY THE 35th. 13th SEPTEMBER 1759.

C.S.M.H.C.

À dix heures du matin, le 13 septembre 1759, sur le commandement de Montcalm, les troupes françaises s'élancèrent avec grande impétuosité, contre celles de Wolfe. Au bout de cent pas, les Français et Canadiens, sans qu'il en soit donné ordre, déchargèrent leurs fusils, puis se couchèrent pour recharger. Les Anglais, qui avaient mis deux balles dans leurs fusils, attendirent que leurs adversaires soient rendus à quarante pas pour, à l'ordre donné, les décharger, puis s'élancer à la baïonnette, particulièrement les grenadiers de Louisbourg et le régiment de Bragg. Ces quelque dix mille balles firent un carnage terrible chez les Français, créant la confusion d'abord puis provoquant la déroute. Ce dernier engagement n'avait duré que quinze minutes.

Fontbonne, lieutenant-colonel du régiment de Guyenne, fut parmi les nombreux morts de cette bataille mémorable.

1759

LE 28e RÉGIMENT DE BRAGG

Plaque à Québec, au sud-est de l'avenue Briand, plaines d'Abraham.

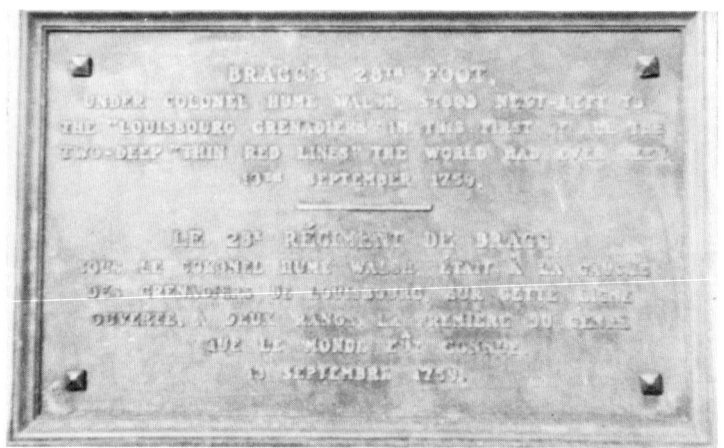

LE 28e RÉGIMENT DE BRAGG, SOUS LE COLONEL HUME WALSH, ÉTAIT À LA GAUCHE DES GRENADIERS DE LOUISBOURG, SUR CETTE LIGNE OUVERTE, À DEUX RANGS, LA PREMIÈRE DU GENRE QUE LE MONDE EUT CONNUE. 13 SEPTEMBRE 1759.

BRAGG'S 28th FOOT, UNDER COLONEL HUME WALSH, STOOD NEXT-LEFT TO THE "LOUISBOURG GRENADIERS" IN THIS FIRST OF ALL THE TWO-DEEP "THIN RED LINES" THE WORLD HAD EVER SEEN. 13th SEPTEMBER 1759.

C.S.M.H.C.

L'armée de Wolfe, sur les plaines d'Abraham, comprenait sa première division avec ses quatre régiments, l'infanterie légère, un détachement de montagnards écossais et les grenadiers américains. À cinq heures du matin, le 13 septembre 1759, elle était en rang de bataille sur les hauteurs de Québec.

Cependant, dans les camps français, on ne savait pas, à cette heure, que l'ennemi y était prêt à attaquer.

Averti de grand matin de ce succès, Montcalm envoya le régiment de Guyenne aux plaines d'Abraham. Il demanda les 2,000 hommes de M. de Sennezergues (qui ne se rendit pas à cet ordre), les troupes de M. de Bougainville (qui étaient à Cap Rouge), et les 25 canons de Québec (que le major de Ramezay refusa).

Montcalm put ainsi, en toute hâte, opposer environ 4,500 hommes aux Anglais qui en avaient au moins 5,000 prêts à combattre. Il décida d'attaquer sans plus de retard, de crainte que l'ennemi ne se fortifiât davantage. Son armée était composée en majorité de Canadiens qui se firent remarquer par leur combativité.

Il y eut canonnade durant environ une heure. À dix heures, le combat corps à corps commençait.

1759

WOLFE, VAINQUEUR AUX PLAINES D'ABRAHAM

Statue à Québec, dans une niche, sur la façade de l'Hôtel du Gouvernement.

James Wolfe donna à l'Angleterre, par sa victoire aux plaines d'Abraham, tout le nord et l'ouest de l'Amérique.

Il naquit à Westerham, Angleterre, le 2 janvier 1727, d'une famille d'origine irlandaise. Il choisit la carrière militaire et participa à plusieurs combats, gagnant ses grades.

Lorsque le ministre de la guerre, William Pitt, le choisit pour participer au siège de Louisbourg, il lui donna le grade de brigadier général. Il y joua un rôle si important qu'il reçut les applaudissements des officiers, à la chute de la forteresse.

Retourné en Angleterre, il offrit à Pitt de faire l'invasion du Canada par le Saint-Laurent. Le ministre l'ayant élevé au grade de major général et de commandant des troupes de terre, il lui donna comme brigadiers Moncton, Townshend et Murray ainsi que comme aide de camp le lieutenant-colonel Guy Carleton. Wolfe venait de se fiancer à Catherine Lowther, dont il gardait constamment le portrait suspendu à son cou.

Le 26 juin 1759, son immense flotte était rendue à l'Île d'Orléans. Il multiplia en vain ses attaques contre Québec. Il fit détruire 1,400 belles fermes et prendre des prisonniers. Le 13 septembre, il gagnait la bataille des plaines d'Abraham.

Blessé trois fois, il mourut sur le champ de bataille, exprimant sa satisfaction d'être vainqueur. Son corps, embaumé, fut transporté à Londres sur le ROYAL WILLIAM, à la fin d'octobre. L'abbaye de Westminster a un monument en son honneur.

WOLFE
Sculpteur: Philippe Hébert.

1759

LA MORT DE WOLFE

À Québec, plaque au sud-est de l'avenue Briand, plaines d'Abraham.

AU MOMENT OÙ LA VICTOIRE LUI ÉTAIT ASSURÉE, WOLFE REÇUT ICI UNE BLESSURE MORTELLE ET FUT TRANSPORTÉ À L'ARRIÈRE OÙ IL MOURUT VICTORIEUX, LE 13 SEPTEMBRE 1759.

HERE, ON THE VERY EVE OF VICTORY, WOLFE RECEIVED HIS MORTAL WOUND, AND AT ONCE WAS CARRIED BACK TO WHERE HE DIED VICTORIOUS. 13th SEPTEMBER 1759.

C.S.M.H.C.

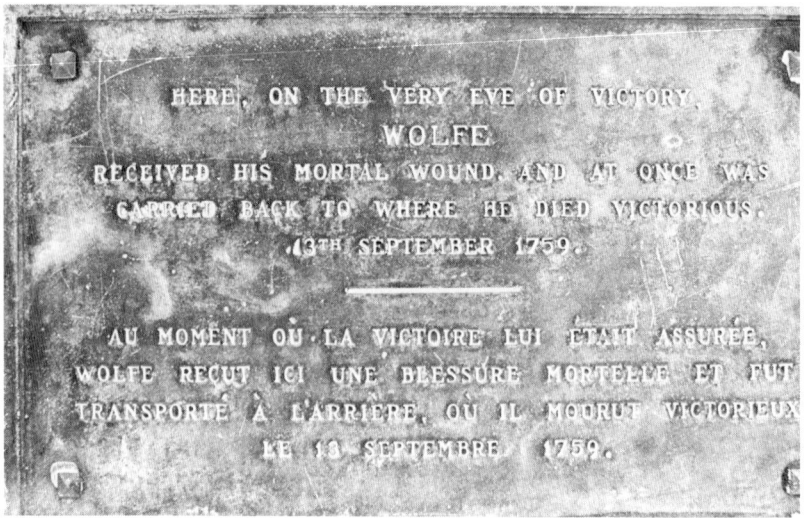

Wolfe fut blessé au poignet dès le début de l'action. Sur place, il se fit panser.

La bataille était à peine commencée qu'il fut frappé d'une seconde balle qui lui traversa la poitrine et le terrassa. Il demanda à ses soldats qui le relevèrent de ne pas montrer son visage aux autres afin que ceux-ci ne voient pas sa pâleur.

Il s'empressa de donner au colonel Burton l'ordre de se porter vers la rivière Saint-Charles pour y couper la retraite des Français.

Après avoir bu un peu d'eau puisée à une fontaine voisine, les grenadiers le portèrent près d'une redoute que venait de prendre la 28e.

Très peu de combattants eurent connaissance de ce qui venait de se passer, continuant à se battre.

Wolfe mourut peu après, content de savoir qu'il avait gagné cette victoire.

Son cadavre fut transporté à Pointe-Lévy, probablement dans l'église Saint-Joseph. Knox, dans ses écrits, souligne qu'il a été embaumé. C'est le ROYAL WILLIAM qui transporta les restes du général jusqu'à Portsmouth, Angleterre, où il arriva le 17 novembre suivant.

1759

MONTCALM, BLESSÉ MORTELLEMENT SUR LES PLAINES D'ABRAHAM

À Québec, plaque en face du bureau de la Commission, sur les plaines d'Abraham.

THE GALLANT, GOOD AND GREAT MONTCALM FOUR TIMES DESERVINGLY VICTORIOUS AND AT LAST DEFEATED THROUGH NO FAULT OF HIS OWN HERE RECEIVED HIS MORTAL WOUND 13th SEPTEMBER 1759.

MONTCALM QUATRE FOIS VICTORIEUX UNE FOIS VAINCU TOUJOURS AU GRAND HONNEUR DES ARMES DE LA FRANCE BLESSÉ À MORT ICI 13 SEPTEMBRE 1759.

C.M.H.Q.

Montcalm, en 1756, succéda à Dieskau comme commandant des troupes régulières du Canada.

Il s'est illustré dans les quatre victoires suivantes:

À Chouaguen (Oswego), le 14 juin 1756. 1,400 hommes défendaient les forts anglais Ontario, vieux Chouaguen et nouveau Chouaguen. En une dizaine de jours, Montcalm avec ses 4,000 hommes non seulement les délogea de ces forts mais fit 1,700 prisonniers comprenant ouvriers et domestiques; il prit un butin considérable, en n'ayant eu que 9 morts et 24 blessés.

Au lac Saint-Sacrement (Goorges), où il assiégea le fort William-Henry avec environ 7,800 hommes, les 7, 8 et 9 août 1757. 2,241 soldats ennemis qui y étaient protégés furent cependant faits prisonniers, alors que les Français n'eurent que 17 tués et 40 blessés. Il y trouva des munitions et des vivres.

À Carillon (Ticonderoga), où avec environ 4,000 hommes il mit en déroute une armée de plus de 15,000 militaires, le 8 juillet 1758.

À Montmorency, bien que les Anglais lançaient 8,000 hommes, le 31 juillet 1759 sur les assiégés et leurs 112 canons, Montcalm, avec une troupe moins nombreuse, les repoussa; 500 soldats anglais furent tués ou blessés.

Mais, sur les plaines d'Abraham, le général Montcalm fut surpris par l'armée de Wolfe. Le manque de troupe suffisante et le fait que le général Wolfe laissa les Français tirer les premiers furent parmi les causes que ceux-ci furent vaincus.

Blessé à la cuisse et aux entrailles, Montcalm se conduisit en héros.

1759

LE MONUMENT WOLFE

À Québec, colonne sur les plaines d'Abraham.

HERE DIED WOLFE VICTORIOUS SEPT. 13th 1759.

THIS PILLAR WAS ERECTED BY THE BRITISH ARMY IN CANADA A.D. 1849 HIS EXCELLENCY LIEUT.-GENL SIR BENJAMIN DURBAN G.C.B., K.C.H., K.C.T.S., S.C. COMMANDER OF THE FORCES TO REPLACE THAT ERECTED BY GOVR GENL LORD AYLMER G.C.B. IN 1832 WHICH WAS BROKEN AND DEFACED AND IS DEPOSITED BENEATH.

THE FIRST MEMORIAL WAS THE STONE THAT WOLFE'S OWN ARMY ROLLED HERE TO MARK THE SPOT ON WHICH HE DIED 1759. A SECOND MONUMENT WAS PLACED IN POSITION 1832. THE THIRD MEMORIAL WAS SET UP BY THE BRITISH ARMY STATIONED IN CANADA 1849. THIS FOURTH MEMORIAL REPRODUCES THE COLUMN OF THE THIRD, PRESERVES ITS CROWNING PIECE AND TWO INSCRIPTIONS AND WAS SET UP BY THE NATIONAL BATTLEFIELDS COMMISSION 1913.

I.P.

Le premier monument en hommage à Wolfe consistait en un méridien placé, en 1790, sur les Plaines d'Abraham, à l'endroit où, croit-on, il expira. C'était une initiative du major Holland, l'arpenteur général du Canada.

En 1832, la pierre indiquant ce méridien était presque disparue par déprédation. Le gouverneur général Aylmer y fit construire, en remplacement, une colonne tronquée avec l'inscription du premier paragraphe ci-dessus.

Les officiers du régiment britannique de la garnison de Québec, en 1849, recueillirent des fonds et remplacèrent ce monument en une colonne de trente-huit pieds surmontée d'un casque et d'une épée, réalisant ainsi un dessin de James-Edward Alexander, officier du 14e Régiment. Y furent apposées les inscriptions des deux premiers paragraphes précités.

En 1913, la Commission des champs de bataille, créée en 1908, érigeait une colonne identique à celle de 1849 qui menaçait ruine. Le piédestal porte trois plaques portant les inscriptions mentionnées plus haut.

1759

LE MONUMENT WOLFE ET MONTCALM

À Québec, au Jardin du Fort, (près du Château Frontenac), terrasse Dufferin.

WOLFE. MONTCALM. MORTEM VIRTUS COMMUNEM FAMAM HISTORIA MONUMENTUM POSTERITAS DEDIT. (Leur courage leur a donné même mort; l'histoire, même renommée; la postérité, même monument).

HUJUSCE MONUMENTI IN MEMORIAM VIRORUM ILLUSTRIUM WOLFE ET MONTCALM FUNDAMENTUM P.C. GEORGIUS COMES DE DALHOUSIE IN SEPTENTRIONALIS AMERICAE PARTIBUS AD BRITANNOS PERTINENTIBUS SUMMAN RERUM ADMINISTRANS; OPUS PER MULTOS ANNOS PRAETERMISSUM QUID DUCI EGREGIO CONVENIENTIUS? AUCRITATE PROMOVENS, EXEMPLO STIMULANS MUNIFICENTIA PROVENS DIE NOVEMBRIS XV, MDCCCXXVII GEORGIO IV BRITANNIARUM REGE.
I.P.

La **Gazette de Québec** publiait, en août 1827, une note annonçant que le «gouverneur-en-chef» (lord Dalhousie) proposait qu'un monument rendant hommage à Wolfe et Montcalm soit érigé incessamment, et qu'un dessin pouvait être vu à la bibliothèque de la garnison.

Un comité fut aussitôt formé avec comme membres: le juge-en-chef Jonathan Sewell, le juge Jean-Thomas Taschereau, le major-général Darling, le lieutenant Cockburn, les capitaines Young et Melhnish et M. George Pemberton.

Le gouverneur convoqua une réunion, le 1er novembre suivant, de tous les souscripteurs et leur montra le dessin du capitaine Young, qui fut accepté. Dès le 15 novembre suivant, il présida à la pose de la première pierre.

Le monument Wolfe et Montcalm fut inauguré le 8 septembre 1828, date même du départ de lord Dalhousie pour l'Angleterre.

Ce monument fut restauré en 1869.

Dessins du capitaine Young.

1759

LE GÉNÉRAL MONTCALM

Monument à Québec, à la place Montcalm, vis-à-vis le No 550 Grande-Allée.

À MONTCALM. LA FRANCE. LE CANADA.
Réplique de la statue du sculpteur Léopold Morice. Piédestal par l'architecte Paul Chabert.

I.P.

Montcalm eut à défendre le Canada avec une quinzaine de milliers d'hommes contre un envahisseur groupant environ 50,000 hommes bien armés. Il ne put faire plus qu'il n'a fait: retarder d'abord l'invasion massive et affaiblir l'adversaire, gagnant, généralement, des combats 1 contre 5; c'est l'idée de génie de Wolfe de faire escalader le cap Diamant qui changea, sans doute, le cours de l'Histoire.

En Europe, il participa à plusieurs combats, reçut plusieurs blessures et gagna ses grades.

À l'automne de 1755, il se rendit à Paris pour affaires. À Versailles, M. d'Argenson, au courant de la défaite de Dieskau, lui demanda de le remplacer. Le 31 janvier de la même année, il acceptait. Le 1er mars 1756, ayant reçu le grade de maréchal de camp, il fut nommé commandant des troupes de la Nouvelle-France.

Au Canada, il constata que la population était saignée à blanc, pouvant à peine fournir la nourriture, et que l'armée était minime à comparer aux forces qui lui seraient opposées. Ses talents incontestables lui firent gagner les quatre victoires de Chouaguen, William-Henry, Carillon et Montmorency.

La présence des Anglais sur les plaines d'Abraham fut une surprise pour tous, même pour Wolfe qui n'espérait pas si bien réussir à s'y installer. Montcalm apprit de Beauport que l'ennemi y était rendu. En toute hâte, il ne put réunir qu'une partie de ses hommes, ne pouvant même pas avoir les 25 canons de Québec.

Montcalm eut ses funérailles le même jour de sa mort, le 14 septembre. Il fut inhumé chez les Ursulines, où son crâne est conservé.

La France et le Canada se sont unis pour rendre hommage à ce héros.

1760

LÉVIS, VAINQUEUR DE LA BATAILLE DE SAINTE-FOY

Statue à Québec, dans une niche sur la façade de l'Hôtel du Gouvernement, à l'angle de Grande-Allée et Dufferin.

François-Gaston, seigneur et duc de Lévis, arriva au Canada le 31 mai 1756. Il y fut commandant en second sous Montcalm et contribua considérablement à entraver l'avance de l'ennemi et aux victoires de Carillon et de Sainte-Foy. Il repoussa Wolfe au gué de Montmorency.

Fils de Jean de Lévis, marquis d'Ajac, et de Jeanne Maguelonne, il vit le jour en 1720, près de Lemours. Dès l'âge de quinze ans, il embrassa la carrière militaire, étant lieutenant dans le régiment de la Marine. Il participa à plusieurs combats où il se distingua. C'est pour cela que le comte d'Argenson le désigna pour la Nouvelle-France, où l'invasion anglaise était éminente.

À la mort de Montcalm, il devint lieutenant-général. De Montréal, il prépara la reprise de Québec. Le 21 avril 1760, il se rendit vers cette ville en bateau et débarqua à Saint-Augustin cinq jours après; le lendemain, il était à Sainte-Foy avec environ 6,000 hommes. Le 28, Murray sortit de Québec avec environ 3,000 hommes et 22 canons. Le combat s'engagea, terrible, à peu près là où étaient tombés Montcalm et Wolfe mais plus près du chemin Sainte-Foy. Deux heures après, Lévis était vainqueur. Le 11 mai, ses canons bombardaient les remparts et on mettait tout en oeuvre pour le siège, lorsque l'arrivée de navires anglais ôta toute espérance. La mort dans l'âme, Lévis dut reprendre la route vers Montréal, contre qui l'ennemi marcha avec 30,000 hommes alors qu'il n'en restait à peine 3,000 à Lévis.

Le 6 septembre, Vaudreuil dut accepter la capitulation aux mains du général Amherst. Lévis, qui aurait voulu lutter encore, dut obéir à son supérieur. Il fit brûler les drapeaux de ses régiments sur l'Île de Montréal.

Il s'embarqua pour la France sur le **Maria.** Louis XV confirma, en 1761, son grade de lieutenant-général en reconnaissance de ses services en Nouvelle-France. Il reçut de nombreux honneurs et de grosses pensions.

Après avoir participé à plusieurs campagnes militaires et exercé nombre de postes importants, il mourut gouverneur d'Arras, en 1787. Lui qui avait passé une bonne partie de sa vie sur les champs de bataille, mourut dans son lit d'apoplexie.

Il avait épousé, en 1762, Gabrielle-Augustine Michel de Tharon qui fut guillotinée en 1794. Un fils, Gaston, naquit de cette union.

LÉVIS
Sculpteur: Philippe Hébert.

1760

LES FRANÇAIS VICTORIEUX À STE-FOY

Plaque à Québec, à l'angle du Chemin Saint-Louis et de la rue des Braves.

Plaque à l'ouest du monument des Braves.

THE VICTORIOUS FRENCH HERE TURNED THE BRITISH LEFT, DROVE IT AGAINST THE CENTER, AND CAPTURED ALL THE GUNS, THUS FORCING GALLANT MURRAY TO RETREAT WITHIN THE WALLS. 28th APRIL 1760.

ICI, LES FRANÇAIS VICTORIEUX TOURNÈRENT LA GAUCHE ANGLAISE, LA REFOULANT CONTRE SON CENTRE ET, PAR LA CAPTURE DE TOUS SES CANONS, FORCÈRENT LE BRAVE MURRAY À SE REPLIER EN DEDANS DES MURS. 28 AVRIL 1760.

I.P.

AU MOULIN DUMONT, PRÈS D'ICI, SE LIVRA LE COMBAT LE PLUS ACHARNÉ DE LA BATAILLE DE STE-FOY AVANT QUE LA DROITE FRANÇAISE VICTORIEUSE EUT REFOULÉ LA GAUCHE ET LE CENTRE ANGLAIS CONTRE LA DROITE ANGLAISE. 28 AVRIL 1760.

LE MOULIN DE DUMONT (JUST BESIDE THIS TERRACE) WAS WHERE THE BATTLE OF STE-FOY RAGED INTENSIVELY UNTIL THE VICTORIOUS FRENCH RIGHT DROVE THE BRITISH LEFT AND CENTER AGAINST THE BRITISH RIGHT. 28th APRIL 1760.

C.S.M.H.Q.

Lévis passa l'hiver de 1759-60 à Montréal, préparant la reprise de Québec.

Le 21 avril 1760, il partit en bateau et débarqua à Pointe-aux-Trembles, ses frégates et navires portant l'artillerie, les provisions et munitions, le 24 suivant. Il laissa des détachements pour les garder ainsi que le fort Jacques-Cartier, la cavalerie ne devant pas prendre part au combat.

Au soir du 26, il était sur les hauteurs de Sainte-Foy. Le lendemain matin, ses troupes étaient prêtes au combat, une partie postée à l'entour d'une ancienne redoute et une autre étant au moulin Dumont.

Le 28, Murray avec ses 3,000 hommes et 22 canons attaqua d'abord le moulin. Lévis, n'ayant que 3 canons et à peu près six mille soldats, fit retirer ses hommes du moulin, mais fit déployer ses ailes pour encercler les Anglais. Ceux-ci, craignant que leur retraite fût coupée vers Québec, hésitèrent puis attaquèrent la droite française. C'est alors que le colonel Poulariez enfonça le centre de l'armée de Murray, la mettant en déroute. Le combat dura environ deux heures. Les Anglais eurent 1,120 de tués ou blessés, les Français 830.

La défaite du 13 septembre 1759 était vengée.

1760

COMBAT DE L'ATALANTE, COMMANDÉE PAR VAUQUELIN

Plaque près de l'église, à Neuville.

EN FACE D'ICI EN MAI 1760, L'ATALANTE, COMMANDÉE PAR VAUQUELIN, SOUTINT UN HÉROÏQUE COMBAT CONTRE DEUX VAISSEAUX DE GUERRE ANGLAIS.

OFF THE POINT IN MAY 1760, THE ATALANTE, COMMANDED BY VAUQUELIN, FOUGHT HER HEROIC ACTION AGAINST TWO BRITISH MEN-OF-WAR.

C.M.H.Q.

Après avoir hiverné à Sorel avec les frégates LA POMONE et L'ATALANTE, la flûte LA PIE et deux bateaux, Jean Vauquelin, commandant du port de Québec qui s'était illustré à Louisbourg et ailleurs, partit, le 20 avril 1760, pour la rive nord du Saint-Laurent. Il mit une partie de la flottille à l'Anse-au-Foulon et l'autre à l'Anse-Sillery, d'où il débarqua ce dont l'armée eut besoin. Le 28 suivant, Lévis gagnait la bataille de Sainte-Foy.

Le 9 mai, il demanda à Lévis d'augmenter de 60 Canadiens son équipage de 110 hommes; il disposait de 11 canons. Le surlendemain, il commença à faire tirer ses batteries sur une frégate anglaise de 30 canons. Le 16, une frégate et un vaisseau ennemis vinrent rejoindre l'autre, s'avançant vers les navires français. LA POMONE, abattue du mauvais côté, demeura échouée à l'Anse-au-Foulon.

Avec L'ATALANTE et quelques bâtiments, Vauquelin fit voile vers Cap-Rouge, voulant sauver le contenu des bateaux, canonnant la frégate la plus proche. Celle-ci s'approchant de plus en plus, le pilote indiqua Pointe-aux-Trembles (Neuville) comme l'endroit où il était plus facile d'échouer; ils y arrivèrent à sept heures et demie, l'ennemi étant à une portée et demie de mousquet. Vauquelin y fit échouer L'ATALANTE, contre laquelle l'ennemi lança maints boulets.

Un petit bateau et un radeau firent la navette vers la rive pour y conduire le plus d'hommes possible, les autres continuant à riposter contre les assaillants. La poudre ayant été mouillée, il ne resta plus à Vauquelin et ses hommes que des balles à opposer aux boulets. À une heure et demie, les canots anglais abordèrent la frégate où il ne restait plus que Vauquelin, ses officiers et quelques soldats. Les vainqueurs avouèrent avoir lancé vers eux près de 500 coups de canon. Ne trouvant rien de récupérable sur L'ATALANTE, ils y mirent le feu.

1760

LA REDDITION DU FORT JACQUES-CARTIER

Plaque à Cap-Santé (comté de Portneuf), près du chemin au haut de la côte de Donnacona. Pour s'y rendre: un mille à l'est de Cap-Santé, chemin Richard, Notre-Dame puis un peu à l'est de la rue Martel.

ICI S'ÉLEVAIT LE FORT JACQUES-CARTIER QUE LE MARQUIS D'ALBERGATTI FUT FORCÉ DE RENDRE AU COLONEL FRASER LE 10 SEPTEMBRE 1760.

HERE STOOD THE JACQUES-CARTIER FORT WHICH THE MARQUIS D'ALBERGATTI WAS OBLIGED TO SURRENDER TO COLONEL FRASER ON SEPTEMBER 10, 1760.

C.M.H.Q.

C'est Lévis qui fit construire ce fort, en 1760, comme faisant partie de la reconquête de Québec. Dans l'écrit de la capitulation de Montréal, il est spécifié à l'article III que les troupes et milices qui se trouvaient dans ce fort auraient droit aux honneurs de la guerre en le quittant. C'est ce que Amherst accepta.

François-Marie, marquis d'Albergatti-Vezza, originaire de Bologne, avec ses 120 hommes, défendit ce fort durant six mois. Il avait épousé Charlotte Aubert de Lachesnaye. En 1761, il retourna en France. Promu capitaine, il fut fait chevalier de Saint-Louis.

Simon Fraser fut autorisé à former un corps de Montagnards écossais qui fut le 78e régiment. Il l'amena à Louisbourg et à Québec, participant aux sièges. Il fut blessé à Montmorency et à Sainte-Foy. En 1781, il fut député à Londres pour le comté d'Inverness. Il épousa Mlle Bristo à Londres, où il mourut en 1782.

Son fils, Malcolm, avait aussi été de son régiment. Il demeura à Québec, la guerre terminée, et épousa Marie Allaire, de Beaumont.

1760

LE MONUMENT AUX BRAVES DE QUÉBEC

À Québec, chemin Sainte-Foy, angle de l'avenue des Braves.

AUX BRAVES DE 1760 ÉRIGÉ PAR LA SOCIÉTÉ SAINT-JEAN-BAPTISTE DE QUÉBEC, 1860. LÉVIS. MURRAY.

Dessin par Charles Baillargé.
Sculpteur de la statue: Bellone.

I.P.

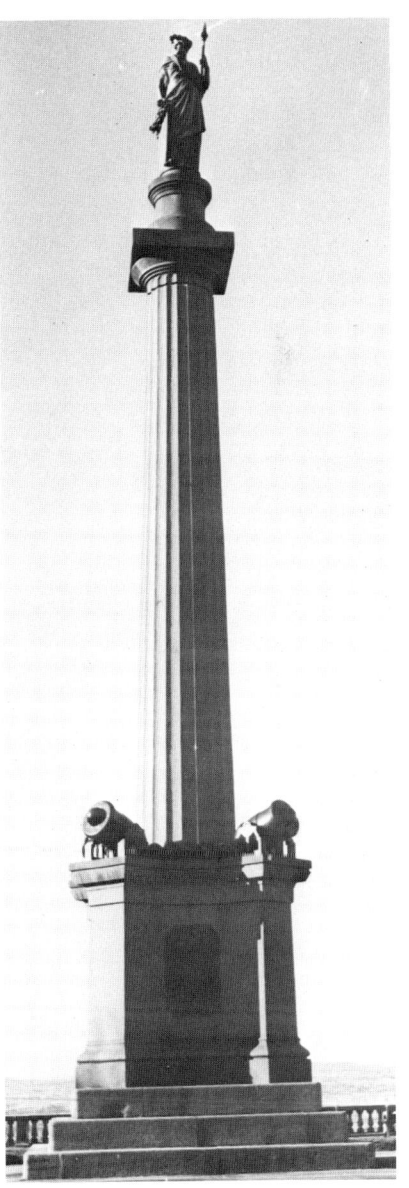

Après la défaite des plaines d'Abraham, les Français et les Canadiens ne se considérèrent pas encore comme défaits. Ils préparèrent leur revanche.

Le marquis de Lévis, avec l'approbation de Vaudreuil, partit de Montréal, le 20 avril 1760, avec 6,900 hommes, ne pouvant amener que 3 canons légers. Le 26, ils étaient en vue des Anglais, à Québec, à 200 toises du côteau.

Mais Murray a eu le temps de faire venir ses troupes du Cap-Rouge. Il avait 3,000 hommes et, surtout, 22 canons et obusiers avec des munitions tout près. Le 28 le combat s'engagea.

Le choc fut violent. La bataille dura deux heures, après quoi la déroute des Anglais était complète. Le champ de bataille était couvert de morts et de blessés: 830 du côté franco-canadien et 1,120 du côté anglais.

Le soir même, Lévis commença à préparer le siège des remparts. Mais, le 9 mai, on entendit des acclamations durant une heure entière, du côté du port. Une frégate anglaise, Lowestoffe, approchait de Québec; deux autres devaient suivre, les jours suivants. Le sort en était jeté. Lévis leva le siège, pendant la nuit du 16 et s'en retourna à Montréal.

Knox écrivit: «Si une flotte française l'eût devancée, la ville serait retombée au pouvoir des vainqueurs de Sainte-Foy».

1759 ET 1760

LE MONUMENT DE JEANNE D'ARC

À Québec, sur les plaines d'Abraham, vis-à-vis le No 470 de l'avenue Laurier.

SANCTA JOANNA DE ARC 1409 1431 VIRTUTIS AC AMORIS EXIMIUM HOC MONUMENTO CELEBRATUR.

INSPIRÉS PAR LE CHARME HISTORIQUE DE QUÉBEC LES DEUX DONATEURS ANONYMES DE CE MONUMENT L'ONT OFFERT À LA COMMISSION DES CHAMPS DE BATAILLE NATIONAUX COMME EMBLÈME DU PATRIOTISME ET DE LA VAILLANCE DES HÉROS DE 1759 ET 1760.

A TRIBUTE TO THE HISTORIC CHARM OF QUÉBEC THIS MONUMENT WAS PRESENTED TO THE NATIONAL BATTLEFIELDS COMMISSION BY TWO ANONYMOUS DONORS AS AN EMBLEM OF THE PATRIOTISM AND VALOR OF THE HEROES OF 1759 AND 1760.

Au temps de Jeanne d'Arc (1412-1431), la France était un champ de bataille entre les Français et les Anglais, comme le fut l'Amérique du Nord, environ trois siècles après. Henri IV d'Angleterre y était maître des riches provinces de l'ouest et même Paris, alors que Charles VII se terrait à Chinon, ne sachant pas quoi faire.

Jeanne d'Arc, réveillant la fierté française, non seulement repoussa les Anglais mais fit couronner Charles VII roi de France, à Reims.

Après un procès non pas canonique régulier mais politique, elle fut brûlée sur la place publique à Rouen. Les Anglais eux-mêmes reconnurent: «Nous avons brûlé une sainte». Elle fut canonisée en 1920.

Jeanne d'Arc a aussi sa statue à Montréal, au parc Viger, ainsi que dans nombre d'églises du Québec et même dans les maisons.

Les deux donateurs susmentionnés furent le sculpteur et son mari, A.W. Huntington, de la ville de New York, grands admirateurs de Québec.

Sculpteur: ANNA HYATT HUNTINGTON 1938.

I.P.

1764

LOUIS MARTINET BONAMI: LE FRÈRE LOUIS FRANÇOIS

Plaque à Québec, au No 110 est, rue Saint-Vallier (présentement enlevée).

Vue de l'église et du couvent des Récollets.

À LA MÉMOIRE DU FRÈRE LOUIS DIT BONAMI, RÉCOLLET, INSTITUTEUR (MONTRÉAL, 1764 — QUÉBEC, 1848).

IN MEMORY OF BROTHER LOUIS BORN BONAMI, RECOLLET, TEACHER (MONTRÉAL, 1764 — QUÉBEC, 1848).

C.M.H.Q.

Il naquit à Montréal, le 5 décembre 1764, du mariage de Henri et de Marie Descaris.

Admis frère Récollet, il fut le dernier survivant de son ordre à Québec. Il demeura au monastère de cette congrégation, qui était là où se trouve la cathédrale anglicane actuelle, entre les rues Sainte-Anne, des Jardins et du Trésor.

En 1796, cet édifice et l'église furent incendiés. Comme l'autorité anglaise avait décidé que les Récollets ne pourraient plus recruter de nouveaux sujets, le frère Louis décida de rester dans sa vocation mais de ne plus vivre dans un monastère.

Il alla demeurer, rue Saint-Vallier, chez son neveu Pierre, fils de son frère. Il devint instituteur, durant environ vingt-cinq ans, formant des milliers de garçons à l'école de la paroisse Saint-Jean-Baptiste. Il consacra le reste de son temps à aider au culte de son église, à visiter les malades et à se faire, personnellement et de ses biens, un saint Vincent-de-Paul.

Particulièrement, c'est au frère Louis que l'on doit la conservation du «Drapeau de Carillon» qu'il sauva lors de l'incendie de l'église des Récollets. Il le garda dans un coffre et, à l'âge de 82 ans, il le remit à Louis de Gonzague Baillargé. Cette bannière est précieusement gardée à l'Université Laval.

Le frère Louis décéda en 1848, à Québec.

1766 ET 1779

LE PRESBYTÈRE ET L'ÉGLISE DE SAINT-JOACHIM

À Saint-Joachim, comté de Montmorency.

Les missionnaires de la Côte de Beaupré desservirent les premiers colons de la future paroisse de Saint-Joachim jusqu'en 1668, alors qu'un premier curé en titre fut nommé.

Louis Soumande fut le premier curé résidant, en 1679. Il y dirigea la première école d'Arts et Métiers du Canada.

Mgr de Laval contribua financièrement à la construction de la première église, qui fut bénite en 1686. Celle-ci fut brûlée par les Anglais, en 1759.

En 1766, fut contruit le presbytère, qui servit aussi de chapelle en attenant la nouvelle église. Celle-ci, commencée en 1772, fut bénite en 1779.

La paroisse fut érigée canoniquement en 1721. Elle reçut comme patron Saint-Joachim, parce qu'elle fut détachée de celle de Sainte-Anne-de-Beaupré.

Cette église est classée depuis le 18 juin 1959 et de presbytère depuis le 11 mai 1966.

1768

LORD DORCHESTER, GOUVERNEUR GÉNÉRAL

Guy Carleton, (plus tard lord Dorchester) fut nommé lieutenant-gouverneur de la province de Québec, en 1766, puis gouverneur, en remplacement de Murray, en 1768. C'est lui qui écrivit au gouvernement britannique: «(La) seule mesure propre à rendre justice et à donner satisfaction au Canadiens (est de) maintenir les lois d'Angleterre en matière criminelle et de remettre en vigueur toutes les lois françaises en usage avant la conquête». Ce geste et sa participation à l'«Acte de Québec» (1774) et à l'«Acte constitutionnel» (1791) expliquent pourquoi sa statue a été placée à la façade de l'édifice du Parlement.

Né en 1724, il était lieutenant-colonel et commandant du 72e régiment, en 1757, quand, à la demande de Amherst et de Wolfe, il fut désigné l'état-major de celui-ci. Il participa à la prise de Louisbourg et à celle de Québec.

En 1775, la guerre entre l'Angleterre et ses colonies du Sud du Canada étant déclarée, Dorchester se rendit à Montréal pour y organiser la résistance. Mais, le 13 novembre de cette année, Montgomery entrait dans la ville, alors que Dorchester ne l'avait quittée que trois jours auparavant. Celui-ci, arrivé à Québec, le 19 suivant, après avoir passé près d'être capturé par l'ennemi, prit les dispositions pour défendre la citadelle. Il n'avait que 1,967 soldats dont 710 Canadiens français à opposer à l'envahisseur. Mais, dans l'assaut du 31 décembre, Montgomery fut tué et Arnold blessé, ce qui sauva la ville.

En 1778, Dorchester retourna en Angleterre. Mais huit ans après, Londres lui confia une autre mission au Canada comme gouverneur général, alors qu'il prépara les principaux articles de l'Acte de 1791.

En 1796, il retourna définitivement en Angleterre et mourut à Stubbings, en 1808. En 1772, il avait épousé Maria, fille de Thomas Howard, dont il eut neuf fils et deux filles.

Son esprit de justice et son bon jugement empêchèrent, pour une bonne part, que les Canadiens français fassent cause commune avec les futurs Américains.

Statue à Québec, dans une niche sur la façade de l'Hôtel du Gouvernement, à l'angle de Grande-Allée et Dufferin, à Québec.

DORCHESTER
Sculpteur: Alfred Laliberté.

1775

LA MORT DE RICHARD MONTGOMERY

Plaque à Québec, au pied de la citadelle, rue Champlain.

HERE STOOD THE UNDAUNTED FIFTY SAFEGUARDING CANADA DEFEATING MONTGOMERY AT THE PRES-DE-VILLE BARRICADE ON THE LAST DAY OF 1775 GUY CARLETON COMMANDING AT QUÉBEC.
I.P.

C'est à cet endroit que mourut Richard Montgomery dans la nuit du 31 décembre.

Son ancêtre, le comte de Montgomery, d'origine française, au cours d'une joute à la lance, blessa Henri II, son souverain, et dut s'exiler.

Montgomery naquit en Irlande, en 1736. Il servit sous Wolfe à la prise de Louisbourg, en 1758. Il commanda un régiment, en 1760, lors de la prise du fort Saint-Jean et de Montréal. La guerre terminée, il retourna en Angleterre. Mais, en 1771, il émigra le New York. Deux ans après, il épousa Janet Levingston. En 1775, il était élu député du comté de Duchess au Congrès qui le nomma l'un des huit brigadiers généraux, Philip Schuyler étant major général. Il fut résolu d'envahir le Canada.

Benedict Arnold, avec 1,100 hommes, marcha sur Québec par la rivière Chaudière, alors que Schuyler, secondé par Montgomery, avec 1,500 hommes, prit les forts Chambly, Saint-Jean, puis Montréal. Au début de décembre, les deux armées se joignirent à la Pointe-aux-Trembles (Neuville) puis allèrent assiéger Québec, durant 25 jours, avant d'en tenter l'invasion, vers 4 heures du matin, le 31 décembre, Schuyler au Sault-au-Matelot et Montgomery à Près-de-ville.

Celui-ci, ne sachant pas que l'endroit était défendu par le commandant Louis Chabot (1740-1810) assisté de Alexandre Picard avec environ 45 hommes, dans le pignon d'une maison. Les quelques centaines de Bostonnais, arrivés à une quarantaine de pieds, furent reçus par la mitraille de neuf canons, qui en tua 36 dont Montgomery, en blessa une quinzaine, les autres prenant la fuite.

Mais environ 450 Bostonnais continuèrent d'assiéger la ville jusqu'au six mai alors qu'un vaisseau de guerre anglais et deux frégates arrivèrent à Québec, ce qui mit fin au blocus. Depuis décembre précédent, ceux-ci avaient tiré 780 coups de canon et 180 bombes sur la ville contre 10,466 et 996 respectivement par les assiégés.

1775

13 SOLDATS DU GÉNÉRAL MONTGOMERY INHUMÉS

Plaque à Québec, sur la 3ème côte de la Citadelle, près de la porte Saint-Louis.

THE REMAINS OF THIRTEEN SOLDIERS OF GENERAL MONTGOMERY KILLED IN THE ASSAULT ON QUÉBEC DECEMBER 31, 1775 ORIGINALLY BURIED WITHIN THE BUILDING ARE NOW RESTING UNDER THE ADJACENT STONE, PLACED TO THEIR MEMORY BY SEVERAL AMERICAN CHILDREN ORIGINAL STONE TABLET REPLACED BY THE NATIONAL SOCIETY OF THE SONS OF THE AMERICAN REVOLUTION 1957.

I.P.

Les aides de camp de Montgomery portaient les noms de Cheeseman et McPherson et l'un des soldats susmentionnés s'appelait Alexander Nelson.

Mais le ministre Montmollin, qui officia à leur enterrement, ne prit pas leurs noms. On ne les connaît pas encore. Ils furent inhumés vêtus comme ils l'étaient à leur mort.

Ils le furent dans une fosse commune, sans tombe.

On rapporte que l'un de leurs compagnons d'armes, nommé Henry, pleura de les voir ainsi.

1775

LA DÉFAITE DE ARNOLD

Plaque à Québec, sur la rue Saint-Jacques, à l'angle de la rue du Sault-au-Matelot, à Québec.

HERE STOOD HER OLD AND NEW DEFENDERS UNITING SAVING CANADA DEFEATING ARNOLD AT THE SAULT-AU-MATELOT BARRICADE ON THE LAST DAY OF 1775 GUY CARLETON COMMANDING AT QUÉBEC.

I.P.

Benedict Arnold, ayant joué un rôle important comme officier dans l'indépendance américaine, proposa à Washington d'aller prendre Québec. Le 13 novembre 1775, il y arrivait avec environ mille hommes, après s'y être rendu de peine et de misère par la rivière Chaudière. Il envoya, immédiatement, une sommation à la garnison de se rendre, à laquelle celle-ci ne répondit pas.

Le 6 décembre, Montgomery arriva à son tour, ayant pris Montréal.

L'attaque conjointe se fit, le 31 décembre: Arnold aux barricades du Sault-au-Matelot, Montgomery à celles de Près-de-Ville, pendant que deux corps américains exécutaient une fausse manoeuvre, l'une à la porte Saint-Jean et l'autre près de la citadelle.

Arnold et son second Morgan s'emparèrent des premières barricades, mais ne purent prendre les secondes que défendaient le capitaine Dumas et ses miliciens. Arnold, blessé à la jambe, dut retraiter. Les assiégés, ayant reçu des renforts, firent quatre cents prisonniers. (Ce sont ceux-ci qui, en mars 1776, tentèrent de s'évader et d'ouvrir la porte Saint-Jean, mais furent repris à temps).

Arnold continua d'assiéger Québec jusqu'à l'arrivée de Wooster en avril. C'est alors que, promu brigadier-général, il devint commandant à Montréal.

Né à Norwich (Conn.) en 1741, il fut aussi apothicaire et libraire. Il mourut à Londres, à peu près sans ressource, le 14 juin 1801.

1775 ET 1776

7th ROYAL REGIMENT OF FUSILIERS

Plaque à Québec, sur le mur extérieur du Château Frontenac, face à la place d'Armes.

HONNI SOIT QUI MAL Y PENSE.

1685. VII THE ROYAL REGIMENT FUSILIERS.

THIS TABLET IS ERECTED BY PERMISSION OF HIS MAJESTY KING GEORGE V, COLONEL-IN-CHIEF OF THE ROYAL FUSILIERS BY THAT REGIMENT, THEIR SISTER REGIMENT THE CANADIAN FUSILIERS AND THEIR FRIENDS, TO THE MEMORY OF THE OFFICERS AND MEN OF THE 7th ROYAL FUSILIERS WHO DEFENDED QUÉBEC IN 1775 AND 1776 UNDER SIR GUY CARLETON. AND WHO WITH THE HELP OF THE DETACHMENTS FROM THE ROYAL NAVY AND MERCHANT SHIPPING, THE ROYAL ARTILLERY, ROYAL IMMIGRANTS, ENGLISH AND FRENCH-CANADIAN MILITIA AND VOLUNTEERS, HELP THE FORTRESS AND CITY SECURE DURING A SIEGE OF 154 DAYS THOUGHOUT THE RIGOURS OF A CANADIAN WINTER AGAINST A NUMEROUS AND INTERPRISING ENNEMY.   I.P.

En octobre 1774, les 13 États américains, réunis en congrès, envoyèrent une adresse au peuple anglais protestant contre certaines lois britanniques et contre l'Acte de Québec. D'autre part, ils s'adressaient à la nation canadienne, lui demandant de se joindre à eux pour leur libération.

Les hostilités contre le Canada, possession anglaise, commencèrent par l'escarmouche du 19 avril 1775. Benedict Arnold, Richard Montgomery et Philippe Schyler étaient les principaux officiers américains.

Guy Carleton, en même temps, arrivait comme gouverneur du Canada et constatait que le pays ne comptait que bien peu de soldats pour repousser les envahisseurs. Que feraient les Canadiens?

À la fin de 1775, tout le pays à l'ouest de Québec était entre les mains des Américains. Les Canadiens étaient divisés en trois groupes: les sympathisants, les neutres et les loyaux à l'Angleterre.

La ville de Québec était alors assiégée par environ 1,200 Américains, dont une partie sous les ordres de Arnold, et l'autre, sous ceux de Montgomery, dans la basse-ville. Les assiégés étaient à peine plus nombreux mais bien protégés dans les murs avec des munitions et des vivres. Les Américains y comptaient cependant des amis et des neutres, à qui le gouverneur ordonna d'en sortir. Des marchands anglais se rendirent à l'Île d'Orléans. Les citoyens fidèles se reléguaient, tous les deux jours aux postes de garde, attendant l'appel des cloches pour repousser les attaques. 300 soldats étaient canadiens.

Les Américains, dont l'invasion avait duré de mai 1775 à juin 1776, soit treize mois, retournèrent dans leur pays, poursuivis par l'armée de Burgoyne.

APRÈS 1775 ET 1823-1832

LES TRAVAUX DE TERRASSEMENT AU CAP DIAMANT

Plaque à Québec, sur le Cap Diamant.

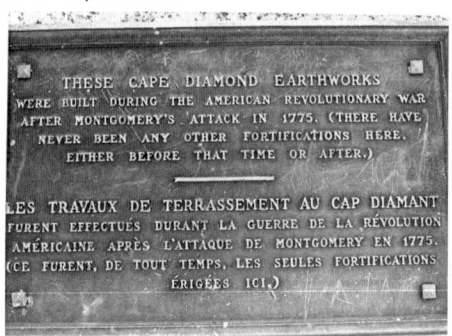

LES TRAVAUX DE TERRASSEMENT AU CAP DIAMANT FURENT EFFECTUÉS DURANT LA GUERRE DE LA RÉVOLUTION AMÉRICAINE APRÈS L'ATTAQUE DE MONTGOMERY EN 1775. (CE FURENT, DE TOUT TEMPS, LES SEULES FORTIFICATIONS ÉRIGÉES ICI).

THESE CAPE DIAMOND EARTHWORKS WERE BUILT DURING THE AMERICAN REVOLUTIONARY WAR, AFTER MONTGOMERY'S ATTACK IN 1775. (THERE HAVE NEVER BEEN ANY OTHER FORTIFICATIONS HERE, EITHER BEFORE THAT TIME OR AFTER).

C.S.M.H.C.

Québec est la seule ville fortifiée de l'Amérique du Nord. C'est le résultat de près de 80 plans successifs.

C'est le gouverneur de Montmagny, qui, dès son arrivée à Québec à ce titre, en 1636, ordonna la transformation du château Saint-Louis, construit par Champlain, en une forteresse de pierre et de brique avec corps de garde. Il confia à Jean Bourdon, ingénieur arpenteur, le soin de préparer le plan de la future ville. Il fit ajouter une enceinte de pierre. Elle fut doublée, lorsque les Hurons, massacrés en grand nombre à leur refuge de l'Île d'Orléans, y cherchèrent protection, en 1656.

Jean-Maurice-Josué Boisberthelot, sieur de Beaucours, participa aux travaux de réparations que Frontenac y fit faire de 1690 à 1698, encerclant la haute-ville de muraille de pierre d'un mille et demi de circuit. Il en traça les plans, construisit les portes Saint-Louis et Saint-Jean et fit ériger une redoute au Cap Diamant.

C'est l'autorité anglaise qui, à la suite de l'invasion américaine de 1813-1814, décida de faire les forteresses actuelles d'une enceinte de 40 acres et d'une périphérie de trois milles, ce qui dura de 1823 à 1832. De 1865 à 1880, pour faciliter la circulation, cinq portes furent rasées; quelques-unes ont été reconstruites heureusement.

La Citadelle est bâtie à 360 pieds au-dessus du niveau du Saint-Laurent, se composant de vingt-cinq bâtisses environ.

Les fortifications ont coûté plus de sept millions de dollars.

1776

LA MAISON GOBERT DITE MAISON DU GÉNÉRAL

À Québec, au No 72, rue Saint-Louis.

La maison actuelle à l'adresse ci-dessus est sur le lieu de celle où fut transportée, la dépouille gelée du général Richard Montgomery. On vint la chercher pour l'inhumation, le 4 janvier suivant.

Jas. Thomson, dans son Journal, écrit: "The body on its being brought within the walls (the garrison) was identified by Mrs. Widow Prentice, who then kept the hotel known by the name of "Free Mason' Hall", by a scar on one of his cheeks, supposed to be a sabre cut, and by the General having frequently lodged at her house on previous occasions of his coming to Québec on business, General Carleton, the then Governor General, being satisfied as to his identity, ordered that the body should be decently buried, in the most private manner, and His Excellency entrusted the business to me. I accordingly had the body conveyed to a small log house in St. Lewis Street, (opposite to the then residence of Judge Dunn), the second from the corner of St. Ursule Street, owned by François Gaubert, a cooper, and I ordered Henry Dunn, joiner, to prepare a suitable coffin; this he complied with, in every respect becoming the rank of the deceased, having covered it with fine black cloth and lined it with flannel."

...«I had a party of my own in waiting at the Château to carry the corpse to the grave at the moment that General Carleton conceived proper; and when I did ascertain his wishes to that effect, I proceeded to Gaubert's, where I was told that Mr. Dunn had just taken away the corpse; this was about the setting of the sun on the 4th January, 1776, I accordingly posted up to the place where I had ordered the grave to be dug, (just alongside of that of my first wife, within, and near the surrounding wall of the powdor magazine, in the gorge of the St. Lewis bastion)".

Jean (et non pas François) Gobert était tonnelier et voiturier. Il était devenu propriétaire de cette maison en 1769. En 1789, il la donnait à son fils Jean. Jean Gobert père mourut en 1799, laissant sa succession à ses sept enfants et à son épouse, Marie-Anne Petitclerc.

Cette vieille maison était encore debout en 1890. L'on croit qu'elle a été démolie par la famille Baillargé qui en fut propriétaire.

1776

L'INHUMATION DU GÉNÉRAL MONTGOMERY

À Québec, plaque à la 3ème côte de la Citadelle, près de la porte Saint-Louis.

EN CET ENDROIT FUT INHUMÉ LE 4 JANVIER 1776, AVEC SES DEUX AIDES DE CAMP McPHERSON ET CHEESEMAN ET QUELQUES SOLDATS, LE GÉNÉRAL AMÉRICAIN MONTGOMERY, TUÉ DANS LE COMBAT DU 31 DÉCEMBRE 1775. LES RESTES MORTELS FURENT TRANSPORTÉS À NEW YORK, ET INHUMÉS PRÈS DE L'ÉGLISE ST. PAUL, EN 1818.

IN THIS PLACE WAS BURIED ON THE 4th OF JANUARY 1776, ALONG WITH HIS TWO AIDES DE CAMP McPHERSON AND CHEESEMAN AND CERTAIN OF HIS SOLDIERS, RICHARD MONTGOMERY, THE AMERICAN GENERAL WHO WAS KILLED DURING THE ATTACKS ON QUÉBEC OF THE 31th OF DECEMBER 1775. IN 1818 HIS REMAINS WERE EXHUMED AND REMOVED TO THE PRECINTS OF ST. PAUL'S CHURCH, NEW YORK.

I.P.

Le 1er janvier 1776, lorsque le commandant de garnison de Québec fut assuré que les Américains étaient en fuite, il envoya chercher les corps de ceux qui avaient été tués, afin de leur donner une sépulture convenable. On trouva Montgomery là où il avait été tué, presque entièrement couvert de neige.

James Thompson, sergent, fit inhumer le général dans une petite nécropole, sur le bord de la route menant à la citadelle. Là reposait l'épouse du sergent, née Prentice.

C'est Thompson qui garda l'épée de Montgomery. Celle-ci était en argent avec sur la poignée un dessin ressemblant à une tête de lion ou de bull-dog; de chaque côté était un aigle déployé. Cette épée mesurait 2'4'' de longueur, dont la lame de 22 pouces. Il y était écrit HARVEY.

En 1878, le marquis de Lorne, gouverneur général, qui avait acquis cette épée pour $150.00, en fit don à la famille Levington, de New York, apparentée à Montgomery.

1778

CHARLES-MICHEL DE SALABERRY, NAQUIT À BEAUPORT

Plaque au No 488, Avenue Royale, Beauport.

LE HÉROS DE CHÂTEAUGUAY, CHARLES-MICHEL DE SALABERRY, NAQUIT ICI LE 18 NOVEMBRE 1778.

Le héros d'Odelltown, Four Corners et Châteauguay naquit à Beauport, le 19 novembre 1778.

Ses ancêtres, originaires de Gascogne, avaient été anoblis pour leurs exploits. Leur devise était: «Force à superbe, mercy à faible».

Son grand-père, Michel, capitaine au long cours, arriva au Canada en 1735. Pour services rendus, il reçut la croix de Saint-Louis.

Son père, Louis-Ignace, né à Beauport en 1752, officier, exerça plusieurs autres fonctions importantes, particulièrement: député, magistrat, conseiller législatif. Son hospitalité dans sa maison de Beauport gagna l'amitié du fils du roi, le duc de Kent. Celui-ci se fit le protecteur de ses fils.

Sa mère, Françoise-Catherine, était la fille de Joseph Hertel de Saint-François, seigneur de Pierreville.

Il était l'aîné d'une famille de dix.

À quatorze ans, il était déjà soldat. Deux ans après, il était enseigne et partait pour les Indes Occidentales. Lieutenant à 17 ans, il prit part à maintes campagnes militaires en plusieurs pays, pour l'Angleterre, gagnant ses grades.

Mais, en 1812, grâce au duc de Kent, il revint au Canada; il devint lieutenant colonel.

Le gouverneur Prévost, effrayé d'une prochaine invasion américaine, lui demanda de lever un corps d'élite parmi les Canadiens de langue française, ce qui, vu les circonstances, devait être difficile. Mais grâce à sa réputation de chef, sa sympathie et sa diplomatie, ce fut une réussite. Il sut être un chef aimé de tous, ce qui explique en bonne partie son succès sur les champs de bataille.

En 1812, il avait épousé, à Chambly, Marie-Anne-Julie, fille de Jean-Baptiste-Melchior Hertel, seigneur de Rouville; sept enfants furent issus de ce mariage.

Alors qu'il participait à une soirée chez M. Hatte, à Chambly, il fut frappé d'apoplexie, le 26 février 1829, et mourut le lendemain, bénissant ses enfants.

VERS 1780

LA MAISON MERCIER

À Québec, aux Nos 113, 115, 117, rue Saint-Paul.

La maison Mercier fut construite vers 1780.

Elle mérite ce nom, parce qu'elle appartient à la famille Mercier depuis 1886; elle en possède des copies de contrats remontant jusqu'en 1806.

La raison sociale LOUIS MERCIER & CIE, ENRG. est affichée sur cette bâtisse depuis fort longtemps. Au-dessus de la porte et de la vitrine était écrit en grosses lettres, autrefois: MARCHANDS ÉPICIERS — GROS ET DÉTAIL.

Cette maison a été classée par le ministère des Affaires culturelles pour son style, le 25 septembre 1963.

Elle a trois étages et un grenier. Elle mesure 57' x 36'. Elle a deux cheminées. Il y a des foyers à chaque étage.

1779 OU 1780

LA MAISON LÉGARÉ (VAN FELSON)

À Québec, aux Nos 15-17, rue des Jardins.

Cette maison fut construite, en 1779 ou 1780, pour Anthony Van Felson, boucher bien connu alors, à Québec. Il avait acquis le terrain de 30' par 80', en 1779, de Georges Hips, qui y avait déjà fait ériger une boucherie en pierre de 30' par 17'.

Elle est remarquable par son style mais, particulièrement, par ses panneaux en bois sculptés par Pierre Émond (1738-1808), ainsi que par ses portes et le manteau de cheminée Louis-Quinze.

En 1817, Jean Amiot, célèbre orfèvre, de Québec, la loua quelques années. En 1824, la maison servit de taverne.

Antony Val Felson, né en 1752, fils de William, seigneur de la Baie des Chaleurs, et de Geneviève Dickson, épousa, à Québec, en 1775, Marie-Joseph Mounié. Ses fils furent: Antoine, qui fut curé de Beauport, et George, qui devint avocat général. Celui-ci, en 1847, vendit l'immeuble à George Pozer, reconnu comme millionnaire, qui en fit don à son petit-fils, Georges Alford. Ce dernier la vendit, en 1895, à Alphonse Légaré, barbier, qui en avait été locataire depuis 1844.

Le Gouvernement du Québec, par son ministère des Affaires culturelles en fit l'acquisition; il l'a classée monument historique le 17 mai 1960.

1784

LE DOCTEUR JACQUES LABRIE

Plaque à Saint-Charles, au centre du village.

SAINT-CHARLES (BELLECHASSE). LE DOCTEUR LABRIE, PATRIOTE, DÉPUTÉ ET HISTORIEN, NAQUIT À SAINT-CHARLES DE BELLECHASSE LE 4 JANVIER 1784.

SAINT-CHARLES (BELLECHASSE). DR. LABRIE "PATRIOTE", MEMBER OF PARLIAMENT AND HISTORIAN, WAS BORN AT SAINT-CHARLES DE BELLECHASSE ON THE 4th OF JANUARY 1784.

C.M.H.Q.

Jacques Labrie exerça sa profession de médecin à Saint-Eustache, qui devait être si douloureusement éprouvé en 1837. Sa fille aînée, Marie-Zéphirine, fut l'épouse du docteur Jean-Olivier Chénier, chef des Patriotes de la région et qui devait payer de sa vie, le 14 décembre 1837, son dévouement à la cause de l'indépendance.

Il vit le jour à Saint-Charles en 1784, fils de Jacques et de Marie-Louise Brousseau. Son ancêtre, le premier arrivé au Canada, Pierre Nau dit Labrie, était soldat; il avait épousé à Québec, en 1692, Marie-Thérèse Garant.

Le curé de Jacques Labrie, Louis-Paschal Sarault, fut son professeur d'éléments latins; il obtint son admission au séminaire de Québec.

C'est le docteur Blanchet qui lui enseigna la médecine. Labrie employait alors ses loisirs à écrire des articles pour le COURRIER DE QUÉBEC. Il obtint un diplôme en médecine de la faculté d'Édimbourg, en Écosse, en 1808.

À Saint-Eustache, il se mêla à la population qui l'élit député des Deux-Montagnes, en 1827. Il y fonda des écoles.

Il écrivit plusieurs ouvrages, ABRÉGÉ DE L'HISTOIRE D'ANGLETERRE et OBSERVATIONS SUR LA CONSTITUTION DU BAS-CANADA et, particulièrement, L'HISTOIRE DU CANADA. Celui-ci n'était qu'en manuscrit.

Il fut chirurgien du 2e bataillon de la milice canadienne.

Il avait épousé, en 1809, Marie-Marguerite, fille du notaire Gagnier, de Saint-Eustache; neuf enfants naquirent de cette union.

Il décéda en 1831, son gendre lui succédant comme médecin.

VERS 1785

LA MAISON PAGÉ

À Lotbinière, au centre du village, au côté nord de la route No 3.

Cette maison, qui a été classée le 24 juillet 1968 (No 2268), est de style québécois. On en rencontre de semblables, surtout dans la région de Montréal. Celle-ci, cependant, a ses murs de pierres de champ qui dépassent la couverture, aux extrémités.

Ses cheminées sont typiques. Ses fenêtres sont grandes avec de toutes petites vitres; elles sont rapprochées. Sa porte principale est large, entourée de fenêtres étroites.

L'intérieur est accueillant. On y remarque, particulièrement, un grand foyer. Au-dessus de celui-ci est gravée la phrase suivante: FACTA IN ANNO 1785 (Fait en l'année 1785).

On présume que c'est, aussi, à peu près la date de la construction de la maison. Malgré nos multiples démarches, nous n'avons pas pu obtenir son historique.

1787

LE VIEUX CHÂTEAU OU LE CHÂTEAU HALDIMAND

Plaque à Québec, sur le mur extérieur du Château Frontenac, face à la place d'Armes.

ICI, S'ÉLEVAIT LE VIEUX-CHÂTEAU OU CHÂTEAU HALDIMAND, ÉTABLI SUR UNE COURTINE DE L'ANCIEN FORT SAINT-LOUIS. COMMENCÉ EN 1784 INAUGURÉ EN 1787, CET ÉDIFICE FUT DÉMOLI EN 1892, POUR FAIRE PLACE AU CHÂTEAU FRONTENAC.

HERE STOOD THE CHÂTEAU HALDIMAND, OR VIEUX-CHÂTEAU, OCCUPYING PART OF OUT WORKS OF THE FORT ST. LOUIS. BEGUN IN 1784, COMPLETED IN 1787, THIS EDIFICE WAS DISPLACED BY THE ERECTION OF THE PRESENT CHÂTEAU FRONTENAC IN 1892.

I.P.

C'est Champlain qui, en 1620, commença à faire construire en bois le fort Saint-Louis qui s'élevait, en plus grand, au lieu du Château Frontenac actuel. En 1626, il le fit remplacer par un autre, aussi en bois. C'est dans celui-ci qu'il habita et mourut. Depuis 1636, de Montmagny commença à le faire reconstuire en pierre, travaux qui durèrent jusqu'en 1648. En 1694, le fort tombait en ruines. Frontenac le fit reconstruire.

Le château Saint-Louis, situé dans le fort et près de la falaise, fut commencé en 1647; il fut restauré trois fois: en 1764, en 1786 et de 1808 à 1811. Mais, le 23 janvier 1834, un incendie le détruisit.

Durham, en 1838, fit raser les ruines, puis faire une terrasse de 160 pieds de longueur (du nord au sud) avec une balustrade en bois du côté du Saint-Laurent, qu'on appela Durham. Sur les conseils de Lord Dufferin, cette terrasse, en 1854, fut allongée par l'Hon. M. Chabot, ministre des Travaux publics. C'est pourquoi on lui donne maintenant le nom de Dufferin.

Haldimand, en 1784, y fit commencer un corps de logis destiné aux réceptions officielles, aux bals, etc. Celui-ci fut inauguré en 1787. Lorsque les gouverneurs (anglais) s'en servirent comme résidence, on se mit à l'appeler CHÂTEAU SAINT-LOUIS alors que le peuple désigna sous le nom CHÂTEAU NEUF l'ancienne bâtisse réparée et VIEUX-CHÂTEAU ou CHÂTEAU HALDIMAND celle érigée par celui-ci.

En 1892, tout ce qui restait de cette partie de l'ancien fort fut rasé pour la construction du CHÂTEAU FRONTENAC. Celui-ci eut comme architecte Bruce Price, qui lui donna le style d'un château du moyen-âge avec une empreinte renaissance.

1788

L'ÉGLISE DE SAINT-ANTOINE-DE-TILLY

À Saint-Antoine-de-Tilly, comté de Lotbinière.

Cette église fut bénite le 24 septembre 1788 par le curé Noël. Assistaient à cette cérémonie, entre autres, Mgr Bailly de Messein, évêque de Capse et coadjuteur de Mgr l'évêque Hubert, Jean-Baptiste Noël, seigneur de Tilly et de nombreux paroissiens.

Elle est demeurée sensiblement la même, sauf la façade, malgré de nombreuses réparations faites depuis si longtemps.

Le 31 août 1700, Pierre-Noël Le Gardeur de Tilly, lieutenant dans les troupes du détachement de la marine, acheta pour 3,000 livres la seigneurie Villieu de Claude Sébastien de Villieu. Il lui donna le nom de seigneurie de Tilly. Lui et son épouse, Madeleine Boucher, firent don d'un terrain à la fabrique, en 1712, pour y bâtir une église et un presbytère.

Une chapelle fut d'abord érigée sur ce terrain mais, en 1721, il fallut la remplacer par une église, qui dura 67 ans.

On remarque dans l'église actuelle les peintures suivantes: **Saint-Antoine de Padoue, l'Intérieur de Nazareth, Les stigmates de Saint-François-d'Assise, La visitation** de A. Audry, ainsi que **Jésus** au milieu des docteurs, copie de S. Masse.

Cette église a été reconnue monument historique par la Commission des Monuments historiques du Québec, le 28 mai 1963.

FIN DU 18ième SIÈCLE

LA VIEILLE ÉCOLE DE FABRIQUE DE SAINT-FRANÇOIS, I.O.

À côté de l'église.

Cette école de Fabrique est typique de la fin du 18ième siècle.

Entièrement en bois, ses longs pans sont recouverts en planches à clin (clapboard), tandis que les façades latérales le sont en bardeau de cèdre.

La tôle à la canadienne recouvre la toiture comprenant lucarnes et trois cheminées. Les fenêtres françaises sont à deux volets (3 carreaux par volet) et ont des chambranles en bois de pin mouluré.

On a placé cette école un peu en arrière et à droite de l'église paroissiale, lorsque l'on redressa la mauvaise courbe de la route près de laquelle elle était auparavant, en 1959. C'est alors qu'on la restaura.

C'est le 29 mars 1966 que la Commission des Monuments historiques la classa.

La loi autorisant les écoles de Fabrique fut votée en 1824. Elle avait un double but: ruiner le monopole qui était en train de s'établir par l'Institution Royale, et attribuer un quart des revenus des Fabriques à la fondation et au maintien de l'école paroissiale, sous l'autorité du curé.

Ce système reconnaissait le principe de la liberté d'éducation et la séparation des deux nationalités du Bas-Canada, dans ce domaine.

En 1829, 63 écoles de Fabrique avaient été fondées. Il y avait alors 14,700 étudiants. En 1837 et 1847, ce chiffre s'élevait respectivement à 37,000 et à 60,000.

DE 1791 À 1794

KENT HOUSE

À Montmorency, plaque sur la maison appelée «Kent House», au No 2490, avenue Royale.

KENT HOUSE. BUILT AND OCCUPIED BY GENERAL SIR FREDERIC HALDIMAND, GOVERNOR GENERAL OF CANADA, 1778-86. FELD MARSHAL HIS ROYAL HIGHNESS THE DUKE OF KENT, FATHER OF QUEEN VICTORIA, LIVED HERE WHEN COMMANDING THE SEVENTH ROYAL FUSILLIERS, 1791-94.

I.P.

Le duc de Kent, père de la reine Victoria, n'a demeuré que peu de temps dans cette maison, qui ne porte son nom que depuis vers 1890.

C'est le général Frederic Haldimand, gouverneur général depuis 1778, qui la fit construire. Il avait été enthousiasmé par le site environnant la chute Montmorency. Il acheta, en 1770, des frères Raphaël et Pierre Vachon environ trente arpents en superficie situés du côté sud-ouest de cette chute, depuis le Saint-Laurent, qu'il devait agrandir en 1791. Il construisit cette villa, la même année, à laquelle il ajouta, l'année suivante, un belvédère et un balcon sur huit poutres, avançant tout près de la cataracte. On appelait cette demeure KENT LODGE, quand le duc l'occupa.

C'est en 1791 que celui-ci la loua au général Haldimand, après le départ définitif de ce dernier. Une des raisons de ce choix était qu'il se trouvait à près de deux milles à peine de Beauport où demeurait son ami, Louis de Salaberry (le père de Charles-Michel, le héros de Châteauguay).

Cette propriété passa en plusieurs mains, entre autres entre celles du seigneur Antoine Juchereau Duchesnay, John Johnson et Peter Paterson; ce dernier construisit un moulin à scie, actionné par la chute, des quais et des estacades.

En 1890, une compagnie de chemin de fer fit un parc d'amusement d'une bonne partie de ce terrain; c'est elle qui donna le nom de KENT HOUSE.

1792 À 1794

LA MAISON DU DUC DE KENT

À Québec, plaque sur cette maison, au No 25, rue Saint-Louis.

MAISON DU DUC DE KENT. D'AILLEBOUST, GOUVERNEUR DE LA NOUVELLE-FRANCE, HABITA CETTE MAISON EN 1648. DE RAMEZAY Y SIGNA LA CAPITULATION DE QUÉBEC EN 1759. LE DUC DE KENT, PÈRE DE LA REINE VICTORIA, Y VÉCUT DE 1792 À 1794.

KENT HOUSE. D'AILLEBOUST, GOVERNOR OF NEW FRANCE, OCCUPIED THIS HOUSE IN 1648. DE RAMEZAY HERE SIGNED THE CAPITULATION OF QUÉBEC IN 1759. THE DUKE OF KENT, FATHER OF QUEEN VICTORIA, RESIDED HERE FROM 1792 TO 1794.
C.M.H.Q.

Cette maison est l'une des plus vieilles, peut-être la plus vieille, de Québec. C'est Louis D'Ailleboust, gouverneur de la Nouvelle-France (1648-1651) et son épouse, Marie-Barbe de Boulogne, qui furent les premiers propriétaires du terrain où ils firent construire leur résidence, vers 1650; il y a eu des transformations depuis, mais le premier étage est demeuré tel quel.

Elle porte ce nom, parce que le duc de Kent (Édouard-Auguste: 1767-1820), fils de Georges III et le père de la reine Victoria, arrivé à Québec, en août 1791, l'habita durant trois ans avec la belle madame de Saint-Laurent, comme locataire à 90 louis par année.

Elle passa entre les mains d'un grand nombre de propriétaires, dont, particulièrement: les Dames de l'Hôtel-Dieu, Louis-Théandre Chartier de Lotbinière, lieutenant civil et criminel de Québec, son fils René-Louis qui lui succéda à cette charge, Jean-Baptiste-Nicolas-Roch de Ramezay, lieutenant du Roi à Québec et signataire de la capitulation de Québec, Adam Mabane, juge de la Cour des Plaidoyers Communs, qui la loua au duc de Kent, John Craigie, membre du Conseil exécutif de Sa Majesté, le juge Jean-Olivier Perreault, les hon. Henri-Elzéar Duchesnay, Thomas McGreevy, Jean-Thomas Taschereau, etc.

C'est dans cette maison, qu'habitait Jean-Baptiste-Nicolas-Roch de Ramezay (fils du gouverneur de Montréal), que Joannes vint, le 18 septembre 1759 à huit heures du matin pour faire signer par Ramezay la capitulation de Québec, laquelle le fut par Saunders et Townshend à leur camp.

VERS 1793

LA MAISON JAMES-THOMPSON

À Québec, au No 47, rue Sainte-Ursule et 4, ruelle des Ursulines.

Cette maison, probablement, a été construite, entre 1791 et 1795, par James Thompson, surveillant des travaux militaires du roi George III. Elle fut érigée sur un terrain cédé, en 1789, par les Ursulines à Charles Cornélier dit Grandchamp. Les descendants de James Thompson l'habitèrent jusqu'en 1853. Vers 1830, des modifications y furent apportées.

James Thompson, né à Tain, Ross-Shire, Écosse, en 1733, s'engagea volontaire dans le 78e Régiment (Fraser Highlanders) et prit part non seulement à la prise de Louisbourg (1758) mais aussi de Québec (1759). De 1763 à 1772, il fut responsable des travaux de la garnison de Québec et comme surveillant jusqu'en 1819. Il participa ainsi, particulièrement, à l'érection des travaux de défense lors du siège de Québec par les Américains (1775-76), aux réparations des casernes Dauphine et de celles de l'Artillerie, à la construction du «Château Haldimand».

Âgé de 94 ans, comme Grand Maître des Francs-Maçons de Québec, il donna «the three mystic taps with the mallet» à la pierre angulaire du monument Wolfe-Montcalm, érigé dans le jardin du Gouverneur.

C'est lui qui se chargea de l'inhumation de Montgomery (1776). Il mourut à Québec, le 25 août 1831.

1796

LA TRANSLATION DES RESTES DES GOUVERNEURS

Plaque dans la basilique de Québec, rue de la Fabrique.

À LA MÉMOIRE DES GOUVERNEURS DE LA NOUVELLE-FRANCE DÉCÉDÉS À QUÉBEC, DONT LES RESTES, INHUMÉS D'ABORD DANS L'ÉGLISE DES RÉCOLLETS, FURENT TRANSPORTÉS DANS CETTE ÉGLISE EN SEPTEMBRE 1796:

LOUIS DE BUADE, COMTE DE FRONTENAC, CHEVALIER DE SAINT-LOUIS, 28 NOVEMBRE 1698.

HECTOR DE CALLIÈRES, CHEVALIER DE SAINT-LOUIS, 26 MAI 1703.

PHILIPPE RIGAUD, MARQUIS DE VAUDREUIL, COMMANDEUR HONORAIRE DE SAINT-LOUIS, 10 NOVEMBRE 1725.

JACQUES-PIERRE DE TAFFANEL, MARQUIS DE LA JONQUIÈRE, COMMANDANT HONORAIRE DE SAINT-LOUIS, CHEF D'ESCADRE DES ARMÉES NAVALES, 17 MAI 1752. R.I.P.

C.M.H.Q.

Le 6 septembre 1796, l'église et le couvent des Récollets furent la proie des flammes. Ils servaient jusqu'alors respectivement au culte des Protestants et de prison d'État, ayant été dévolus au gouvernement britannique.

Mais le 11 suivant, l'on trouva sous la masure des ossements de religieux ainsi que les cendres des gouverneurs Frontenac, Callières, Vaudreuil et Jonquière.

La translation se fit le même jour après la grand'messe, alors que l'on mit ces restes dans un cercueil.

C'est en 1890 que Mgr Faguy, curé de la paroisse, fit graver sur le marbre le texte précité et fit placer celui-ci à l'entrée de la chapelle Saint-Joseph.

1797

LA PORTE PRESCOTT

Plaque à Québec sur un mur, côté est de la Côte de la Montagne.

ICI S'ÉLEVAIT LA PORTE PRESCOTT, CONSTRUITE EN 1797, RÉÉDIFIÉE EN 1823, ET DÉMOLIE EN 1871.

HERE STOOD PRESCOTT GATE, BUILT IN 1797, REBUILT IN 1823, AND TAKEN DOWN IN 1871.

I.P.

Cette porte fut ainsi appelée en souvenir de Robert Prescott, qui fut le sixième gouverneur général du Canada de 1796 à 1807. C'est alors qu'il exerçait cette fonction et celle de commandant de l'armée qu'il fit compléter les fortifications de Québec.

Né en Angleterre, il prit part à la prise de Louisbourg en 1758. Il fut ensuite l'aide de camp du général Amherst et fit partie de l'armée de Wolfe à la bataille des plaines d'Abraham.

Il participa à la guerre lors de l'Indépendance américaine, alors qu'il se distingua particulièrement à Long-Island et à Rhode Island où il fut fait prisonnier.

Gouverneur de la Martinique où il se gagna l'amitié des Anglais et des Français, il fut ensuite lieutenant gouverneur et administrateur du Canada.

Comme gouverneur général au pays, il se fit des ennemis parce qu'il s'opposait à ceux qui voulaient se créer des monopoles en terres. Ceux-ci portèrent plainte contre lui à Londres, où il fut rappelé en 1799. Il mourut en Angleterre, en 1816.

C'est aussi en son honneur qu'une ville et un comté de l'Ontario portent son nom.

1799

MGR IGNACE BOURGET, DEUXIÈME ÉVÊQUE DE MONTRÉAL

Monument et plaque à Lauzon, sur le chemin Mgr Bourget, près de l'autoroute No 20.

Au pied du calvaire: À LA MÉMOIRE DE MGR IGNACE BOURGET ARCH. DE MONTRÉAL. SOCIÉTÉ ST-JEAN-BAPTISTE DE LAUZON 1946.

Sur la plaque: MONSEIGNEUR IGNACE BOURGET, DEUXIÈME ÉVÊQUE DE MONTRÉAL, NAQUIT DANS UNE MAISON SITUÉE À QUELQUES PAS D'ICI LE 30 OCTOBRE 1799. MONSEIGNEUR IGNACE BOURGET, SECOND BISHOP OF MONTRÉAL, WAS BORN IN A HOUSE CLOSE BY.
                                    C.M.H.Q.

Mgr Bourget, né à Saint-Joseph de Lévis, en 1799, de Pierre et de Thérèse Paradis, était le onzième d'une famille terrienne de treize enfants. Les Bourget étaient au Canada depuis plusieurs générations, le premier arrivé au pays, Claude, venait de Saint-Sauveur de Blois, en Loir-et-Cher.

Ignace, suivant l'exemple de son frère devenu plus tard prêtre, fit ses études classiques au séminaire de Québec. À dix-neuf ans, il choisit aussi la prêtrise, entrant au séminaire de Québec. Mais, aussitôt, le collège de Nicolet ayant besoin de professeur, il y fut dirigé pour enseigner la grammaire tout en faisant sa théologie. Trois ans après, alors qu'il n'était que sous-diacre, il fut invité à devenir le secrétaire de Mgr Lartigue, premier évêque de Montréal. C'est ce dernier qui l'ordonna en 1822 et le garda près de lui jusqu'à sa mort, ayant été son confident et appui.

En 1837, l'abbé Bourget devenait le coadjuteur de Mgr Lartigue, à qui il succéda trois ans plus tard. Il dirigea son diocèse durant 36 ans, avec une ténacité et un dévouement inlassables.

Il divisa son diocèse en paroisses, celles-ci n'ayant été jusqu'alors que des succursales de la paroisse Notre-Dame des Sulpiciens. Il devint le véritable évêque de qui relèvent les prêtres, religieux et religieuses. Ces réalisations ne furent pas faciles.

Il obtint que plusieurs communautés viennent s'établir dans son diocèse, où elles réalisèrent des oeuvres extraordinaires: les Oblats (1841), les Jésuites (1842), les Dames du Sacré-Coeur (1842), les Soeurs du Bon-Pasteur (1884), etc. Il érigea lui-même 75 paroisses. Il présida à l'érection du diocèse de Saint-Hyacinthe. Il entreprit la construction de la cathédrale actuelle. C'est lui qui multiplia les démarches pour fonder la succursale à Montréal de l'Université Laval.

À l'âge de 77 ans, il démissionna, ayant Mgr Édouard-Charles Fabre comme coadjuteur. Il décéda à la retraite Saint-Janvier au Sault-au-Récollet, considéré déjà comme un saint.

VERS 1800

LA MAISON DU FORT

À Québec, au No 10 de la rue Sainte-Anne, à l'angle de la rue du Fort.

La rue du Fort porte ce nom parce qu'elle conduisait au vieux fort Saint-Louis, qui se trouvait à l'extrémité nord-est de la terrasse Dufferin, au-dessus de la rue Sous-le-Fort, d'aujourd'hui.

Ce fut, à sa construction par Champlain en 1620, d'abord un fortin de bois. C'est Montmagny qui, en 1636, en fit une forteresse de pierre et de brique avec corps de garde.

Du côté est de cette rue se trouvait la Grande place qui s'étendait jusqu'à la Côte de la Montagne, et du côté ouest, la place d'Armes actuelle, qui, au temps de Champlain, était un champ de céréales.

La maison du Fort, classée le 11 novembre 1964 (No 2153) avec son toit en cône, ses petites tourelles et ses murs blancs, attire l'attention en son site privilégié.

Elle sert, particulièrement, de musée. Un spectacle «son et lumière» sur une maquette du XVIIIe siècle de 450 pieds carrés, reconstitue le raid des Kirke, les invasions de Phipps et de Walker, les batailles des plaines d'Abraham et de Sainte-Foy ainsi que le siège d'Arnold et de Montgomery.

VERS 1800

LA MAISON JACK

À Ville Vanier, au No 8 de l'avenue Savard.

Cette maison tient son nom de John Jack qui, après en avoir été le locataire, en devint propriétaire, en 1890, lorsqu'il en fit l'acquisition du notaire Louis Falardeau. Ce dernier l'avait lui-même achetée, en 1858, de la succession du juge Jonathan Sewell.

John Jack, d'origine écossaise, était cultivateur. Père de neuf enfants, il a laissé des descendants encore vivants, dans la région de Québec.

Cette maison, de type rural, a un étage et demi. Son toit en tôle à la canadienne est orné de sept lucarnes, de chaque côté. Deux grosses cheminées sont à ses extrémités.

Dans la liste de ses propriétaires, l'on en trouve plusieurs qui sont bouchers; c'est que l'une des bâtisses de cette propriété servait d'abattoir.

Le terrain où se trouve cette maison, faisant partie autrefois du territoire dit «Petite Rivière», est un démembrement du plus vieux fief du Canada, avec celui du Sault-au-matelot, tous deux concédés à Louis Hébert, en 1626, par le duc de Vantadour, vice roy de la Nouvelle-France, parce «que depuis plusieurs années, il a souffert de longs et pénibles travaux, périls et dépenses supportées sans intermission à la découverte des terres de Canada et qu'il est le chef de la première famille qui ait habité depuis».

Ce fief, au décès de Louis Hébert, en 1627, passa à sa fille Guillemette, épouse de Guillaume Couillard, dont l'aîné de leurs dix enfants, Louis, porta le nom de Lespinay, comme avait commencé à le faire son père. LESPINAY est une commune dans le Pas-de-Calais (Somme), France.

ENTRE 1800 et 1843

LA MAISON LECLERC

À Québec, au No 20, rue Saint-Flavien

La maison Leclerc porte ce nom, parce qu'elle a été classée monument historique, le 4 octobre 1967 (No 2771), à la demande de ses propriétaires les soeurs Florence, Lucienne et Mathilde Leclerc. Celles-ci l'avaient héritée de leur père, J. Arthur, qui l'avait acquise en 1932.

Elle mesure 26' de front par 24' de profondeur et est en pierre et en brique.

L'Inventaire canadien des édifices historiques mentionne vers 1800 pour la date de sa construction; dans les contrats des propriétaires l'on constate que cette maison existait avant 1843.

Parmi les personnages qui l'habitèrent, mentionnons Eugène Hamel, artiste peintre et employé civil. Il était le fils d'Abraham et de Cécile Roy. Ce dernier avait fait l'acquisition de la maison en 1872. Il fut, avec ses frères Joseph et Ferdinand, propriétaire d'une importante maison d'importation, à la Côte de la Montagne, et devint fort riche.

ENTRE 1800 ET 1810

LA MAISON JOBIN

À environ un mille à l'est de Neuville, sur la route No 2, côté nord, au haut d'une côte, (No 18).

Cette maison a été construite à une date imprécise, entre 1800 et 1810, présumément par Michel Loriot.

Les Loriot furent propriétaires de la terre durant sept générations au moins, ainsi:

Jean, marié, en 1670, à Agathe Merlin. Dans le recensement de 1681, il est mentionné comme maçon âgé de 43 ans; elle a 30 ans. Leurs enfants: Jeanne, 10 ans et Joseph, 6 ans. Ils possédaient alors: 25 arpents en valeur, 3 bêtes à cornes et un fusil.

Joseph, marié, en 1699, à Marie-Jeanne Roguon, remarié, en 1715, à Charlotte Delâge.

Pierre-Joseph, marié, en 1727, à Marie-Jeanne Delâge, puis, en 1735, à Gabrielle-Jean Denys.

Michel, marié, en 1769, à Marguerite Germain.

Michel, marié, en 1816, à Euphrasie Mercure.

Joseph, en 1867, marié à Mélina Gauvin.

Et Michel, en 1901, marié à Marie Jobin.

Elle appartint ensuite à Ovila Jobin, marié, en 1935, à Aline Côté, puis à Michel Jobin, marié, en 1965, à Françoise Germain. C'est celui-ci qui, le 3 juin 1964, obtint que la maison fût classée monument historique, ce qui explique son nom.

Cette maison, qui contient cinq pièces au rez-de-chaussée et trois à l'étage supérieur, magnifiquement située, attire l'attention par son style.

1800-1803

L'ÉGLISE DE L'HÔTEL-DIEU

À Québec, rue Charlevoix.

Cette église fut construite durant les années 1800-1803, suivant les plans préparés par «M. Emond, entrepreneur». C'est l'abbé Henry-François Gravé-de-la-Rive, vicaire-général, qui posa la première pierre, le 22 mai 1800, et Mgr Joseph-Octave Plessis, alors coadjuteur de Mgr Pierre Denaut, dixième évêque de Québec depuis 1797, qui l'a consacrée, le 29 septembre 1803.

Suivant un contrat passé devant le notaire Ant. Parent, le 7 juillet 1829, c'est Thomas Baillargé qui y fit la décoration.

Soeur Geneviève Parent dite de Saint-François était supérieure au moment du lancement des travaux, laquelle fut remplacée, l'année suivante, par Soeur Marie-Vénérande Melançon dite de Sainte-Claire.

En 1961, les tableaux et objets précieux suivants, placés dans cette église, ont été classés par la Commission des monuments historiques du Québec:

1.- Tableaux: DESCENTE DE LA CROIX par Antoine Plamondon; VISION DE SAINTE-THÉRÈSE par François-Guillaume Menageot (1744-1816); SAINT-ANTOINE-DE-PADOUE par Louis Hubert Triaud (1794-1830). (On a affirmé que c'était une copie de Louis Ferrus, mais la toile porte la signature «Triaud, 1830»). LES DOUZE APÔTRES ET LES ÉVANGÉLISTES par Louis-Joseph Dulongpré (1754-1843).

2.- Objets précieux: Statue en chêne de NOTRE-DAME DE TOUTES-GRÂCES, à l'autel latéral gauche; un grand crucifix sauvé de l'incendie de 1755; le crucifix outragé, au-dessus du tabernacle du maître-autel; ornement noir, dalmatiques, étole et manipules, donnés par la duchesse d'Aiguillon en 1675; missel romain avec appliqués d'argent, datant de 1761; pupitre porte-missel en bois, aux armes de la duchesse d'Aiguillon; burettes et plateau (1642), encensoir, ciboire en vermeil martelé, dons de M. Danne Marche, orfèvre, de Paris; calice donné par la duchesse de Berry; bénitier et goupillon, provenant de la chapelle des Jésuites et remis à l'Hôtel-Dieu par le Gouvernement anglais, vers 1800; lampe du sanctuaire, donnée par M. de Courcelles, en 1665.

1802

LA MAISON MALENFANT

À Québec, au No 37, rue Sainte-Ursule.

Richard Goldsworthy, contremaître des travaux du roi à Québec, fut, probablement, le constructeur de cette maison, érigée sur le lot qu'il possédait, en 1802.

À remarquer la porte centrale extérieure vitrée, surmontée de deux grandes fenêtres, dont l'une rectangulaire et l'autre semi-circulaire, permettant d'éclairer au maximum le portique. À souligner aussi qu'il n'y a pas de marche à l'entrée. Un règlement municipal, adopté deux ans auparavant, interdissait de telles marches sur le trottoir.

À l'intérieur, il y a deux beaux manteaux de cheminée.

De 1838 à 1842, le Lieut. Col. Chaplin, des Goldstream Guards, habita cette maison; dans l'Album Chaplin, aux Archives publiques du Canada, on peut voir une peinture de celle-ci.

Cette maison a été classée le 4 février 1960 à la demande de son propriétaire dont elle porte le nom.

1803-1804

LA MAISON SEWELL

À Québec, au No 87, rue Saint-Louis.

Cette maison fut construite en 1803 et 1804. Elle était spacieuse pour l'époque. Elle servit de demeure à plusieurs personnalités et vit des assemblées orageuses ainsi que de nombreux bals et même des deuils.

C'est là que décéda, en 1819, Janet Levington, native de New York, veuve du juge en chef William Smith. Le juge Jonathan Sewell, après l'avoir habitée durant trente-cinq ans et avoir eu vingt-deux enfants, y mourut en 1839, de même que sa veuve, dix ans après.

En 1854, le gouvernement en fit l'acquisition pour $20,000, dans l'intention d'y ouvrir une école nautique. Mais, de 1859 à 1865, elle abrita le département des postes; de 1860 à 1865, le général Monk y eut aussi ses bureaux.

Le premier lieutenant-gouverneur du Québec sous la Confédération, Narcisse Belleau, y eut ses bureaux. Le conseil des ministres y délibéra plusieurs années, dans la salle du second étage.

En 1885, le comte de Premio-Réal, consul général d'Espagne, y habita.

L'École de cavalerie ayant été fondée en 1888, ses officiers y demeurèrent; il en fut de même, ensuite, pour ceux de la garnison.

AVANT 1804

LA MAISON ÉDOUARD-T. PARENT

À Giffard, aux Nos 2240-2242, rue de Lisieux.

Cette belle et grande maison mérite son nom, car, depuis aussi loin que 1804, elle a appartenu, sans interruption, de père en fils, à la même famille Parent.

Elle a été classée monument historique, le 27 juillet 1965, sous ce nom.

On ne sait pas encore, malheureusement, quand et qui l'a fait construire; on ne connaît pas, non plus, les noms des maîtres menuisiers et maçons.

Elle est en pierre recouverte de mortier et mesure 53' par 27'.

Elle a trois cheminées mais l'une est pour l'apparence seulement. Elle a deux foyers.

Aucun événement historique ne s'y est produit et elle n'a été habitée par aucune personnalité. Elle a servi de chaud foyer pour des générations de cultivateurs.

Cette maison est l'une des plus vieilles de Giffard.

Édouard-T. Parent était propriétaire, lorsque la maison fut ainsi classée.

1804

LA CATHÉDRALE ANGLICANE, LA PREMIÈRE HORS DU ROYAUME-UNI

À Québec, sur la rue des Jardins, à l'angle de la rue Sainte-Anne.

Le monastère et l'église des Récollets ayant été incendiés, le 6 septembre 1796, le gouvernement britannique prit possession du terrain et fit raser les ruines.

Georges III, par lettres patentes en date du 11 novembre 1799, nomma des commissaires pour y faire ériger une église anglicane, la première cathédrale hors du Royaume-Uni. La première pierre en fut posée le 11 août 1800. Dans la pierre angulaire fut déposé le document suivant:

GLORY TO GOD IN THE HIGHEST!
OF THIS METROPOLITAN CHURCH OF QUÉBEC, ERECTED BY THE PIOUS MAGNIFICENCE OF HIS MAJESTY GEORGE III, KING OF GREAT BRITAIN, FRANCE AND IRELAND, THE FIRST STONE WAS LAID BY HIS EXCELLENCY R.S. MILNES, LIEUTENANT-GOVERNOR OF THIS PROVINCE, ASSISTED BY THE REV. JACOB, LORD BISHOP OF THIS DIOCESE, THE HON. WM. OSGOODE, HIS MAJESTY'S CHIEF JUSTICE OF THE PROVINCE, THE HON. SIR GEORGE POWNALL, KT, MEMBER OF THE LEGISLATIVE COUNCIL, JONATHAN SEWELL, ESQ., ATTORNEY GENERAL, AND THE REV. SALTER J. MOUNTAIN, RECTOR OF QUÉBEC, COMMISSIONERS FOR BUILDING THE CHURCH, AND MATTHEW BELL, ESQ., THEIR TREASURER, ON THE 3rd DAY OF NOVEMBER, IN THE YEAR OF OUR LORD ONE THOUSAND EIGHT HUNDRED, AND THE FORTY-FIRST YEAR OF HIS MAJESTY'S REIGN.

La dernière pierre, que l'on voit dans le vestibule, au-dessus de la porte d'entrée, fut posée, le 1er mai 1804, par Ed. Cannon, maître maçon. L'architecte fut le Capitaine Robe.

À remarquer que Georges III, qui régna de 1760 à 1820, portait aussi le titre de roi de «France».

Robert-Shore Milnes (1746-1836) était né à Wakefield, Angleterre. Il fut lieutenant-gouverneur de 1799 à 1805.

Jacob Mountain (1749-1825) était le premier évêque de Québec depuis 1793.

William Osgoode (1754-1824), originaire d'Angleterre, fut président du Conseil législatif du Haut-Canada.

George Pownall (1775-1834) retourna en Angleterre en 1807.

ENTRE 1804 ET 1823

LES TOURS MARTELLO

À Québec, l'une au parc des champs de bataille, une autre à l'angle des avenues Taché et Laurier et l'autre rue Lavigueur à l'angle de Racine.

Quatre tours Martello furent construites entre 1804 et 1823, en dehors des fortifications.

Les Nos 1 (photo à gauche ci-après) et 2 étaient près du Saint-Laurent, et les Nos 3 et 4 (photo à droite ci-dessus) à la plaine de Ste-Foy.

Celle portant le No 3 fut démolie, il y a quelques années: à sa place furent érigés les quartiers généraux de la Sûreté du Québec.

Le Martello No 1 sert d'observatoire.

C'est un ingénieur corse du nom de Martello qui, il y a longtemps, eut l'idée, le premier, de ces fortins sur les côtes, afin de servir d'observatoires, où on pouvait surveiller les pirates. C'était, de plus, un bon refuge pour la population.

Québec n'ayant pas été attaqué depuis la construction de ses tours Martello, celles-ci n'ont pas servi à des fins militaires proprement dites.

1805

L'HÔTEL DU TOURISME

À Québec, au No 12, rue Sainte-Anne.

Cet édifice fut érigé sur le terrain ayant appartenu au gouverneur d'Ailleboust, et remplaça une maison, propriété du docteur George Longmore, médecin de la santé au port de Québec. Le contrat de construction fut donné à Édouard Cannon, maître-maçon, et à Jean-Baptiste Chamberland, maître-menuisier. William Morrison, maître-menuisier et charpentier, le termina en 1808. Il mesurait originairement 80 pieds sur la façade par 44 pieds de profondeur.

La pierre angulaire fut posée, le 14 août 1805, par Thomas Dunn, administrateur du Bas-Canada, et William Holmes, premier locataire présumé.

Ce fut d'abord un club à peu près privé sous le nom de UNION HOUSE pour devenir ensuite UNION HOTEL AND COFEE ROOM, qu'on désigna en français HÔTEL ET CAFÉ DE L'UNION. Le dîner inaugural comme hôtel eut lieu le 25 mai 1811.

Une centaine d'actionnaires, dont Thomas Dunn fut le président du conseil, avaient souscrit cinq mille livres courant pour sa construction. Parmi eux on voit des personnalités comme Jean-Antoine Panet, Jean-Thomas et Gabriel-Elzéar Taschereau, Benjamin-Joseph Frobisher, Joseph Bouchette, Pierre Bédard et autres.

Cet édifice servit à bien d'autres usages: théâtre, salle d'assemblées, école, atelier d'imprimerie, magasin, bureau (dont celui de Canada Steamship Lines), bureau touristique, etc.

C'est en 1960 que le Gouvernement du Québec en fit l'acquisition. Il lui redonna son aspect original.

1806

LA FONDATION DU JOURNAL «LE CANADIEN»

À Québec, plaque au No 20, rue Ferland, Québec.

ICI FUT FONDÉ, EN 1806, LE CANADIEN, PREMIER JOURNAL FRANÇAIS PUBLIÉ À QUÉBEC.

HERE WAS PUBLISHED, IN 1806, THE FIRST FRENCH NEWSPAPER PUBLISHED IN QUÉBEC.

I.P.

C'est le 22 novembre 1806 qu'il fut fondé comme hebdomadaire. Cessant de paraître le 14 mars 1810, il réapparut par intervalles irréguliers, tantôt une fois, tantôt deux fois et aussi trois fois par semaine. En 1857, il fut quotidien pour quelques mois, puis en 1874. La vie d'un journal n'était pas alors facile tant à cause de l'oligarchie anglaise que du petit nombre des abonnés. n'était pas alors facile tant à cause de l'oligarchie anglaise que du petit nombre des abonnés.

Ses principaux fondateurs furent Pierre Stanislas Bédard (1762-1829), François Blanchet (1776-1830), Jean-Antoine Panet (1751-1815) et Jean-Thomas Taschereau (1778-1832).

Le 17 mars 1810, le gouverneur Craig fit saccager les bureaux de la presse et fit emprisonner l'imprimeur, M. François, et, deux jours après, les susnommés sauf Panet jusqu'en juillet et août.

Craig fut blâmé pour ce geste. En 1811, le nouveau gouverneur Prévost non seulement s'appliqua à calmer les esprits mais eut entière confiance en la fidélité des Canadiens, qui le prouvèrent les années suivantes en repoussant l'invasion américaine.

1806

LA MAISON ANGERS

À Neuville, au No 639, des Érables.

C'est Louis Bernard qui, en 1806, construisit cette maison.

Il en est demeuré propriétaire jusqu'en 1846. Ses successeurs furent Narcisse Blais (1846-1890), Pierre Gravel (1890-1942), Alberte Gravel, épouse de Henri Arteau (1942-1958).

Madeleine Angers en est propriétaire, depuis. Elle la restaura, refaisant le mur nord-est. Elle la fait classer, le 2 juillet 1964, pour le style qu'elle représente.

Cette maison en pierre, qui mesure 54' par 33', a deux étages et deux sous-sols.

1810

MODESTE MAILHOT, LE GÉANT CANADIEN

Plaque entre Deschaillons et Leclercville, Côté nord de la route No 132.

D'APRÈS LA TRADITION, EN 1810, MODESTE MAILHOT, SURNOMMÉ LE GÉANT CANADIEN, BASCULA SEUL CETTE ÉNORME PIERRE, QUE L'ON A APPELÉE DEPUIS «LA ROCHE À MAILHOT», ET LA ROULA JUSQU'ICI. NÉ À ST-PIERRE-LES-BECQUETS LE 9 JUILLET 1763, MODESTE MAILHOT FUT INHUMÉ À DESCHAILLONS LE 1er MARS 1834. MESURANT 7 PDS 4 PCS, IL PESAIT 619 LIVRES. ON CONSERVE UN DE SES SOULIERS À L'UNIVERSITÉ LAVAL.

ACCORDING TO TRADITION, IN 1810, MODESTE MAILHOT KNOWN AS THE CANADIAN GIANT MOVED ALONE THIS ENORMOUS STONE, SINCE THEN CALLED "MAILHOT'S STONE" AND ROLLED IT TO THIS SPOT. BORN AT ST. PIERRE-LES-BECQUETS JULY 9, 1763 MODESTE MAILHOT WAS BURIED AT DESCHAILLONS MARCH 1st 1834. HE STOOD 7 FT, 4 INCS AND WEIGHED 619 LBS. ONE OF HIS SHOES IS EXHIBITED AT THE LAVAL UNIVER SITY MUSEUM.

Plaque au côté nord de la route No 3, à égale distance entre Deschaillons et Leclerville.

CETTE PLAQUE A ÉTÉ ÉRIGÉE PAR LA SOCIÉTÉ ST-JEAN-BAPTISTE DE DESCHAILLONS, EN 1948.

I.P.

Modeste (Louis) Mailhot naquit du mariage de Louis et de Josephte Brisson. Son parrain fut Jacques Boisclair et sa marraine Marie-Josephte Leboeuf. Son certificat de naissance est signé par Jacques Hingan.

Il était bel homme et bien taillé avec des épaules très larges. Il était de caractère paisible.

Il mena l'existence paisible d'un cultivateur laborieux, sauf un voyage qu'on lui recommanda de faire en Angleterre où il fut présenté au roi, Guillaume IV. Celui-ci lui fit don de cent louis d'or.

Son grand plaisir était de se retirer sur le bord du Saint-Laurent, dans son petit domaine, à environ deux milles à l'est du village de Deschaillons.

Lorsqu'il roula ainsi cette roche, un groupe d'hommes étaient en corvée à ôter les cailloux de la route. Alors que ses compagnons de travail cherchaient un moyen de sortir cette grosse pierre du trou où elle reposait, lui la sortit seul et la roula sur le bord de la route.

Il avait épousé Catherine Lafleur. Il décéda dans sa paroisse, Deschaillons, en 1834. Il fut inhumé le premier mars, étant décédé la veille au matin. Une foule considérable de la paroisse et des environs assista à son service. Son certificat de décès fut signé non seulement par le curé de la paroisse, l'abbé Ph. Therrien, mais aussi par celui de Lotbinière, l'abbé C. Ed. Faucher. Celui-ci mesurait plus de six pieds et pesait environ 400 livres, étant «le plus grand et le plus gros du clergé canadien».

AVANT 1812

LA MAISON NATALE DU CARDINAL TASCHEREAU

À Sainte-Marie-de-Beauce, au No 730, rue Notre-Dame (route No 1).

SON ÉMINENCE LE CARDINAL TASCHEREAU NAQUIT DANS CETTE MAISON, LE 17 FÉVRIER 1820. JE ME SOUVIENS.

I.P.

Cette maison, qui fut transformée vers 1950, fut construite, avant 1812, par Jean-Thomas Taschereau.

Celui-ci naquit, à Sainte-Marie-de-Beauce, en 1778, de Gabriel Elzear. Il fit ses études au séminaire de Québec. Il fut élu député de Dorchester en 1800, avant d'être admis avocat (1801). Il fut l'un des fondateurs (1806) du journal de Québec, le CANADIEN. Parce qu'il réclamait que les députés contrôlent les deniers publics, le gouverneur Craig le destitua de son grade d'aide-major et de commis de la voirie. Il fut, plus tard, nommé sous-adjudant-général et député de Gaspé (1820). Il décéda, à Québec, en 1832, après avoir été juge et conseiller législatif.

De son mariage avec Marie Panet, fille de Jean-Antoine, premier orateur de la Chambre d'Assemblée, naquirent sept enfants, dont Elzéar-Alexandre, archevêque de Québec, et premier cardinal canadien.

Celui-ci, dès l'âge de huit ans, était au séminaire de Québec, où il termina ses études classiques à l'âge de seize ans. L'année suivante, ayant accompagné l'abbé Holmes à Rome, il y revêtit la soutane et reçut la tonsure. En 1834, il résolut d'entrer à l'abbaye de Solesmes pour connaître sa vocation. En septembre suivant, il commençait ses études théologiques à Québec tout en enseignant au séminaire. Il fut reçu prêtre le 10 septembre 1842.

1809

L'ÉGLISE SAINT-AUGUSTIN

À Saint-Augustin, comté de Portneuf.

LAUS DEO. HONOR PATRIBUS. LE 8 JUILLET 1720, SOUS LE RÈGNE DE LOUIS XIV, FUT ICI POSÉE LA PIERRE ANGULAIRE DE L'ÉGLISE PAROISSIALE DE SAINT-AUGUSTIN, OUVERTE AU CULTE EN 1723 À 1817.

C'est en 1691 que fut fondé Saint-Augustin. Trois ans après, était construite une chapelle. Jean-Daniel Testu en fut le premier desservant (1694-1700).

Vaudreuil, qui fut un administrateur de premier ordre comme gouverneur, délimita, en 1721, les paroisses, particulièrement celle de Saint-Augustin (Demaure), à laquelle il donna les dimensions soit deux lieues et demie de front sur une lieue et demie de profondeur.

La première église fut érigée en 1723 à «l'Anse Maheu» et l'actuelle le fut en 1809.

Le couvent fut ouvert en 1882 et l'école des Frères en 1905.

Cette paroisse fut érigée canoniquement sous le nom de Saint-Augustin-de-Desmaures en 1691. Son territoire comprend les seigneuries de De Maure et De Fossambault.

La seigneurie de De Maure (ou Saint-Augustin) fut concédée le 29 mars 1649 à Jean Juchereau, Sieur de Maure; probablement, Saint-Augustin fut donné comme patron en souvenir de Augustin Saffray de Mésy, gouverneur de la Nouvelle-France.

1810

L'ÉGLISE SAINT-ANDRÉ, LA PLUS ANCIENNE PRESBYTÉRIENNE AU CANADA

À Québec, à l'angle de la rue Sainte-Anne et Cook.

L'ÉGLISE SAINT-ANDRÉ FUT ÉRIGÉE SOUS LE RÈGNE DE GEORGE III SUR CE TERRAIN OCTROYÉ PAR LA COURONNE. LA DÉDICACE EN FUT FAITE EN 1810. C'EST LA PLUS ANCIENNE ÉGLISE PRESBYTÉRIENNE DU CANADA.

ST. ANDREW'S CHURCH WAS ERECTED IN THE REIGN OF KING GEORGE III ON LAND GRANTED BY THE CROWN AND WAS DEDICATED IN 1810. IT IS THE OLDEST CONGREGATION OF THE PRESBYTERIAN CHURCH IN CANADA.

C.M.H.Q.

EN 1802, LES MEMBRES DE L'ÉGLISE D'ÉCOSSE, ÉTABLIS À QUÉBEC DEPUIS 1759, PRIÈRENT SA MAJESTÉ GEORGE III DE LEUR CONCÉDER LE TERRAIN SUR LEQUEL EST BÂTIE CETTE ÉGLISE. ELLE FUT ÉRIGÉE ET OUVERTE AU CULTE EN 1810.

THE CONGREGATION OF THE CHURCH OF SCOTLAND, WHICH HAD WORSHIPPED IN QUÉBEC SINCE 1759, PETITIONED HIS MAJESTY KING GEORGE III, IN 1802, FOR THE LAND ON WHICH THIS CHURCH STANDS. IT WAS ERECTED AND DEDICATED IN 1810.

C.M.H.Q.

C'est l'église de la plus ancienne paroisse anglophone d'origine écossaise au Canada. Ses premiers fidèles furent les Fraser Highlanders, régiment de l'armée de Wolfe, qui s'illustrèrent, en 1759, à la victoire des Plaines d'Abraham.

L'arrivée, après le traité de paix de 1763, des marchands écossais et anglais augmenta le nombre de ces fidèles et facilita la fondation de «The Scotch Congregation».

Les réunions du culte se firent d'abord dans une salle du Collège des Jésuites (lieu actuel de l'hôtel de ville), puis, de 1807 à 1810, dans l'une des salles du palais de justice. 148 personnes signèrent la requête au roi demandant le don du terrain où fut alors construite l'église.

L'aumônier des Fraser Highlanders, Robert MacPherson, fut le premier ministre du culte. Lors de la construction de l'église, c'était Alexander Spark qui exerçait ce ministère.

L'extérieur de l'église est d'un style attrayant. Mais l'intérieur est aussi de grand intérêt, particulièrement, quant au long mur frontal avec un pupitre élevé au centre.

1812-1813

SALABERRY, LE HÉROS DE CHÂTEAUGUAY

DE SALABERRY

Statue à Québec, dans une niche sur la façade de l'Hôtel du Gouvernement, à l'angle de Grande-Allée et Dufferin.

Sculpteur: Philippe Laliberté.

Charles-Michel d'Irumberry de Salaberry fut le héros, en 1813, de la victoire, à la rivière Châteauguay, contre les Américains. Avec 400 combattants et grâce à sa stratégie, il mit alors en déroute environ 5,000 hommes commandés par Hampton.

Né à Beauport, en 1778, il était l'aîné issu du mariage de Ignace-Louis Antoine, député, officier et conseiller législatif, et de Françoise-Catherine, fille de Joseph-Hertel de Saint-François, seigneur de Pierreville.

À l'âge de 14 ans, il s'enrôla comme volontaire dans la milice canadienne. Par sa bravoure et son savoir-faire, il gagna ses grades dans diverses parties du monde britannique. Le duc de Kent, ami de son père, le protégea. Alors qu'il était lieutenant-colonel, en 1810, il revint au Canada.

C'est alors que le gouverneur Prévost, appréhendant une invasion américaine, lui confia l'organisation d'un corps d'élite formé de Canadiens français, ce qu'il réalisa rapidement et facilement, grâce à son amabilité et son habileté. Ce furent les **Voltigueurs canadiens**, les vainqueurs à Châteauguay.

Lorsque le général Dearborn voulut se rendre attaquer Montréal, en passant par Saint-Jean, Salaberry lui coupa la route, l'obligeant à rebrousser chemin. Quand Hampton voulut faire de même, en passant par Châteauguay, Salaberry le repoussa lui faisant des pertes considérables, alors que lui ne perdit que deux hommes.

Il se retira à Chambly où il se construisit une belle maison. En 1812, il y avait épousé Marie-Anne-Julie Hertel de Rouville, qui lui donna sept enfants. Frappé d'apoplexie le 26 février 1829, il mourut à Chambly, le lendemain.

AVANT 1815

LE PRESBYTÈRE SAINT-JOSEPH

En arrière de l'église, à Deschambault (Portneuf).

L'abbé Jean-Baptiste Ménage, premier curé de Deschambault, fit les démarches requises pour faire construire le premier presbytère. Celui-ci contenait non seulement un logis pour lui, mais aussi, une salle dite des «Habitants», où la messe fut célébrée jusqu'à la fin des travaux de construction de l'église, soit vers Noêl 1735.

Le deuxième seigneur, Joseph de Fleury de la Gorgendière, s'était engagé, le 7 mai 1721, à Québec, devant la Commission Collet, «à faire faire toute la chaux et à payer les maçons et les hommes de métier, tant pour la construction de la dite église que d'un presbytère».

En 1815, l'abbé Charles Denys Denechaud, curé, fit allonger ce presbytère de vingt pieds vers l'est.

En 1962, les paroissiens célébrèrent le 250e anniversaire de leur paroisse. Ils eurent l'heureuse pensée de restaurer leur vieux presbytère par le ministère des Affaires culturelles du Québec, qui le classa monument historique le 9 avril 1965, et avec la collaboration du Secrétariat d'État par sa Loi des initiatives locales. Un musée y fut alors ouvert. Une corporation dite du «Vieux Presbytère» administre celui-ci.

APRÈS 1815

LA CHAPELLE DE PROCESSION SAINTE-ANNE

À Neuville, sur une hauteur, à l'arrière de l'église.

Par un acte du 3 mars 1815, l'abbé Charles-Joseph Brassard-Deschenaux (1752-1832), alors curé de l'Ancienne-Lorette et seigneur de Neuville, où se trouve la paroisse Saint-François-de-Sales (Neuville), fit don à celle-ci du terrain où se trouve, actuellement, la chapelle Sainte-Anne.

C'est peu après que fut construite cette chapelle, qui fut restaurée plusieurs fois, particulièrement en 1851.

Dans le Guide bleu de la Librairie Hachette (Paris 1967), page 191, on fait remonter la construction d'une chapelle à cet endroit aussi loin que 1735. La paroisse eut son premier curé en titre en 1685 et fut érigée canoniquement en 1684.

C'est Nicolas Dupont, sieur de Neuville, qui, en 1687, en devenant propriétaire de la seigneurie, lui donna le nom de Neuville.

Vu le rôle joué par l'abbé Deschenaux au profit de cette chapelle, voici quelques notices biographiques à son sujet: Né de Joseph et de Madeleine Vallée, il fit ses études à Québec et fut ordonné en 1776. Avant d'être curé à l'Ancienne-Lorette, il le fut à Beaumont et à Sainte-Foy. Grâce à lui, l'on commença, vers 1800, à chauffer les églises du Canada avec des poêles. Il fut grand-vicaire de l'évêché de Québec de 1809 jusqu'à sa mort, à l'Ancienne-Lorette, en 1832.

1817

LA PREMIÈRE SUCCURSALE DE LA BANQUE DE MONTRÉAL

À Québec, à l'angle des rues Saint-Pierre et de la Côte de la Montagne.

PREMIER LOCAL DE LA BANQUE DE MONTRÉAL À QUÉBEC, 3, RUE ST-PIERRE, TEL QU'IL DEVAIT APPARAÎTRE À NOËL EN 1817. CE BUREAU DE QUÉBEC FUT LA PREMIÈRE SUCCURSALE QU'OUVRIT LA B. DE M.. À CE TITRE, IL MARQUE LE COMMENCEMENT DU SYSTÈME DES BANQUES À SUCCURSALES DU CANADA. CETTE PLAQUE COMMÉMORE CET ÉVÉNEMENT ET MARQUE SON 150e ANNIVERSAIRE. LE PREMIER ÉDIFICE EST OCCUPÉ PAR LA BANQUE DEPUIS 1928. DÉVOILÉ PAR SON HONNEUR GILLES LAMONTAGNE, MAIRE DE QUÉBEC. 23 NOVEMBRE 1967.

FIRST BANK OF MONTRÉAL PREMISES IN QUÉBEC CITY, 3 ST. PETER STREET, AS THEY APPEARED AT CHRISTMAS, 1817. THE OPENING MARKED THE BEGINNING OF THE BRANCH-BANKING SYSTEM IN CANADA. THIS PLAQUE COMMEMORATES THAT EVENT AS IT WAS INSTALLED BY THE BANK TO OBSERVE ITS 150th ANNIVERSARY IN 1967. THIS BUILDING HAS BEEN OCCUPIED BY THE BANK SINCE 1928. UNVEILED BY HIS WORSHIP GILLES LAMONTAGNE, MAYOR OF QUÉBEC. NOVEMBER 23, 1967.

I.P.

La Banque de Montréal, fondée en 1017, à Montréal, eut comme premier président John Gray. Elle fut incorporée en 1822.

Elle eut, aussitôt, une succursale à Québec.

On l'appela d'abord Montreal Bank puis Bank of Montreal.

Parmi ses premiers directeurs à Québec, mentionnons les suivants, (qui avaient presque tous leur domicile dans la basse-ville): Peter Burnet (5, St-Pierre), Wm. Finlay (22, Champlain), Andrew Moir (8, Cap au Diamant), Andrew Paterson (12, des Remparts), James Ross (32, Ste-Anne), John Stewart (6, St-Pierre), George Symes (1, St-Stanislas).

C'est Daniel Sutherland qui en fut le premier directeur, assisté de Lindsay et Bolton.

Les restes de Daniel Sutherland reposent à Québec, dans le vieux cimetière Saint-Mathieu, rue Saint-Jean. On lit sur sa pierre tombale: DANIEL SUTHERLAND ESQ. A NATIVE OF AYR, SCOTLAND LATE DEPT POST MR. GENERAL OF BRITISH NORTH AMERICA AND 59 YEARS A RESIDENT OF THIS PROVINCE DIED 19th AUGUST 1932. AGED 76 YEARS.

1817

LE MANOIR CHAVIGNY DE LACHEVROTIÈRE

Dans la paroisse de Saint-Louis de Lotbinière, quelques arpents à l'est de l'église.

C'est le notaire Ambroise Chavigny de la Chevrotière qui le construisit, en 1817, et l'habita jusqu'à sa mort, en 1834.

Il naquit, en 1780 et fut admis au notariat en 1804.

En 1814, il épousa Sophie L'Hérault dit L'Heureux, dont il eut huit enfants.

Il était le petit-fils de François, capitaine de la **Marie-Anne**, faisant commerce avec les Antilles.

Son arrière grand-père, portant aussi le prénom de François, fut interprète et seigneur colonisateur.

Dans cette maison, le notaire Thomas Bédard ouvrit une école de latin, qui eut quelque célébrité.

1817

LE MOULIN À FARINE DU PORTAGE

À Leclercville. Pour s'y rendre: suivre à partir de la route No 3 le chemin Saint-Jean-Baptiste jusqu'au rang Saint-Édouard, tourner vers l'est jusqu'à la forge de M. H. Pressé; 2 arpents plus loin, prendre le premier chemin vers le fleuve jusqu'à un pont; le moulin est à gauche à la sortie de ce pont.

Vers 1800, le rang Saint-Michel du bord de l'eau était passablement peuplé, soit environ 1,300 censitaires. L'on songea alors à établir leurs nombreux enfants sur les terres «en bois de debout», à l'est de ce rang. M. Eustache-G. de Lotbinière accorda son autorisation. Le 5 septembre 1805, le grand-voyer, Jean-Thomas Taschereau, s'y rendit et traça le chemin.

Les pionniers en furent: François Lemay, Pierre Gaudet, Jérémie Poudrier, Pierre Bernard, Clément Leclerc, Jérôme Beaudet, Baptiste Bernard, Joseph Poudrier, Michol Beaudet, Joseph Beaudet, Pierre Leclerc fils, François Bélanger et Henri Choret.

M. de Lotbinière y construisit un moulin à farine mû par la rivière Duchêne; on l'appela du Portage. C'est une solide construction de pierre à deux étages aux nombreuses et larges fenêtres, qui est bien conservée et est classée monument historique.

C'est aussi lui qui fit construire, tout près, en 1817, un pont permettant de communiquer jusqu'à Saint-François, soit une trentaine d'années avant celui du bord du fleuve. C'est aussi au Portage que M. Pierre-G. Joly fit construire une scierie, dont le bois était conduit jusqu'au fleuve où se jette la Duchêne, en 1832, puis une chaussée, en 1834, à l'embouchure. Les hommes employés à ce dernier endroit, appartenant à la famille Leclerc, s'y construisirent et créèrent progressivement Leclercville.

Ce moulin est classé depuis le 30 septembre 1964.

1818

L'ÉGLISE SAINT-LOUIS DE LOTBINIÈRE

À Lotbinière.

Cette église fut construite en 1818. Ses architectes furent l'abbé Jérôme Demers et François Baillargé. Jean-Baptiste Hébert, de Saint-Grégoire de Nicolet, en fut l'entrepreneur et maître-maçon. C'est l'abbé Joseph-Maurice Jean qui était alors curé. Celui-ci tenait beaucoup à ses deux tours qui servent de clochers; il offrit d'en payer la moitié du coût. La façade a été refaite en 1888.

Les sculptures intérieures sont de Thomas Baillargé et André Paquet, quoique Léandre Parent y ait un peu contribué au début. L'on doit à Amable Paré le petit clocher de la sacristie.

Cette église est un édifice-symbole. Elle a été construite par des artisans consciencieux, dans la plus belle époque de notre architecture religieuse.

«Lotbinière s'impose par la noble ordonnance de son retable, la majesté de ses proportions, la profonde unité de son style, la perfection de sa statuaire et de sa sculpture ornementale. Dans l'ensemble, la réussite est parfaite; dans le détail, chaque élément, subordonné à la composition, apparaît comme l'expression même de la convenance, de l'expression religieuse et de sa sérénité». (G. Morisset).

Desservie par voie de mission de 1720 à 1724, Lotbinière a des registres depuis 1692. Elle eut son premier curé en 1724, alors qu'elle fut érigée canoniquement.

Cette paroisse fait partie de la seigneurie de Lotbinière, qui doit son nom à son premier concessionnaire, Louis-Théandre Chartier de Lotbinière, en 1672. C'est aussi en l'honneur de celui-ci que le patron de la paroisse est Saint-Louis, roi de France. La statue de ce dernier, placée majestueusement entre les deux clochers, est l'oeuvre de Louis Jobin.

Cette église est classée depuis le 27 juillet 1965.

1819 ET 1846

DR JOSEPH PAINCHAUD FILS, FONDATEUR DES CONFÉRENCES DE SAINT-VINCENT-DE-PAUL AU CANADA

Plaque au coin des rues du Palais et de l'Arsenal
   À LA MÉMOIRE DU DOCTEUR JOSEPH PAINCHAUD, FONDATEUR DES CONFÉRENCES DE SAINT-VINCENT-DE-PAUL AU CANADA, EN 1846. (QUÉBEC, 1819 — MEXICO, 1856).

   IN MEMORY OF DR JOSEPH PAINCHAUD, FOUNDER OF THE CONFÉRENCES DE SAINT-VINCENT-DE-PAUL IN CANADA. 1846. (QUÉBEC, 1819 — MEXICO, 1856).

C.M.H.Q.

C'est le 12 novembre 1846 qu'il fonda la première Société Saint-Vincent-de-Paul, à Québec.

Troisième enfant du Dr Joseph Painchaud et de Geneviève Parent, il naquit le 12 juin 1819 et fut baptisé, le lendemain, par Mgr Plessis, archevêque de Québec. Malgré une faible santé à la suite d'un accident à l'école, alors qu'il tomba sur les reins dans un escalier, il fit ses études classiques au Séminaire de Québec. Il fut reçu médecin, ayant eu comme professeur son père, médecin reconnu pour sa science et son dévouement.

C'est au cours d'un séjour d'études médicales à Paris, en 1845, que, devenu membre de la Conférence Saint-Séverin-de-la-Saint-Vincent-de-Paul, il apprit à connaître et à aimer cette oeuvre de bienfaisance pour les pauvres et les déshérités, alors inconnue ici. Elle existait en France depuis 1833 et comptait alors 211 groupements.

De 1849 à 1851, il retourna à Paris, accompagnant Mgr Demers, premier évêque de Vancouver (1847), afin d'y parfaire son expérience évangélique. Car il s'était offert à celui-ci pour se dévouer aux missions de la Colombie-Britannique.

En route pour Vancouver, en 1851, il dut faire relâche à Rio-Janeiro, d'où il se rendit à la Nouvelle-Orléans puis au Pacifique. Son bateau fit naufrage dans cet océan et il put se réfugier à Manzanillo puis à Colima (Mexique). Il manque des renseignements sur son séjour à cet endroit. Mais l'on sait qu'il y ouvrit un hôpital et qu'il mourut, près de Mexico et non loin de Tonila, vers 1856, où il fut inhumé.

Pour un homme jeune qui, enfant, ne pouvait marcher que difficilement, sa vie fut toute une aventure, à la poursuite d'un idéal.

VERS 1820

LA MAISON GAGNÉ

À Québec, au No 24, rue Sainte-Ursule.

La Commission des Monuments historiques du Québec a classé cette maison, le 12 décembre 1963, non pour sa valeur historique mais pour son architecture.

L'Inventaire canadien des bâtisses historiques donne l'année 1820 comme celle, probable, de sa construction.

VERS 1820

LA MAISON FRANÇOIS GOURDEAU

À Québec, aux Nos 40-42, rue Saint-Nicolas.

Cette maison aurait été construite vers 1820.

Elle a trois cheminées et deux foyers. Elle possède une voûte.

L'on ne sait pas encore qui l'a fait construire et qui en furent les maîtres menuisiers et maçons.

Elle n'a pas subi beaucoup de transformations. Mais elle a été rénovée, en 1967, avec le concours du ministère des Affaires culturelles.

La tradition veut que les Pères Récollets l'aient habitée et qu'elle ait servi, quelque temps, comme prison.

Elle a été classée le 19 octobre 1965.

Dans les anciens titres de propriété, cette maison porte le nom de «François Gourdeau», qui l'a, sans doute, possédée.

VERS 1821

LA MAISON DION

À Québec, au No 38, rue Sainte-Angèle.

Cette maison, classée le 13 février 1962 pour son style architectural, fut construite vers 1821.

Son nom vient de Michel Dion, qui en a demandé le classement.

Elle mesure vingt-cinq pieds de largeur par environ trente-huit pieds de profondeur. Elle est en pierre et crépi.

Elle a trois étages ainsi qu'un pignon avec trois lucarnes.

Le premier à l'habiter fut Charles Marié, qui en fut probablement le constructeur. Il demeurait, auparavant, au No 40 voisin et était propriétaire des lots adjacents. Il était maître charpentier et, probablement, sculpteur. Aux archives de la paroisse Notre-Dame de Québec, se trouvent des livres sur l'architecture et des manuels de constructeurs (Blondel, Pain, The English Paladio, etc.) où son nom est écrit. Le dessinateur de la cathédrale anglicane de Québec, le capitaine Robe, parle de lui comme d'un «good workman».

ENTRE 1821 ET 1824 OU EN 1832

LA MAISON FELDMAN

À Québec, au No 24, avenue Mont-Carmel

Les chercheurs ne semblent pas d'accord sur le nom de l'architecte qui a fait les plans de cette maison de type anglo-normand, ni sur la date de sa construction.

Dans le BULLETIN OF APT (The association for Preservation technology), on lit (vol. II, Nos 3-4 1970, p.84) que c'est Thomas Hunt qui fit construire cette maison entre 1821 et 1824, lorsqu'il acquit l'immeuble. Étant architecte, il en fit sans doute les plans. Il était l'époux de Elizabeth Chillas.

Au registre de la commission des Monuments historiques, il est mentionné que c'est George Brown, architecte, qui la fit construire, en 1832.

Parmi les autres qui habitèrent cette maison mentionnons le docteur Thomas Fargues (1780-1847), qui exerça sa profession à Québec de 1811 à sa mort. Médecin en chef à l'Hôtel-Dieu de Québec, il était considéré l'un des meilleurs de son temps au Canada.

Classée monument historique le 14 octobre 1960, il y eut reprise de classement en 1972.

1822-1824

LA MAISON LOYOLA

À Québec, aux Nos 27½-35, rue d'Auteuil

Ce bâtiment mesure 104 pieds par 34. Il est en pierre recouverte de crépi.

C'est Benjamin Tremain, marchand, qui le fit construire en 1822-24, ayant accordé un contrat à Firmin Lévesque, maître-menuisier.

Il s'y établit une école religieuse de foi anglicane, la « Society for promoting Christian Knowledge ». Ce devint la première « National School », à Québec, pour les orphelins et les handicapés.

En 1830, le Lord Bishop, anglican, obtint cet immeuble en fiducie pour l'éducation des pauvres, suivant «the Principles of the Established Church of England».

En 1904, la «Corporation des Missionnaires de Notre-Dame» (Société de Jésus), de Québec, fit l'acquisition de l'immeuble, du T.R. Andrew Hunter Dunn, autorisé à vendre par un acte de la Législature de Québec. Il servit, ensuite, à maintes fins: les Jésuites y établirent une bibliothèque publique, une salle de concerts et de conférences, leur Cercle Loyola, le «Chez-nous du Soldat», durant la guerre de 1914-18; l'Institut Thomas occupa le premier étage, le studio de l'Estoc le deuxième, etc.

Des transformations furent faites, particulièrement, en 1842, alors qu'un étage fut ajouté suivant les plans de Henry Musgrave Blaiklock.

Il est le plus ancien édifice néogothique à Québec. Il a été classé monument historique le 19 octobre 1966.

DE 1823 À 1832

LA CITADELLE DE QUÉBEC

La Citadelle de Québec a été construite de 1823 à 1832. De tous les travaux qui avaient été faits jusqu'alors, il ne restait plus rien sauf le terrassement.

Ce sont les colonels Élias-Walker Durnford et Mann qui dirigèrent cette construction colossale, suivant les plans de Holland et Twiss, ingénieurs. L'Angleterre dut débourser $35,000,000 pour ces travaux, y compris le coût de renouvellement des portes Saint-Louis, Saint-Jean, du Palais et Prescott ainsi que la réparation des murs de ceinture.

Pour y transporter la pierre venant de Cap-Rouge jusqu'à ces hauteurs, on eut recours à un plan incliné de 360 pieds placé en angle de 45 degrés; un treuil y traînait ces charges, actionné par quatre chevaux (plus tard remplacés par la vapeur).

Ce Gibraltar de l'Amérique du Nord, comme on l'appela souvent, devenait une place forte où il était aussi difficile d'y entrer que d'en sortir.

En entrant par la porte Dalhousie, on remarque surtout le bastion Richmond, la croix de Vimy, la chapelle, le mémorial du Royal 22e Régiment, (qui y a toujours eu ses quartiers généraux), le bastion du Roi, la redoute, la résidence de la garnison, le mess des officiers, le bureau d'administration, le commissariat, le bastion du prince de Galles, le musée, le quartier de la troupe, les salles de cours, le bastion Dalhousie, la redoute Jebb, etc.

Les troupes canadiennes l'occupent depuis 1871, date du départ de celles d'Angleterre.

1824

LE PREMIER BREVET D'INVENTION CANADIEN

À Québec, plaque au parc Laval-Montmorency, (Côte-de-la-Montagne).

PREMIER BREVET D'INVENTION.

ICI, LE 8 JUIN 1824, EN L'HÔTEL DU GOUVERNEMENT DE LA PROVINCE DU BAS-CANADA, FUT ÉMIS LE PREMIER BREVET D'INVENTION CANADIEN, EN FAVEUR DE NOAH CUSHING, DE QUÉBEC, INVENTEUR D'UN MOULIN À FOULON

FIRST PATENT IN CANADA.

THE FIRST PATENT OF INVENTION WAS ISSUED BY THE PROVINCE OF LOWER CANADA IN THE PARLIAMENT BUILDINGS WHICH STOOD ON THIS SIDE. IT WAS GRANTED ON THE 8TH JUNE 1824, FOR A WASHING AND FULLING MACHINE IN FAVOUR OF NOAH CUSHING OF QUÉBEC.

C.S.M.H.Q.

Les brevets d'invention ont toujours été au Canada une formalité administrative, contrairement à l'Angleterre où c'était un privilège de la Couronne.

C'est au Bas-Canada (Québec) que fut adoptée la première loi, en 1824, quant aux brevets aux inventions pour les sujets britanniques domiciliés dans cette province.

Après l'union, une loi fut passée dans ce domaine, fusionnant celles adoptées avant par les provinces unies.

Deux ans après la mise en vigueur de la Confédération, soit en 1869, une loi abrogea les lois provinciales à ce sujet et forma la base de notre législation actuelle.

165 brevets ont été émis conformément aux lois du Bas et du Haut-Canada, et 3,160 sous la loi de l'Union.

1824 ET 1825

LA CONSTRUCTION DU «COLOMBUS» ET DU «BARON RENFREW»

DÈS 1744, L'INGÉNIEUR DE LÉRY PROPOSAIT D'ÉTABLIR UNE CALE SÈCHE SUR LA POINTE OUEST DE L'ÎLE D'ORLÉANS. ICI, FURENT CONSTRUITS LE «COLOMBUS» EN 1823-1824, ET LE «BARON RENFREW», EN 1824-1825.

FROM 1744, THE ENGINEER DE LÉRY PROPOSED BUILDING A DRY DOCK ON THE WEST POINT OF THE ISLAND OF ORLEANS. HERE THE "COLOMBUS" WAS BUILT IN 1823-1824 AND THE "BARON RENFREW" IN 1824-25.

C.M.H.Q.

Plaque à Sainte-Pétronille, Île d'Orléans.

C'est le 25 juillet 1824 que fut lancé le **Colombus**. Ce bateau à voile mesurait 301 pieds et 6 pouces de longueur, 50 pieds 7 pouces de largeur, 29 pieds 4 pouces de profondeur; il jaugeait 3,690 tonneaux. Il avait 4 mâts avec un beaupré.

5,000 personnes y assistaient, sans compter ceux qui avaient regardé à deux milles, à la Pointe-Lévis et ceux qui avaient pris place sur les sept bateaux à vapeur réquisitionnés et placés près du chantier ou dans les centaines de chaloupes et autres embarcations.

La fanfare du 68e régiment, à terre, et celle du 71e à bord du **Swiftsure** jouèrent le «God Save the King». Le bateau s'avança à plus de cent toises dans le fleuve. Il suivit la marée environ un mille et demi, puis les vapeurs **Malsham, Swiftsure** et **Sherbrooke** lo conduisirent jusqu'au Sault-de-Montmorency où il fut ancré. De là, les quelque 90 marins, arrivés l'automne et le printemps précédents, le conduisirent vers la mer.

Dès 1823, ce chantier avait été établi par une compagnie de Port Glasgow (Écosse), propriété de John et Charles Wood, suivant les plans de Gaspard-Joseph Chossegros de Léry (1721-97). La construction du **Colombus,** dirigée par un M. Hood, d'Écosse, dura neuf mois et coûta £5 par tonneau.

Une scène semblable eut lieu le 27 juin 1825, au lancement par la même compagnie du **Baron Renfrew**, qui fut mis en chantier immédiatement après que l'autre eut quitté le terrain. Ses dimensions, plus grandes que celui-ci, furent les suivantes: Longueur, 309 pi; largeur 60 pi; profondeur 39 pi; en dehors 57 pi, jaugeant près de 5,300 tonneaux. Son grand mât avait 75 pi au-dessus du pont. Entrèrent dans sa construction 3,000 tonneaux de bois et 2,500 quintaux de fer.

C'était la première fois que d'aussi gros navires étaient construits sur le Saint-Laurent.

VERS 1827

LE LIEU DE LA MAISON NATALE DE CRÉMAZIE

À Québec, au No 60, rue Saint-Louis.

Le poète Crémazie naquit à Québec, le 16 avril 1827, du mariage de Jacques et de Marie-Anne Miville. Son certificat de naissance ne mentionne que ses prénoms Claude-Joseph-Olivier. C'est sa mère qui, vénérant Mgr Plessis et ayant perdu un fils peu après sa naissance portant ce prénom, l'appela Octave qu'il garda.

Il était le onzième enfant d'une famille de douze. Deux de ceux-ci eurent sur lui une influence marquante: Jacques qui fut avocat, recorder à Québec puis professeur à la nouvelle faculté de droit à Laval; il mourut célibataire. Joseph qui fut libraire avec Octave; marié en 1858, il mourut sans postérité.

Le premier Crémazie, arrivé au Canada en 1750, portait aussi le prénom de Jacques; il était originaire d'Artigat (Languedoc). Il s'embarqua sur l'un des bateaux du capitaine Canon. Il avait été, auparavant, boulanger à Pamiers et à Bayonne. À Québec, il se maria d'abord à Geneviève Chupin, veuve de Pierre Monier, qui décéda en 1781 laissant deux filles; il épousa ensuite Marie Le Breton, dont fut issu le père d'Octave. Celui-ci habita d'abord la basse ville où il était, en 1807, lors de la signature de son contrat de mariage devant le notaire Faribault.

La maison Crémazie portait le No 11. Elle fut détruite. La Commission des Monuments historiques du Québec, plaça à cet endroit, en 1927, une plaque portant l'inscription suivante: OCTAVE CRÉMAZIE L'AUTEUR DU DRAPEAU DE CARILLON ET DE TANT D'AUTRES HYMNES PATRIOTIQUES, NAQUIT DANS LA MAISON QUI S'ÉLEVAIT ICI, LE 16 AVRIL 1827.

1827 OU 1828

LA MAISON POIRIER

À Québec, au No 18, rue Ferland.

C'est François Durette, marchand, de Québec, qui, en 1827 ou 1828, fit construire cette maison à trois étages. Plusieurs sculptures sur des portes, etc. sont l'oeuvre, probablement, de Louis-Thomas Berlinguette suivant dessins de Thomas Baillairgé, qui demeurait au logis voisin.

Parmi les personnages qui habitèrent cette maison, mentionnons Ernest Gagnon, musicien et écrivain de marque, en 1854. Né en 1834, à Louiseville, il fit ses études au collège de Joliette. Il apprit la musique à Montréal durant trois ans; il fit plusieurs séjours en Europe. Il fut professeur de musique à l'école normale Laval et fut organiste à l'église Saint-Jean-Baptiste et à la basilique de Québec. Il fit incorporer l'Académie de Musique fondée par lui. Après avoir été le secrétaire du premier ministre du Québec en 1875, il fut trente ans secrétaire des Travaux publics.

Comme musicien, on lui doit plusieurs hymnes et motets et il publia CHANTS CANADIENS, LES SOIRÉES DE QUÉBEC, CANTIQUES POPULAIRES DU CANADA FRANÇAIS.

On lui doit les ouvrages suivants: LE FORT ET LE CHÂTEAU SAINT-LOUIS, LOUIS JOLIET, CHOSES D'AUTREFOIS, etc.

Il mourut à Québec, en 1915.

Cette maison fut classée le 12 décembre 1963, à la demande de M. Poirier.

1828

L'ÉGLISE SAINT-CHARLES BORROMÉE

A Charlesbourg, sur la 1ère Avenue, à l'angle de la 80ème Rue ouest.
ECCE TABERNACULUM DEI 1828.

Commencée en 1828, cette église fut consacrée le 25 mai 1830, alors que le curé était M. Bédard. Les constructeurs en furent Antoine et Roger Lapointe, maîtres charpentiers, et Noël Dorion, menuisier.

C'est Thomas Baillairgé qui fut l'architecte, mais ce fut son apprenti, André Paquet, qui exécuta la voûte et diverses sculptures.

L'abbé Jérôme Demers, supérieur du séminaire et vicaire général, auteur de «PRÉCIS D'ARCHITECTURE POUR SERVIR DE SUITE AU TRAITÉ ÉLÉMENTAIRE DE PHYSIQUE», joua un rôle important non seulement dans le choix de l'architecture mais aussi dans celui de Baillairgé.

En 1887, fut construite une autre sacristie. David Ouellet en fut l'architecte.

L'église contient plusieurs peintures et sculptures de valeur, dont on trouve les détails dans «LES ÉGLISES DE CHARLESBOURG» de Luc Noppen et John R. Porter.

La paroisse, qui comprenait d'abord la seigneurie de Notre-Dame-des-Anges, fut desservie par les Jésuites, de 1660 à 1675, puis par les prêtres du séminaire jusqu'en 1693, alors qu'un curé fut nommé. Érigée canoniquement en 1693, elle le fut civilement en 1845. C'est l'une des plus anciennes du diocèse de Québec.

DE 1828 À 1840

LA MAISON OÙ VÉCUT MME FRANÇOIS-XAVIER ROY, FONDATRICE DE L'ASILE DU BON-PASTEUR

Plaque dans le parterre de cette maison, au No 60 du Vieux-Chemin, (angle de la rue Fréchette), à Cap Santé.

MADAME FRANÇOIS-XAVIER ROY, NÉE MARIE FITZBACH, VÉCUT ICI DE 1828 À 1840. ELLE FONDA L'ASILE DU BON-PASTEUR À QUÉBEC EN 1850. MADAME ROY, EN RELIGION MÈRE MARIE-DU-SACRÉ-COEUR, MOURUT À QUÉBEC LE 1ER SEPTEMBRE 1885. COMMISSION MONUMENTS DU QUÉBEC.

Marie Fitzbach, épouse de François-Xavier Roy, fonda, le 11 janvier 1850 l'Asile du Bon-Pasteur qui a pour buts les oeuvres de miséricorde corporelle et l'enseignement des jeunes filles.

Elle naquit à Saint-Vallier (Bellechasse), on 1806, de Charles et de Geneviève Nadeau; celui-ci était un soldat d'un régiment que l'Angleterre avait recruté au Grand-Duché de Luxembourg.

En 1828, elle épousa, au Cap-Santé, M. François-Xavier Roy et y demeura jusqu'en 1840. Ce dernier étant décédé en 1833, elle dut subvenir non seulement à Séraphine, Célina et Clorinde, issues de ce mariage, mais aussi à deux autres enfants de son mari. Clorinde mourut à 14 ans et ses deux autres filles se firent soeurs. Les filles de son époux ayant été confiées à des tuteurs, elle se consacra à des oeuvres pieuses.

En 1849, l'abbé Proulx, au nom de l'évêque, l'invita à s'occuper des prisonniers et prisonnières, ce qu'elle accepta. Ce furent les débuts de l'oeuvre de l'Asile du Bon-Pasteur. Le 2 février 1856, une communauté pour le diriger était fondée sous le nom de Congrégation des Soeurs Servantes du Coeur Immaculé de Marie, avec sept professes, quatre novices et huit postulantes. Mme Roy fut choisie supérieure sous le nom de Marie du Sacré-Coeur de Jésus.

1830

L'ÉGLISE DE LAUZON

À Lauzon.

Cette église fut construite en 1830. Thomas Baillairgé (1791-1859) en fut l'architecte.

Lauzon porta primitivement le nom de «Pointe-de-Lévy», en l'honneur de Henry de Lévy, duc de Ventadour et vice-roi de la Nouvelle-France, en 1625.

Le nom de Lauzon vient de Jean de Lauzon, gouverneur de la Nouvelle-France et premier concessionnaire de la seigneurie de Lauzon, en 1636.

La paroisse de Saint-Joseph-de-la-Pointe-de-Lévy fut érigée canoniquement en 1694; ses fidèles furent desservis par voie de mission jusqu'en 1690, alors qu'un curé en titre fut nommé. Elle a des registres depuis 1679.

La municipalité de la paroisse du même nom fut incorporée en 1845. Celle du village de Lauzon le fut en 1910.

Saint-Joseph est le patron de la Nouvelle-France, depuis 1624.

1832

LA MAISON ELZÉAR BÉDARD

À Québec, au No 18, rue Mont-Carmel.

Elzéar Bédard fit construire cette maison, en 1832.

Il était né, le 24 juillet 1799, du mariage de Pierre Bédard, (fondateur du journal LE CANADIEN surnommé «le Patriote»), et de Jeanne-Louise-Luce-Françoise Frémiot de Chantal Lajus.

Après ses études au séminaire de Nicolet puis à celui de Québec, il étudia le droit chez Andrew Stuart.

En 1827, il épousait Julie-Henriette Marett, dont naquit une fille décédée en bas âge.

Il fut élu, par acclamation, député de Motnmorency, en 1832. L'année suivante, il était élu membre du premier conseil municipal de Québec puis son premier maire, fonction qu'il exerça jusqu'en 1835.

En 1836, il acceptait la fonction de juge qu'il exerça avec droiture et fermeté. Alors qu'il avait accordé l'HABEAS CORPUS contrairement à l'avis du gouverneur, celui-ci le destitua; mais l'autorité anglaise le réhabilita.

En 1848, il exerça sa fonction de juge à Montréal, où il mourut du typhus le 11 août 1849. LA MINERVE lui fit alors cet éloge: «Si, un jour, la postérité veut connaître la vie de ceux qui, dans notre Canada, ont par leurs paroles, leur plume, leur exemple et leurs vertus publiques, contribué notablement à l'établissement de la liberté politique en général et à la conservation de nos intérêts nationaux en particulier, Elzéar Bédard ne devra pas être et ne sera pas oublié.»

VERS 1834

LA CHAPELLE DE PROCESSION DE LOTBINIÈRE

À Lotbinière, à quelques arpents à l'ouest de l'église, côté sud de la route No 3.

Elle a été construite par la fabrique de la paroisse de Lotbinière vers 1834, sur un terrain à elle donné par Joseph-Michel Beaudet et son épouse, Thérèse Demers. Ceux-ci habitaient dans leur maison de pierre, qui est encore à quelques pieds de là. M. l'abbé Édouard Faucher était, alors, curé de la paroisse.

L'intérieur n'était cependant pas terminé à cette époque. C'est la fabrique qui fit ces améliorations, vers 1923.

Entre 1960 et 1963, la fabrique, avec le concours de Mgr Bruno Desrochers, évêque du diocèse de Sainte-Anne-de-la-Pocatière, firent d'autres améliorations à l'intérieur, renouvelant l'autel et y ajoutant des bancs.

Parmi ceux qui y célébrèrent la messe, mentionnons Mgr Desrochers et son frère, l'abbé Laurent Desrochers, descendants de la famille Beaudet, qui, durant leurs vacances, aimaient à revenir dans leur paroisse natale.

La Commission des Monuments historiques du Québec, le 28 juillet 1965, classa cette chapelle de procession et y fit d'importants travaux, en collaboration avec la fabrique.

1837

L'ÉCRIVAIN PAMPHILE LEMAY, NÉ À LOTBINIÈRE

Plaque à Lotbinière, en face de la chapelle de procession, à un quart de mille de l'église.

LE POÈTE LÉON-PAMPHILE LEMAY NAQUIT À SAINT-LOUIS DE LOTBINIÈRE, AU RANG DE SAINT-EUSTACHE, LE 5 JANVIER 1837.

LÉON-PAMPHILE LEMAY, THE POET, WAS BORN ON THE 5th OF JANUARY, 1837, IN THE "RANG" ST. EUSTACHE, PARISH OF ST. LOUIS, COUNTY OF LOTBINIÈRE.
C.M.H.Q.

Buste de Lemay par Henri Hébert

Léon-Pamphile Lemay, fils aîné de Louis, cultivateur et négociant, et de Louise Auger, vit le jour à Lotbinière, le 5 janvier 1837.

Après ses études primaires aux Trois-Rivières, il fit son cours classique au séminaire de Québec. Il alla tenter sa chance en Nouvelle-Angleterre, puis fut commis à Sherbrooke. Après un séjour comme séminariste au grand séminaire d'Ottawa, il étudia le droit et fut admis au barreau en 1867.

C'est alors que le premier ministre Chauveau le nomma bibliothécaire de la Chambre législative, fonction qu'il exerça jusqu'en 1892.

Il eut douze enfants. Il mourut à Saint-Jean-Deschaillons, où il s'était retiré, le 11 juin 1918.

Ses oeuvres littéraires le firent admettre membre de la Société royale du Canada. Il écrivit: ESSAIS POÉTIQUES (1865); ÉVANGÉLINE (1870), traduction en vers du poème de Longfellow; LE PÉLERIN DE SAINTE-ANNE (1877); PICOUNON-LE-MAUDIT (1878); FABLES CANADIENNES (1881); PETITS POÈMES (1883); LE CHIEN D'OR (1884), traduction du livre de Kirby; L'AFFAIRE SOUGRAINE (1886); LES VENGEANCES (TONKOUROU) (1888); ROUGE ET BLEU (1891), comédie; FÊTE ET CORVÉES (1898); CONTES VRAIS (1899); LES GOUTTELETTES (1904); ENTENDONS-NOUS (1914); LES ÉPIS (1914); REFLETS D'ANTAN (1916).

1837-1901

LA REINE VICTORIA

Statue à Québec, dans le parc Victoria, (4ème avenue par le pont Drouin).

À VICTORIA REINE DE LA GRANDE-BRETAGNE ET D'IRLANDE, IMPÉRATRICE DES INDES EN SOUVENIR D'UN LONG RÈGNE REMPLI DE GLOIRE ET DE GRANDEUR. CE MONUMENT TRIBUT D'HOMMAGE ET D'ADMIRATION ET DE RECONNAISSANCE EST ÉRIGÉ PAR LES SOINS ET SOUS LES AUSPICES DE SON HONNEUR LE MAIRE DE QUÉBEC LE 17 SEPTEMBRE 1910 À L'HEUREUSE OCCASION DE LA VISITE DE LEURS ALTESSES ROYALES LE DUC ET LA DUCHESSE DE CORNWALL ET D'YORK AU CANADA.

I.P.

Sculpteur: Marshall Wood.

(Alexandrina) Victoria, couronnée reine d'Angleterre, en 1837, le demeura soixante-quatre ans, soit jusqu'à son décès, en 1901.

Elle était née, en 1819, fille unique d'Édouard-Auguste, duc de Kent, et de Louisa-Victoria, fille du duc de Saxe-Cobourg.

Le duc de Kent, pour des raisons demeurées secrètes, fut banni par son père, Georges III. Il demeura d'abord à Québec, où il eut deux foyers. C'est durant ce séjour qu'il eut des relations amicales avec M. de Salaberry et le curé Renaud, de Beauport, et avec MM. Claude Denéchaud, J.B. Faribault, l'abbé Desjardins, et autres. Ce n'est qu'en 1818 qu'il épousa la mère de la reine Victoria.

C'est celle-ci qui, en 1858, choisit By-Town, devenu Ottawa, pour la capitale du Canada.

Le parc Victoria fut inauguré le 22 juin 1897 en présence de vingt mille personnes. Il fut l'une des raisons pour lesquelles la municipalité de Saint-Sauveur accepta d'être annexée à la ville de Québec, dont le maire était M. S.-N. Parent. Celui-ci lut alors une adresse au lieutenant-gouverneur, sir J.A. Chapleau, soulignant qu'«Une même pensée nous a réunis sur ce terrain qui nous sera désormais doublement cher, puisqu'il aura été à la fois l'endroit où Jacques Cartier fit son premier séjour au Canada, en 1535, et, à plus de deux siècles de distance, le lieu choisi par nous, pour marquer un fait à jamais mémorable dans les annales du genre humain (le soixantième anniversaire de l'avènement de la reine Victoria).»

1838

L'ÉGLISE SAINT-JOSEPH-DE-DESCHAMBAULT

À Deschambault.

C'est Thomas Baillargé (1791-1859) qui fut l'architecte de cette église. Le constructeur en fut Olivier Larue, domicilié à Pointe-aux-Trembles (Neuville). Les travaux d'excavation et de maçonnerie commencèrent au printemps de 1835. Mgr Joseph Signay, évêque titulaire de Québec, qui prit une part considérable dans la construction de belles églises de son diocèse, présida à la bénédiction de la première pierre, le 7 juillet suivant.

Les travaux ne furent terminés qu'à Noël 1838. M. le curé François Morin bénit alors son nouveau temple.

C'est André Paquet, sculpteur et ornemaniste, qui, de 1840 à 1856, exécuta la presque totalité des travaux d'ornementation de l'église.

La paroisse Saint-Joseph-de-Deschambault, desservie d'abord par les curés de Grondines de 1712 à 1714, fut érigée canoniquement, en 1735, comprenant les seigneuries de Deschambault et de La Chevrotière.

La première seigneurie avait été concédée, en 1640, au sieur Chavigny de Berchereau. Celui-ci, étant décédé en France, elle fut cédée à sa veuve, Éléonore de Grand-Maison. Jacques-Alexis de Fleury d'Eschambault, ayant épousé la fille de celle-ci, devint héritier de la seigneurie, qui prit son nom.

1839

LA MAISON NATALE DE LOUIS FRÉCHETTE

À Lévis, au No 229, rue Saint-Laurent.

LOUIS FRÉCHETTE, C.M.G. CHEVALIER DE LA LÉGION D'HONNEUR. NÉ À CET ENDROIT, LE 16 NOVEMBRE 1839. DÉCÉDÉ À MONTRÉAL, LE 31 MAI 1903. LE PREMIER POÈTE CANADIEN COURONNÉ PAR L'ACADÉMIE FRANÇAISE. COMMISSION DES SITES ET DES MONUMENTS HISTORIQUES.

Cette maison, qui était en ruines en 1939, a alors été restaurée par son propriétaire.

Louis-Honoré Fréchette est demeuré célèbre comme poète, mais il fut aussi avocat et député.

Son père, originaire de Saint-Nicolas, était entrepreneur de quais; il se fixa au pied de la falaise de Lévis. C'est ce qui explique pourquoi Fréchette fut un admirateur des canotiers, particulièrement d'Édouard Baron, qui transportait les voyageurs sur le fleuve entre Lévis et Québec, trajet que le poète fit très fréquemment.

Il finit ses études classiques à Nicolet, après avoir séjourné aux collèges de Québec et de Sainte-Anne. En 1864, il était reçu avocat, mais préférait la lecture de Lamartine, Hugo et autres romantiques, qui furent ses modèles en littérature.

Il fut, peu après, rédacteur du JOURNAL DE LEVY, puis se rendit aux États-Unis, où, à quinze ans, il avait fait une fugue. C'est là qu'il écrivit LA VOIX D'UN EXILÉ, qui attira sur lui l'attention de ses compatriotes. En 1874, il était élu député pour quatre ans. En 1878, Honoré Mercier, alors premier ministre, le nomma secrétaire du Conseil législatif.

En 1877, il avait publié PÊLE-MÊLE. Il alla s'établir à Montréal. Il épousa Emma Beaudry, de cette ville, dont furent issues trois filles.

Il publia plusieurs oeuvres qui lui apportèrent le titre de poète national, entre autres: en vers, les FLEURS BORÉALES, les OISEAUX DE NEIGE, la LÉGENDE D'UN PEUPLE, les FEUILLES VOLANTES, et, en prose, ORIGINAUX ET DÉTRAQUÉS, des pièces de théâtre, etc.

Plusieurs universités l'ont honoré du titre de docteur ès-lettres; il fut créé Compagnon de Saint-Michel et Saint-George; il était membre de la Société Royale du Canada.

1839

JONATHAN SEWELL, AVOCAT DE LA MINORITÉ ANGLAISE

Plaque à Québec, au No 87, rue Saint-Louis.

JONATHAN SEWELL JUGE EN CHEF DU BAS-CANADA DURANT TRENTE ANS, CONSEILLER DU GOUVERNEUR CRAIG, CHEF DE LA «CLIQUE DU CHÂTEAU», PROTAGONISTE DE LA CONFÉDÉRATION, HOMME DE GRANDE CULTURE ET PROTECTEUR DES ARTS. NÉ À CAMBRIDGE, MASS., LE 6 JUIN 1766. DÉCÉDÉ DANS CETTE MAISON, LE 12 NOVEMBRE 1839. PLAQUE APPOSÉE PAR LE GOUVERNEMENT DU CANADA. COMMISSION DES LIEUX ET MONUMENTS.

JONATHAN SEWELL THIRTY YEARS CHIEF JUSTICE OF LOWER CANADA, ADVISER TO GOVERNOR CRAIG, LEADER OF THE "CHÂTEAU CLIQUE", EARLY ADVOCATE OF CONFEDERATION, MAN OF CULTURE AND PATRON OF THE ARTS. BORN CAMBRIDGE, MASS. 6th JUNE 1766. DIED IN THIS HOUSE, 12th NOVEMBER 1839. ERECTED BY THE GOVERNMENT OF CANADA. HISTORIC SITES AND MONUMENTS BOARD.

Il fut l'avocat de la minorité anglaise du Bas-Canada. Il y consacra une bonne partie de sa vie.

Fils de Jonathan et d'Esther de Quinzy, il naquit à Cambridge, Nouvelle-Angleterre. La famille loyaliste émigra en Angleterre. En 1780, Jonathan père fut nommé juge au Nouveau-Brunswick. Son fils fit son droit à Saint-Jean, mais il fut reçu avocat à Québec. En 1793, il fut Solliciteur général du Bas-Canada et inspecteur du Domaine de la Couronne. Deux ans après, il était Procureur général et, l'année suivante, juge de la Cour de vice-amirauté. La même année, il était député de William-Henry (Sorel) et le même mois, membre des Conseils exécutif et législatif, puis juge en chef.

Il multiplia ses démarches pour angliciser les Canadiens français, abolir les paroisses catholiques, faire nommer l'évêque et les curés par le pouvoir civil, noyer l'élément français par l'immigration, etc. C'est lui qui fit saisir le journal le **Canadien** et émit des mandats d'arrestation contre ses imprimeurs et éditeurs. En 1825, il fut président de l'Institution Royale.

Il publia plusieurs ouvrages juridiques anglais.

Il avait épousé, en 1796, Henrietta Smith très riche, dont il eut vingt-deux enfants.

1841

JOSEPH BOUCHETTE, ARPENTEUR

Au No 44, rue Saint-Louis, Québec.

JOSEPH BOUCHETTE ARPENTEUR GÉNÉRAL DU BAS-CANADA AUTEUR D'OUVRAGES SCIENTIFIQUES IMPORTANTS. NÉ À QUÉBEC, LE 14 MAI 1774. DÉCÉDÉ À MONTRÉAL, LE 9 AVRIL 1841. COMMISSION DES SITES ET DES MONUMENTS HISTORIQUES DU CANADA.

Joseph Bouchette fut, en 1804, arpenteur général du Canada. Il traça les plans de la ligne frontière avec les États-Unis, conformément aux conventions du traité de Gand (1815); mais, au traité d'Ashburton, en 1842, on n'en tint pas compte, au détriment du Québec. C'est depuis que le Maine s'enfonce jusqu'au rivage, presque, du Saint-Laurent, lord Ashburton n'ayant pas protégé les droits canadiens.

Il naquit, en 1774, de Jean-Baptiste (1736-1804) et de Marie-Angélique Duhamel. C'est son père qui, en 1775, empêcha que Dorchester fut pris par les envahisseurs de la Nouvelle-Angleterre, alors qu'il le conduisit en chaloupe sur le Saint-Laurent, déguisé en costume d'habitant. Ce geste contribua à apporter des faveurs non seulement au père mais aussi au fils de la part du gouverneur.

Ses études élémentaires terminées, Joseph Bouchette devint dessinateur pour le major Holland, l'arpenteur général du Canada. Après avoir servi dans la marine et l'armée, il devint, en 1803, sous-inspecteur et, l'année suivante, arpenteur général du Canada, jouant un rôle important à ce titre.

Il étudia le système des seigneuries au Québec et les fiefs des deux Canada, faisant des gravures, cartes, etc. de grande valeur. Il collabora à la BIBLIOTHÈQUE CANADIENNE de Michel Bibaud. Surtout, il publia: 1.- DESCRIPTION TOPOGRAPHIQUE DU BAS-CANADA, 2.- BRITISH DOMINIONS IN NORTH AMERICA.

Son épouse, Marie-Louise Chaboillez, lui donna plusieurs enfants. Il mourut à Montréal, en 1841.

1842

LE PRESBYTÈRE DE SAINT-CHARLES

À Grondines, comté de Portneuf, entre la route No 2 et l'église paroissiale.

Ce presbytère, que les automobilistes remarquent et admirent, a été construit en 1842. Tout de pierre, il est cependant garni de bois aux extrémités est et ouest. Mesurant 54' par 40', ses murs sont très épais. Son toit à la canadienne porte trois lucarnes à la façade et une à l'arrière. Ses fenêtres ont vinyl vitres. Trois cheminées, deux grosses et une petite, ornent son faîte. Il a été classé monument historique en 1966.

L'intérieur est artistique. On y remarque particulièrement son escalier à demi-tour et, dans le grand salon, son foyer.

Le premier registre de cette localité date de 1680. Mission jusqu'en 1740, elle commença alors à être desservie par des prêtres pour être civilement érigée en 1845 comme paroisse puis en 1912 comme village.

Champlain remarqua cet endroit, ayant écrit: «Les Grondines et quelques îles qui sont proches, bon lieu de chasse et de pêche.» Appelé «Saint-Charles-des-Roches» originairement, Gédéon de Catalogue précise dans l'un de ses rapports: «Le nom de grondine vient des battures et des gros cailloux qui se trouvent au devant, ce qui fait que, lorsqu'il vente, les eaux y font grand bruit».

1842

L.H. LAFONTAINE, PÈRE DU GOUVERNEMENT RESPONSABLE

Statue à Québec, dans une niche, sur la façade de l'Hôtel du Gouvernement.

SIR L.H. LAFONTAINE.
Sculpteur: Henri Hébert.

Louis-Hippolyte Lafontaine, durant une décade, a personnifié le peuple canadien-français, alors qu'il a conquis le gouvernement responsable, a obtenu une indemnité à ceux qui avaient subi des dommages durant les Troubles de 1837-38 et a donné la reconnaissance légale au français dans le Bas et le Haut-Canada.

Fils d'Antoine Ménard et de Marie Fontaine-Bienvenu, il naquit, à Boucherville, le 4 octobre 1807. Ses ancêtres portaient le surnom de LaFontaine.

Ses études classiques faites au collège de Montréal, il devint avocat en 1828. Deux ans après, il était élu député de Terrebonne. Il suivit la politique de Papineau, mais il était un adversaire de la prise d'armes. C'est pourquoi, en 1837, il était en Europe. Il fut quand même arrêté et mis en prison, en 1838, mais fut relâché sans procès.

Son esprit lucide et ses connaissances légales lui firent découvrir dans l'Acte d'Union un moyen de détourner l'intention de ses auteurs d'assimiler les Canadiens français. Grâce à son alliance avec les Réformistes du Haut-Canada dirigés par Robert Baldwin, ensemble mais Lafontaine comme «leader», ils obtinrent, de haute lutte, les réformes précitées.

En 1851, tous deux démissionnèrent. Lafontaine fut nommé juge, deux ans après. Il décéda en 1864. Il avait épousé, en 1831, Adèle Berthelot, dont il n'eut pas d'enfant, puis Jane Morrisson, dont il eut deux enfants décédés en bas âge.

Il fut l'un des fondateurs de la Société historique de Montréal et l'auteur de «L'Esclavage au Canada» (1859).

1842

ROBERT BALDWIN, CHEF DU PARTI RÉFORMISTE

Statue dans une niche, sur la façade de l'Hôtel du Gouvernement, Québec.

BALDWIN.
Sculpteur: Alfred Laliberté.

Robert Baldwin, devenu chef des Réformistes du Haut-Canada, et Louis-Hippolyte Lafontaine, chef du parti supporté par les francophones du Bas-Canada, s'unirent pour obtenir le gouvernement responsable; ils l'obtinrent en 1842.

Baldwin né à York (Toronto), en 1804, du mariage de William Warren et de Phoebe Wilcoks, fut reçu avocat en 1825. Il exerça sa profession avec son père, qui était aussi avocat après avoir exercé la médecine. Tous deux déploraient le favoritisme au «Family Compact» et voulaient que le peuple, par ses députés, dirigent le gouvernement, comme c'était à peu près le cas en Angleterre. En 1827, il épousait Élizabeth (Augusta) Sullivan.

En 1830, il se fit élire député de York, qu'il représenta à plusieurs scrutins. Malgré ses idées, il ne prit pas part à la Révolte de 1837-38, étant parti, comme Lafontaine, en voyage en Angleterre. L'amitié était si grande entre ceux-ci, que Baldwin fit élire à York Lafontaine battu dans Terrebonne, ce dernier rendant à celui-là la même politesse grâce au comté de Rimouski.

Ensemble, ils furent les premiers ministres de deux ministères, l'un en 1842 et l'autre en 1848. Non seulement ils firent voter la loi d'indemnité à ceux qui avaient subi des dommages durant la Rébellion, mais firent accepter par le gouverneur Charles Bagot le gouvernement responsable.

Ce résultat inespéré, avec l'Acte d'Union, n'avait pas été obtenu sans peine et sans se faire des mécontents et même des ennemis. Baldwin fut battu plusieurs fois aux élections au Haut-Canada. Malade, il abandonna la politique. En 1858, il décéda à Spadina.

Baldwin et Lafontaine firent la preuve que la sincérité, le dévouement et la ténacité entre les nationalités, comme entre les individus, peuvent réaliser des oeuvres magnifiques et inespérées.

1844

LA LIBRAIRIE GARNEAU

À Québec, aux Nos 47-49, rue Buade.

La Librairie Garneau est intimement reliée à la petite histoire du vieux Québec. Elle descend en ligne directe de la modeste librairie classique fondée en 1844 par Joseph Cyrille Crémazie, un notaire qui après quelques années de pratique décida de devenir libraire en compagnie de son frère Octave, consacré aujourd'hui comme notre poète national.

Ouverte au public en janvier 1844, au 15 de la rue St-Joseph, aujourd'hui la rue Garneau dans le quartier latin, elle déménagea ses pénates au cours de la même année au numéro 8 de la côte Ste-Famille, connue à l'époque sous le nom de Côte de Lery.

En 1847, elle se transporte au numéro 12 de la rue de la Fabrique et devint le lieu privilégié de rencontre des écrivains et pamphlétaires du temps.

En 1862, Octave Crémazie s'exila en France et son frère Joseph conserva le commerce jusqu'à sa mort en 1879.

Samuel Chaperon en fit alors l'acquisition, s'adjoignant Pierre Garneau comme assistant, la librairie opérant sous le nom de Chaperon & Garneau.

Enfin, en 1897, Pierre Garneau acheta le fonds de commerce de son patron et en devint l'unique propriétaire. En 1912, il fit l'acquisition du terrain occupé par la maison Leveillé, au 47 de la rue Buade et y fit construire l'imposant édifice que l'on voit et fréquente aujourd'hui.

La librairie Garneau est l'une des plus anciennes librairies de l'Amérique du Nord.

1845

FRANÇOIS-XAVIER GARNEAU, HISTORIEN

Statue à Québec, près de la Porte Saint-Louis.

Sculpteur: Paul Chevré.

GARNEAU FRANÇOIS-XAVIER HISTORIEN 1809-1866. OFFERT AU GOUVERNEMENT PROVINCIAL PAR L'HON. G.E. AMYOT CONSEILLER LÉGISLATIF.

François-Xavier Garneau, né à Québec, le 15 juin 1809, était fils de François-Xavier, voiturier, et de Gertrude Amyot-Villeneuve.

Après ses études primaires, il devint, à 16 ans, l'élève de Joseph-François Perreault, «le père de l'éducation au Canada», pour l'étude du latin, l'histoire et l'anglais. En 1825, il devint élève du notaire Archibald Campbell. Admis au notariat en 1830, il demeura à l'emploi de son patron au salaire de $180.00 par an. Il tira profit de sa bibliothèque.

En 1831, il partit pour l'Europe où il demeura deux ans. Il élargit ses connaissances dans divers domaines. À son retour à Québec, il exerça sa profession. Mais il fut si attiré par la littérature qu'il publia dans le **Canadien** des poésies goûtées par les lecteurs. Il publia l'**Abeille canadienne** et l'**Institut.**

Son oeuvre maîtresse fut son **Histoire du Canada** en trois tomes publiés respectivement en 1845, 1846 et 1848. Ce fut une révélation pour tous, particulièrement pour les Canadiens de langue française qui apprenaient enfin la grandeur de leur Histoire.

Il exerça plusieurs fonctions, dont celles de greffier de la ville de Québec et membre du Conseil de l'Instruction publique.

Il avait épousé, en 1835, Esther Bilodeau, dont il eut neuf enfants. Il décéda à Québec en 1866.

«François-Xavier Garneau a été l'homme d'une foi et d'un amour: l'amour de la nationalité canadienne-française et la foi en son avenir» (Omer Héroux).

1846

LORD ELGIN FAVORISA LA RESPONSABILITÉ MINISTÉRIELLE

Statue à Québec, dans une niche sur la façade de l'Hôtel du Gouvernement.

James Bruce, 12e comte de Kincardine et 8e comte d'Elgin, fut nommé gouverneur général du Canada, le 1er octobre 1846. C'est lui qui, en 1847, invita Louis Hippolyte Lafontaine et Robert Baldwin à former un ministère qui permit au Bas-Canada et au Haut-Canada de marcher ensemble vers le progrès, particulièrement en consacrant, en 1849, la victoire de la responsabilité ministérielle au pays. Il croyait que dénationaliser les Canadiens français est une erreur politique. Pour avoir approuvé la loi d'indemnité à ceux qui avaient encouru des pertes en 1837-38, il subit l'injure de fanatiques qui incendièrent le parlement de Montréal.

En 1811, il était né à Londres d'une famille d'origine écossaise. Avant de venir au Canada, il avait été gouverneur de la Jamaïque.

En 1854, il obtint des États-Unis un traité de réciprocité. Le 22 décembre suivant, il quittait le Canada, regretté de ceux qui voulaient le respect des deux peuples fondateurs du pays.

En 1862, il devint vice-roi et gouverneur aux Indes; une crise cardiaque l'y emporta, à Dharansala, l'année suivante.

Il épousa Élizabeth-Mary Comming-Bruce dont il eut deux filles, puis Mary-Louisa Lambton qui lui donna quatre fils et deux filles.

Il reçut plusieurs titres honorifiques.

ELGIN
Sculpteur: Philippe Hébert.

1846

LA PREMIÈRE SOCIÉTÉ SAINT-VINCENT-DE-PAUL AU CANADA

Plaque sur le mur de la chapelle Saint-Louis, dans la basilique de Québec, rue de la Fabrique.

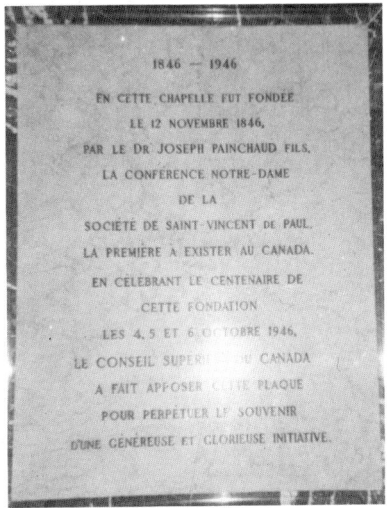

1846-1946. EN CETTE CHAPELLE FUT FONDÉE LE 12 NOVEMBRE 1846 PAR LE DR JOSEPH PAINCHAUD FILS, LA CONFÉRENCE NOTRE-DAME DE LA SOCIÉTÉ DE SAINT-VINCENT-DE-PAUL, LA PREMIÈRE À EXISTER AU CANADA. EN CÉLÉBRANT LE CENTENAIRE DE CETTE FONDATION LES 4, 5 ET 6 OCTOBRE 1946, LE CONSEIL SUPÉRIEUR AU CANADA A FAIT APPOSER CETTE PLAQUE POUR PERPÉTUER LE SOUVENIR D'UNE GÉNÉREUSE ET GLORIEUSE INITIATIVE.

I.P.

La plus ancienne société Saint-Vincent-de-Paul au Canada fut celle de Notre-Dame de Québec. Elle fut, en effet, fondée dans la chapelle Saint-Louis de la cathédrale de Québec, à sept heures du soir, au cours d'une réunion convoquée à la demande du Dr Joseph-Louis Painchaud (fils). Celui-ci avait fait part de ce projet au curé C.F. Baillargon, futur archevêque de Québec, qui non seulement approuva ce projet mais participa à cette première assemblée ou se trouvèrent treize personnes.

Plusieurs autres personnalités s'étant jointes ensuite à eux, une assemblée fut convoquée le 19 suivant, où les dignitaires suivants furent élus: président, Jean Chabot, avocat et député au Parlement; vice-président, Chs-Maxime Defoy, notaire; trésorier, Robert Jellard; secrétaire, Ferdinand Bélanger. Les jours suivants d'autres adhérèrent au mouvement, entre autres le Dr Joseph Painchaud père, Thomas Pope, avocat, futur maire de Québec; .P.J.O. Chauveau, futur surintendant de l'éducation et premier ministre du Québec; Octave Crémazie, libraire et futur poète.

Le 15 janvier suivant, «M. Painchaud suggère l'organisation d'un Conseil, vu que plusieurs conférences sont maintenant régulièrement établies». En fait, trois mois après la première fondation, sept sociétés étaient en activité à Québec. De 1846 à 1849, le Dr Painchaud fonda, en outre de celle précitée, les Conférences suivantes: Saint-Jean, Notre-Dame d'Espérance, Saint-Louis de Gonzague, Saint-François-Xavier, Saint-Roch, Notre-Dame des Victoires, Saint-Vallier, Saint-Joseph, Saint-Vincent-de-Paul, Notre-Dame de la Garde et Saint-Patrice.

Il ne chercha pas ainsi les honneurs mais mit toutes ses forces en faveur de cette oeuvre, qui couvre maintenant tout le Canada.

1847

LA LIBRAIRIE D'OCTAVE CRÉMAZIE

À Québec, plaque au No 42, rue de la Fabrique.

OCTAVE CRÉMAZIE. QUÉBEC 1827. LE HAVRE 1879. LA SOCIÉTÉ DES POÈTES A FAIT POSER CETTE PLAQUETTE EN 1932 SUR LA MAISON JADIS OCCUPÉE PAR LA LIBRAIRIE CRÉMAZIE. S.C.

I.P.

Sculpteur: Alonzo Cinq-Mars

Octave Crémazie naquit à Québec le 16 avril 1827.

Il termina ses études classiques au séminaire de Québec, en 1844. Il s'associa aussitôt comme libraire à son frère Joseph. C'est en 1847 qu'ils s'établirent au No 12 (maintenant 42) de la rue de la Fabrique sous le nom de «J. et O. Crémazie».

Il était le premier à lire les livres en vente, surtout les classiques et les modernes, parmi surtout les oeuvres de Musset et Lamartine ainsi que de Victor Hugo.

On le considéra comme un intellectuel et un lettré. À l'âge d'une vingtaine d'années, il fut au nombre des fondateurs de l'Institut Canadien de Québec, dont il fut tôt l'un de ses dignitaires et même son président (1858-58).

En 1849, le journal rédigé par son frère avocat, Jacques, l'AMI DE LA RELIGION ET DE LA PATRIE, publiait le premier poème d'Octave. De nombreuses autres pièces en vers furent ensuite publiées dans les périodiques. En 1858, son DRAPEAU DE CARILLON le consacra comme «poète national».

Sa librairie devint le rendez-vous des intellectuels de Québec, particulièrement E. Parent, F.-X. Garneau, l'abbé J.-B. Ferland, P.-J.-O. Chauveau, J.-C. Taché, A. Gérin-Lajoie, l'abbé H.-R. Casgrain, F.-A. La Rue, A. Garneau, L.-P. Lemay, L.-H. Fréchette et autres.

Crémazie n'était pas un administrateur et un financier. À l'automne de 1862, ce fut la catastrophe financière. Le 11 novembre, il s'enfuyait clandestinement à Paris, où il vécut pauvrement sous le nom de Jules Fontaine. Durant ses seize ans d'exil, il ne communiqua qu'avec ses proches parents et de rares amis. Mais ses compatriotes lui gardèrent leur admiration, le considérant comme une victime.

Il demeura célibataire, les femmes ne l'ayant jamais intéressé. Il mourut au Havre (France), le 16 janvier 1879.

VERS 1848

LA MAISON BELISLE

À Québec, au No 42, rue Saint-Geneviève.

Cette maison de 54 pieds de largeur par 44 pieds de profondeur, à deux étages en avant et trois à l'arrière, a été classée monument historique, le 2 décembre 1964, à la demande de Cécile Belisle. Elle a deux cheminées et trois foyers.

C'est Jean Langevin, écuyer de Montréal, qui la fit construire, vers 1848, par Toussaint Vézina, maître menuisier de Québec.

Pierre Gauvreau en fut l'architecte, lui qui était aussi maçon et ingénieur. Il était né à Québec en 1813. Il y fut fort actif. Il fut respectivement architecte depuis 1848 et ingénieur depuis 1878 pour le département des Travaux publics à Québec. Il participa aux plans de décoration de l'intérieur de l'édifice du Parlement. Il transforma le «Château Haldimand» en école normale; il participa à la construction de plusieurs belles maisons de Québec.

Parmi ceux qui habitèrent cette maison, mentionnons le major Petry, consul de Pologne, et son épouse, qui y demeurèrent 47 ans. Il y mourut.

1848

L'INSTITUT CANADIEN DE QUÉBEC

Plaque à Québec, sur la rue Dauphine à l'angle de la rue Sainte-Angèle.

ÉRIGÉ EN 1848, CET ANCIEN TEMPLE A ÉTÉ DONNÉ EN 1944 À LA CITÉ DE QUÉBEC POUR L'INSTITUT CANADIEN PAR LE SÉNATEUR LORNE-C. WEBSTER ET SA FAMILLE. RESTAURÉ PAR LA VILLE EN 1946.

ERECTED IN 1848, THIS FORMER PLACE OF WORSHIP WAS GIVEN IN 1944 TO THE CITY OF QUÉBEC FOR THE CANADIAN INSTITUTE BY SENATOR LORNE C. WEBSTER AND HIS FAMILY. REPAIRED BY THE CITY IN 1946.

C.M.H.Q.

C'est le 17 janvier 1848 que fut fondé l'Institut Canadien de Québec par des jeunes gens enthousiastes dans la bibliothèque du Palais législatif de Québec. Ils suivaient ainsi l'exemple donné par l'Institut Canadien de Montréal, quatre ans auparavant.

Ils avaient pour buts: «d'entretenir une salle de lecture», «de former une bibliothèque», «d'opérer la réunion des jeunes Canadiens», «de pratiquer ce que la confraternité et l'honneur national prescrivent aux enfants d'une même patrie».

Furent élus ses premiers dignitaires: président honoraire, l'hon. R.E. Caron, président du Conseil législatif; président, Marc-Aurèle Plamondon, avocat qui devait devenir juge de la Cour Supérieure; secrétaire-archiviste, Octave Crémazie, notre poète. Parmi ses membres les plus actifs, mentionnons: J.-C. Taché, P.-J.-O. Chauveau, Joseph Cauchon, Napoléon Casault, James-M. LeMoyne, Théophile Hamel, F.-X. Garneau, Louis Fiset, Étienne Parent, les abbés Jean Langevin et J.-B.-A. Ferland, A.-N. Aubin, Hubert Larue, Hector Fabre, Lucien Turcotte, Faucher de Saint-Maurice, Hector Langevin, P.-J. Jolicoeur et autres, qui ont joué un rôle important dans la vie nationale.

La nouvelle association loua d'abord un local à l'angle des rues Port-Dauphin et Buade, puis à divers endroits de la ville de Québec.

Son oeuvre ne s'est pas limité à mettre sa riche bibliothèque à la disposition du grand public, mais, aussi, à avoir présenté un grand nombre de conférences, à publier des oeuvres, etc. Sa devise est UTILE DULCI.

Ce temple fut érigé par Wesleyan Methodist Church dans le style gothique. L'architecte en fut Edward Staveley et les constructeurs furent Peters, McCormick & Kemp.

1849

LA LIBERTÉ DU COMMERCE MARITIME SUR LE SAINT-LAURENT

Plaque au Bassin Princesse-Louise, dans le port de Québec.

ACCÉDANT AUX DÉSIRS DU PARLEMENT CANADIEN, LE PARLEMENT BRITANNIQUE, EN 1849, ABROGEA LES LOIS MARITIMES QUI EMPÊCHAIENT LES NAVIRES ÉTRANGERS DE TRANSPORTER PASSAGERS ET MARCHANDISES DANS LES PORTS DU CANADA.

COMPLYING WITH THE REQUEST OF THE PARLIAMENT OF CANADA, THE BRITISH PARLIAMENT, IN 1849, REPEALED THE NAVIGATION LAW THAT PREVENTED FOREIGN SHIPS FROM BRINGING PASSENGERS AND GOODS INTO CANADIAN PORTS.

C.S.M.H.C.

Après 1763, le commerce canadien se fit à peu près exclusivement avec l'Angleterre, les lois de la navigation assurant à celle-ci le monopole du transport. C'est ce qui explique en grande partie pourquoi les Canadiens anglais prirent et gardèrent le monopole du commerce au pays.

Avec les années, les Canadiens anglais eux-mêmes constatèrent qu'il était à leur préjudice que ce monopole d'Angleterre soit maintenu, voulant, au contraire, faire commerce avec les autres pays de l'univers. En 1846, une crise financière au Canada poussa ces commerçants à signer une pétition demandant l'annexion du Canada aux États-Unis.

Un des moyens d'empêcher ce péril était de donner la liberté du commerce maritime sur le Saint-Laurent. Le bill que fit adopter en Angleterre en 1849 sir R. Peel, à cette fin, entra en vigueur au Canada le premier janvier 1850.

1849

L'ÉGLISE ET LA SACRISTIE DE SAINT-ELZÉAR

À Saint-Elzéar, comté de Beauce-Nord.

Charles Baillairgé fut l'architecte de cette église construite en 1849, ainsi que de la sacristie.

Le curé était alors Louis-Honoré Grenier.

La paroisse de Saint-Elzéar-de-Linière eut son premier curé en 1842, date d'ouverture de ses registres. Elle fut érigée canoniquement en 1835 et civilement en 1845. Elle occupe une partie de la seigneurie de Sainte-Marie, concédée, en 1736, à Jacques-Thomas Taschereau.

Linière porte le nom d'une commune à une trentaine de kilomètres de Tours (France).

Le curé Grenier, né à Beauport, en 1818, de René et de Adélaïde Rocheleau, fut ordonné prêtre à Québec en 1843. Après avoir été vicaire à Saint-Michel-de-Bellechasse et à Québec, il fut le curé-fondateur de Saint-Elzéar (1846-1880). Il se retira alors et mourut en 1890.

L'église et sa sacristie furent classées le 7 juin 1960.

VERS 1850

LA MAISON LAMARCHE

À Québec, aux Nos 129-131, rue Saint-Paul.

La maison Lamarche porte le nom de Jean Lamarche, qui en était propriétaire lorsqu'il obtint son classement pour son architecture, le 21 juin 1965.

Elle mesure vingt-cinq pieds de largeur par quarante-cinq pieds de profondeur.

Elle est à quatre étages. Son toit est avec deux lucarnes; ses fenêtres sont françaises.

Elle est pourvue de deux cheminées.

Elle fut construite sur les battures du bassin Louise.

1850

WILLIAM CHAPMAN, POÈTE

À Beauceville Est, au No 277, avenue Lambert.

À LA MÉMOIRE DE WILLIAM CHAPMAN, POÈTE, LAURÉAT DE L'ACADÉMIE FRANÇAISE, OFFICIER D'INSTRUCTION PUBLIQUE DE FRANCE. NÉ À SAINT-FRANÇOIS DE BEAUCE LE 13 DÉCEMBRE 1850. DÉCÉDÉ À OTTAWA LE 23 FÉVRIER 1917.

C.M.H.Q.

Il fut libraire et fonctionnaire civil. Son souvenir vivra parce qu'il a été poète.

On lui doit, particulièrement: en vers: LES QUÉBÉCOISES (1876), LES FEUILLES D'ÉRABLE (1890), LES ASPIRATIONS (1904), LES RAYONS DU NORD (1910), LES FLEURS DE GIVRE (1912): en prose: LES MINES D'OR DE LA BEAUCE (1881), SOUVENIR DE LA SAINT-JEAN-BAPTISTE (1884), LE LAURÉAT ET LES DEUX COPAINS (1894).

Son père, était natif d'Angleterre; sa mère était Canadienne française.

C'est au collège de Lévis qu'il fit ses études classiques; il étudia quelque temps le droit.

Mais, de bonne heure, il collabora à divers journaux, surtout au TEMPS, d'Ottawa. En 1886, il alla s'établir dans cette ville, où il fit le commerce du livre, plusieurs années. Il devint, ensuite, traducteur à l'emploi du gouvernement fédéral.

Comme poète, il fut de l'école lyrique de Québec, avec Crémazie, Le May et Louis Fréchette. Il eut avec celui-ci une cinglante polémique.

Sa poésie est d'inspiration patriotique et religieuse.

1850

L'INSTITUT DU BON-PASTEUR DE QUÉBEC

Plaque au No 785, rue Richelieu, Québec.

EN CETTE MAISON, DÉBUTAIT, LE 12 JANVIER 1850, LE REFUGE SAINTE-MADELEINE, SOUS LA DIRECTION DE MADAME VEUVE FRANÇOIS-XAVIER ROY, PLUS TARD MÈRE MARIE-DU-SACRÉ-COEUR. L'OEUVRE DEVINT L'INSTITUT DU BON-PASTEUR DE QUÉBEC.

C.M.H.Q.

Marie Fitzbach, veuve de F.-X. Roy (voir page 221) fut la fondatrice, en 1850, de l'Institut (Asile) du Bon-Pasteur de Québec, appelé aussi le Refuge Sainte-Madeleine, pour venir en aide aux prisonnières et aux filles repenties.

Elle accepta cette tâche le 31 décembre 1849. Dès le 11 janvier suivant, avec une Irlandaise, Marie Keogh, elle s'installait à l'étage supérieur d'une maison (40' x 30'), sise au No 67 (aujourd'hui 785), rue Richelieu. Dès le lendemain, se présenta la première repentie; c'est pourquoi le 12 est considéré comme le début de cette oeuvre.

Le loyer de $4.00 par mois fut payé par la Société Saint-Vincent-de-Paul. Georges Muïr, greffier de l'Assemblée législative, l'initiateur, et Michel Bilodeau, membres de cette association, avec l'abbé Léon Gingras, trouvèrent, difficilement, des donateurs pour des meubles. Le premier mai suivant, on prenait possession aussi du rez-de-chaussée qui servit de chapelle, cuisine, réfectoire, dortoir, etc. Le Père Louis Saché, S.J., qui fut le protecteur de cette oeuvre et rédigea les premiers règlements, y célébra la première messe.

Cette entreprise demanda un dévouement à toute épreuve. Suivant l'exemple de Marie Fitzbach, Marie-Anne Angers, de Pointe-aux-Trembles (Neuville), fut la première postulante, suivie de Mlle Blais, de Berthier. Lorsque, le 29 octobre 1850, le personnel déménagea à la rue Lachevrotière, il y avait huit Soeurs et vingt-deux pénitentes.

Le 2 février 1856, la communauté était canoniquement érigée en CONGRÉGATION DES SERVANTES DU COEUR IMMACULÉ DE MARIE; 7 Soeurs faisaient alors profession, quatre étaient admises au noviciat et huit au postulat. Marie Fitzbach était élue supérieure. La communauté, que l'on connaît maintenant sous le nom de Congrégation des Soeurs du Bon-Pasteur de Québec, a essaimé dans nombre de localités du Canada, des États-Unis, d'Afrique et d'Haïti.

1852

LOUIS-JACQUES CASAULT, FONDATEUR ET PREMIER RECTEUR DE L'UNIVERSITÉ LAVAL

Plaque sur un monument sur le campus de l'Université.

**LOUIS-JACQUES CASAULT
PREMIER RECTEUR
DE 1852 À 1860.**

I.P.

Louis-Jacques Casault naquit à Montmagny, en 1808, de Louis-Jacques et de Françoise Blais.

Ses études classiques terminées au séminaire de Québec, il fit sa théologie au grand séminaire de cette ville; il fut reçu prêtre en 1831. Après trois ans vicaire à Cap Santé, il devint, en 1834, professeur à son séminaire et consacra le reste de sa vie à l'enseignement. En 1851, il devenait supérieur de cette institution.

Il constata tôt la nécessité d'une université pour le Québec. Dans ses voyages en Europe surtout, il étudia l'enseignement supérieur. En 1850, il publia dans l'ABEILLE, une série d'articles à ce sujet, particulièrement de l'importance d'une université, préparant ainsi l'opinion publique à ce sujet. Avec la collaboration des autorités ecclésiastiques, il vainquit les objections du gouverneur Elgin et surmonta les hésitations du Pape Pie IX, celui-ci accordant l'indult requis pour la faculté de théologie.

C'est aussi lui qui rédigea les règlements principaux de l'Université Laval de même que ceux des facultés.

Cette université fut fondée en 1852, avec l'approbation de tous les évêques canadiens, réunis à Québec, en août 1851. C'est la reine Victoria qui, le 8 décembre 1852, signa la Charte. Rome lui octroya sa Charte pontificale en 1876.

Ses premiers directeurs furent Louis-Jacques Casault, Antoine Parent, Joseph Aubry, John Holmes, Léon et Louis Gingras, Michel Forgues, Elzéar-Alexandre Taschereau, Edward John Horan. Ceux-ci ainsi que les trois plus anciens professeurs des Facultés de Théologie, de Droit, de Médecine et des Arts, conformément à la charte, formaient le Conseil d'administration.

Le premier recteur de l'université décéda le 5 mai 1862.

1853

LE PÈRE DUROCHER, FONDATEUR DE SAINT-SAUVEUR

Statue à Québec, à la place Durocher.

AU RÉV. PÈRE FLAVIEN DUROCHER, O.M.I., FONDATEUR ET PREMIER CURÉ DE LA PAROISSE DE SAINT-SAUVEUR, 1867. LES CITOYENS RECONNAISSANTS 1912. PRÊTRE ZÉLÉ, RELIGIEUX PARFAIT, IL FUT LE PASTEUR CHARITABLE.

LA SOCIÉTÉ ST. JEAN-BAPTISTE DE SAINT-SAUVEUR, CÉLÉBRANT SON JUBILÉ D'OR, 24 JUIN 1912, A ÉRIGÉ CE MONUMENT AU R. PÈRE FLAV. DUROCHER, O.M.I., SON FONDATEUR. NÉ EN 1800. PRÊTRE EN 1823. MISSIONNAIRE À OKA, 1830-1841, SUR LA CÔTE NORD, 1843-1853, RELIGIEUX OBLAT, 1846. DESSERVANT LA CHAPELLE DU VILLAGE DE ST-SAUVEUR, 1853-1867. PREMIER CURÉ DE ST-SAUVEUR EN 1867. DÉCÉDÉ LE 6 DÉCEMBRE 1876.

I.P.

Fils d'Olivier et de Geneviève Durocher, il naquit à Saint-Antoine-sur-Richelieu, le 6 septembre 1800. Il était le quatrième d'une famille de dix enfants, dont trois devinrent prêtres et deux religieuses. Il était le frère d'Eulalie, qui, sous le nom de soeur Marie-Rose, fonda la Congrégation des Soeurs des Saints-Noms de Jésus et Marie.

À l'âge de douze ans, il entrait au collège de Montréal et à vingt-trois ans était reçu prêtre. Lorsqu'il fut missionnaire à Oka, il était Sulpicien. C'est là qu'il décida de devenir Oblat afin d'exercer son apostolat chez les Indiens, ce qu'il fit sur un territoire de 250 lieues du lac Saint-Jean et de la Côte Nord jusqu'au Labrador, y multipliant chapelles et écoles.

En 1866, le 14 octobre, à quatre heures et demie du matin, le tocsin réveilla les paroissiens de Saint-Sauveur. Jusqu'à trois heures et demie de l'après-midi, plus de deux milles maisons, y compris l'église, étaient détruites par l'incendie. Plusieurs voulurent alors quitter la paroisse. Mais le curé, malgré ses soixante-six ans, entreprit de tout refaire. Il commença par remonter le moral de ses fidèles, et, à leur tête, il entreprit avec eux la reconstruction, particulièrement son église et des écoles.

En 1912, une statue de huit pieds de hauteur sur un piédestal de dix, fut érigée en son souvenir. Le dévoilement se fit par Mgr Bégin et Mgr Langevin, O.M.I., respectivement archevêques de Québec et de Saint-Boniface, en présence de douze mille personnes. Y adressèrent la parole, en outre des susnommés, le premier ministre Gouin, le père Legault, O.M.I., curé, et le maire Drouin de Québec.

Le père Durocher était un saint, passant chaque jour des heures devant le Tabernacle, ne s'appuyant jamais sur son prie-Dieu.

1854

L'ÉGLISE SAINT-ISIDORE

À Saint-Isidore, comté de Dorchester.

Cette église fut construite en 1854, alors que l'abbé Louis Poulin (1843-1871) était curé.

Les sculptures sur bois furent faites par Léandre Parent, vers 1855. Les belles verrières furent un don de paroissiens.

Elle a été classée le 3 janvier 1957. En 1966, des restaurations y ont été faites qui ont coûté $13,998.

Saint-Isidore-de-Lauzon fut d'abord desservi par le curé de Saint-Henri de 1829 à 1834. En cette dernière année, son premier curé ouvrait le premier registre.

La paroisse fut érigée canoniquement en 1829 et civilement en 1837. La municipalité de paroisse fut incorporée en 1845 et le village en 1921.

L'abbé Louis Poulin, né à Sainte-Famille (Montmagny), en 1798, de Louis et de Marie-Anne Létourneau, fit ses études à Québec et fut ordonné en 1824. Vicaire à l'Assomption, Berthierville, Notre-Dame-de-Saint-Hyacinthe, Baie-Saint-Paul, il fut curé de Saint-Joseph-de-Beauce jusqu'en 1843, alors qu'il devint celui de Saint-Isidore, où il mourut en 1883.

1857

LE CIMETIÈRE ANGLICAN

À Saint-Sylvestre, sur route No 269, à 10 milles au sud de Saint-Gilles, à 3 milles du ruisseau Filkars, sur une butte; (ce cimetière n'est pas visible de la route).

Il y a dans ce cimetière une trentaine de pierres tombales. Voici les noms des principales personnes que l'on peut y lire: BUCHANAN, SAMPLE, STEVENSON, SEWARD, McCUTCHEON, ARTHURS, ORAIGIE, WALKER, McKEE, FAIRFIELD, FERGUSON, McINTYRE, PARKE, KING, CORDICK, NEIL, PEARSON, MACHELL, LIPSEY, BALL, SMITH, NELSON, WOODSIDE, RANKIN, ESTON, JOY, PARKS.

Ce cimetière a été classé comme «monument historique», le 27 février 1962 par la Commission des Monuments historiques du Québec.

Il fut consacré en 1857. Il dépendait de la paroisse de Saint-Georges, dont l'église fut construite à Saint-Sylvestre, en 1844 et fut consacrée, dix ans après, par l'évêque G.J. Mountain. À la fin du 19ème siècle, la population anglaise devint de moins en moins nombreuse; en 1922, l'église fut démolie.

Les premiers paroissiens étaient d'origine anglaise; ils firent des démarches pour bénéficier d'une église dans la tradition anglicane. Le premier desservant fut un missionnaire ambulant, David Bernard Parnther, demeurant à St-Gilles, de 1840 à 1843. Les ministres suivants lui succédèrent: Parsons James Maning, William King, W.G. Faulconer, Edgard B. Husband, G.J. Sutherland et John Roghera, soit jusqu'en 1923.

1861

MGR JOSEPH-DAVID DEZIEL, FONDATEUR DE LA VILLE DE LÉVIS

Statue à Lévis, sur la place Déziel, en face de l'église Notre-Dame.

MGR DÉZIEL.

À MONSEIGNEUR JOSEPH-DAVID DÉZIEL, CAMERIER SECRET DE SA SAINTETÉ LÉON XIII NÉ À MASKINONGÉ LE 21 MAI 1806 ORDONNÉ PRÊTRE LE 5 SEPTEMBRE 1830 PREMIER CURÉ DE CETTE PAROISSE DEPUIS 1851 JUSQU'À SA MORT, ARRIVÉE LE 25 JUIN 1882, ET FONDATEUR DE LA VILLE DE LÉVIS EN 1861 QUI AYANT BÂTI L'ÉGLISE DE NOTRE-DAME EN 1850 FONDA LE COLLÈGE DE LÉVIS EN 1853 LE COUVENT EN 1857 CONSTRUISIT L'ÉGLISE DE ST-DAVID DE LAUBERIVIÈRE EN 1875 ET L'HOSPICE DE SAINT-JOSEPH DE LA DÉLIVRANCE EN 1877. LES CITOYENS DE LÉVIS RECONNAISSANTS. 1885. SCULPTEUR: Philippe Hébert. Carrier, Lainé & Cie, coulèrent cette statue.

Joseph-David Déziel était la septième génération au Canada, étant issu de Gabriel Déziel-Labrèche et de Marie Champoux. Le premier arrivé ici, Jean, s'appelait Delguel ou Delguiel et était originaire de Sarlat (Dordogne). Il eut treize enfants, dont Pierre qui, le premier adopta le nom de Déziel.

Mgr Déziel fit ses études classiques au séminaire de Nicolet et fut ordonné en 1830. Il fut successivement: vicaire à Louiseville (1830-31), à Gentilly (1831-32), à Maskinongé (1832-35); curé à Fraserville (1835-37), Saint-Pierre-les-Becquets (1837-43), Saint-Joseph-de-Lévis (1843-53), missionnaire (1852-59) et premier curé de Lévis (1853-82).

Il fut nommé prélat romain en 1880.

1862

LA MAISON HAMEL

À Québec, au No 14, rue Saint-Flavien.

La Commission des Monuments historiques du Québec a classé cette maison, le 29 mars 1966. Elle le méritait par son style, mais aussi à cause des personnalités qui y vécurent, particulièrement François-Xavier Garneau (1809-1866), historien, qui y demeura de 1862 jusqu'à sa mort.

C'est Abraham Hamel, l'un des plus riches marchands de Québec, qui, en 1862, fit construire cette maison, bénéficiant de l'expérience acquise par les nombreuses constructions qu'il fit à Québec. C'est pourquoi une rue avoisinante porte son nom.

L'on croit que le constructeur en fut David Dussault et que la pierre de taille fut apportée de la côte de Beaupré en charrettes tirées par des boeufs.

Tout le bois employé y est en pin. Il y a cinq foyers. L'ameublement actuel est de style victorien et date de 1859.

Parmi les autres personnages qui y vécurent, mentionnons:

Abraham Hamel, qui fut le père de Séphora, mariée à Gustave Gagnon (1842-1930), musicien et compositeur, organiste de la basilique de Québec.

Napoléon Legendre, qui y décéda en 1907, écrivain, poète, musicien, qui y reçut de nombreuses personnes célèbres, dont Albani (Emma Lajeunesse), cantatrice internationale, et Ernest Gagnon, musicien et écrivain. Sa fille, Mariette, vint y habiter après son mariage avec le juge Ferdinand Roy; leur fils, Maurice, l'actuel cardinal de Québec, y est né en 1905.

1863

LA NAISSANCE DE ADÉLARD TURGEON À BEAUMONT

Plaque dans le portique de l'église de Beaumont, côté sud.

EN MÉMOIRE DE L'HONORABLE ADÉLARD TURGEON PRÉSIDENT DU CONSEIL LÉGISLATIF 1863-1930, R.I.P.

I.P.

Il naquit à Beaumont en 1863. Avocat, il se lança tôt dans la vie politique. Il n'avait que 23 ans quand il fut élu député libéral du comté de Bellechasse. Il fut un admirateur d'Honoré Mercier, qu'il supporta et défendit même après la défaite de celui-ci.

Il fut:

Ministre de la Colonisation et des Mines (1897), dans le cabinet Félix-Gabriel Marchand;

Ministre de la Colonisation et des Mines (1901) puis de l'Agriculture (1902), alors que S.-N. Parent était premier ministre;

Ministre des Terres, Mines et Pêcheries, (1905) dans le cabinet Lomer Gouin;

Président du Conseil législatif, de 1909 à l'année de sa mort, en 1930.

Il démissionna comme ministre de même que W.A. Weir et Lomer Gouin, obligeant ainsi le premier ministre S.-N. Parent à céder ce titre à ce dernier.

En 1907, il démissiona comme ministre et comme député pour se présenter, dans son comté, contre Henri Bourassa, qu'il battit avec environ 700 voix de majorité.

Il joua un rôle important dans divers domaines, particulièrement comme administrateur de Québec Power, pour doter les colons du Lac Saint-Jean d'un chemin de fer.

De belle prestance, il était un orateur fort apprécié. Durant environ quarante-cinq ans, il participa activement à la vie publique en faveur du Québec.

1863

LES PIONNIERS DE STE-EMMÉLIE DE LECLERCVILLE

À un mille à l'est de Leclercville, sur route No 3.

HOMMAGE AUX PIONNIERS DE STE-EMMÉLIE DE LECLERCVILLE 1863-1963.
I.P.

La paroisse de Sainte-Emmélie (Leclercville) fut érigée canoniquement, en 1862, par Mgr Baillargeon, administrateur de l'archevêché de Québec. Elle le fut civilement le 1er décembre de la même année. Mais la vie paroissiale ne débuta qu'en 1863.

Son église fut bénite le 12 novembre 1863. Il y eut d'abord un desservant, M. l'abbé Louis-Nicolas Bernier. Son premier curé fut l'abbé Jean-Baptiste Blouin. M. David-Lucien Filteau fut le premier maire du village.

Cette agglomération avait commencé par les employés de M. Pierre-G. Joly, qui exploitaient une entreprise forestière au Portage et les environs. Puis, en 1848, le gouvernement construisit un pont sur la Duchêne, non loin du fleuve, lequel donna un nouvel élan vers le progrès.

Dans l'église on admire un vitrail que les paroissiens ont fait poser en souvenir de Sir Henri-Gustave Joly de Lotbinière, leur protecteur, qui après avoir été député de Portneuf, devint premier ministre du Québec (1878-1879) puis lieutenant-gouverneur de la Colombie Britannique (1900-1906).

Le premier conseil municipal fut formé de Urbain Lemay, maire, et A.F. Germain, J. Auger, F.-X. Lemay, Joseph Lord, J. Pérusse et V. Beaudet, conseillers.

Les premiers marguilliers furent P. Leclerc, M. Beaudet, M. Lagacé, A. Hébert et C. Lemay.

1864

LA SIGNATURE DU PACTE DE LA CONFÉDÉRATION

Plaque au parc Montmorency (Côte de la Montagne).

INSCRIPTION PLACÉE PAR LE COMITÉ LOCAL DE LA CÉLÉBRATION DU JUBILÉ DE DIAMANT DE LA CONFÉDÉRATION POUR INDIQUER L'ENDROIT OÙ LE PACTE FUT SIGNÉ LE 10 OCTOBRE 1864.

TABLET PLACED BY THE COMMITTEE OF THE LOCAL CELEBRATION OF THE DIAMOND JUBILEE OF CONFEDERATION TO MARK THE SPOT WHERE THE PACT WAS SIGNED, ON OCTOBER 16th 1864.

I.P.

La Conférence de Québec dura du 11 au 27 octobre 1864. 33 délégués y prirent part représentant le Canada (union du Québec et de l'Ontario), la Nouvelle-Écosse, le Nouveau-Brunswick, Terre-Neuve et l'Île du Prince-Édouard.

Étienne-Pascal Taché, premier ministre du Canada, présida, alors que le major H. Bernard agit comme secrétaire. Les réunions furent secrètes et tenues à huis clos.

Les 11 autres membres suivants de l'exécutif du Canada y participèrent: G.E. Cartier, A.T. Galt, J.A. MacDonald, A. Campbell, T. D'Arcy McGee, G. Brown, P.L. McDougall, O. Mowat, H. Langevin, J. Cockburn et J.C. Chapais.

Le Nouveau-Brunswick et la Nouvelle-Écosse étaient représentés par S.L. Tilley, P. Mitchell, A. Archibald, Steeves, Johnson, Chandler, Grey, Eisher, Henry, Dickey, McCully et Chs Tupper.

Terre-Neuve et l'Île du Prince-Édouard avaient les porte-parole suivants: J.C. Pope, E. Palmer, J.H. Gray, A.A. MacDonald, Shea, Cole, Haviland, Carter et Wheeland.

Le vote se prit par province, le Canada ayant droit à deux voix.

Ils adoptèrent 72 déclarations que l'on appela ensuite «Résolutions de Québec». Elles furent soumises aux divers parlements coloniaux pour être adoptées en bloc puis adressées à Londres pour être étudiées et servir de base au Statut de l'Amérique du Nord adopté le 22 mai 1867 et mis en vigueur le 1er juillet suivant.

Cependant, Terre-Neuve et l'Île du Prince-Édouard ne voulurent pas se joindre immédiatement à cette union.

1865

LA CHAPELLE DES HURONS

À Loretteville.

Les Hurons, en 1673, après avoir été harcelés de longues années par les Iroquois et avoir cherché plusieurs refuges, allèrent s'établir dans la seigneurie Saint-Gabriel des Pères Jésuites, à neuf milles de Québec, dirigés par leur missionnaire, le Père Pierre-Joseph-Marie Chaumonot. Celui-ci donna le nom de Loretteville à cette paroisse, en souvenir de Notre-Dame de Lorette, Italie, où il avait obtenu sa guérison. La chapelle fut même construite sur le modèle de celle d'Italie.

Mais, trois ans après, les Hurons émigrèrent à trois milles au nord-est, près de la chûte de la rivière Saint-Charles. Ils nommèrent cet endroit JEUNE-LORETTE, alors que l'autre prenait le nom de ANCIENNE-LORETTE.

À cette nouvelle mission, il semble que ces amérindiens assistèrent d'abord aux offices religieux à la résidence des Jésuites, transformée ensuite en chapelle. Mais, en 1862, un incendie la détruisit. La «chapelle des Hurons» fut construite vers 1865; c'est celle que l'on connaît maintenant et qui a été classée monument historique le 3 janvier 1957.

Elle eut son registre dès 1697 et fut desservie longtemps par les Jésuites puis par les curés de Saint-Ambroise; à compter de 1904, elle eut son missionnaire résidant.

La gare et le bureau de poste portèrent longtemps le nom de «Indian Lorette». Loretteville compte environ 6,000 habitants dont quelques centaines de Hurons.

1866

LA MAISON OÙ VÉCUT ET MOURUT FRANÇOIS-XAVIER GARNEAU

Plaque sur cette maison, 14 rue Saint-Flavien, à l'angle de la rue Couillard.

EN CETTE MAISON RÉSIDA PLUSIEURS ANNÉES, ET MOURUT, LE 3 FÉVRIER 1866, FRANÇOIS-XAVIER GARNEAU, L'HISTORIEN DU CANADA.

IN THIS HOUSE FRANÇOIS-XAVIER GARNEAU, THE HISTORIAN OF CANANADA, LIVED FOR SEVERAL YEARS AND HERE DIED ON THE 3rd OF FEBRUARY, 1866.

I.P.

François-Xavier Garneau, célèbre historien québécois, habita presque toujours sa ville natale. Il passa les dernières années de sa vie dans cette maison; celle-ci a été classée sous le nom de maison Hamel (page 253).

En 1843, il eut une première attaque d'épilepsie, le surmenage ayant miné sa santé. Trois ans plus tard, cette maladie réapparut, compliquée de typhus et d'érésipèle; il faillit en mourir. Mais, son médecin et ami, le Dr Jean Blanchet, le sauva. Il continua alors son oeuvre historique. En 1864, il dut donner sa démission comme secrétaire de la ville de Québec, qui lui paya une pension annuelle de mille dollars.

À partir de 1865, le mal le reprit; l'année suivante, il eut plusieurs crises. Il perdit connaissance en pleine rue. Il mourut dans sa maison, le 3 février 1866, âgé d'un peu plus de 56 ans.

Il avait deux frères: David, négociant à Québec et Honoré, qui mourut au Mexique, ainsi qu'une soeur, épouse de M. Routhier.

En 1835, il avait épousé, à Québec, Esther Bilodeau, dont il eut neuf enfants. Cinq moururent en bas âge; les autres furent: Alfred, avocat et poète, Évangéline et Joséphine et Honoré. Cette dernière épousa Joseph Marmette, auteur de plusieurs romans historiques.

La mort de l'historien Garneau fut un deuil national.

1866

LE FORT LÉVIS No 1

À Lauzon, côté nord de la route No 2, près des limites de Lévis.

Outre quarante-cinquième, en 1866, se termina la guerre civile, dite de Sécession, entre les États du Sud et les États du Nord, à l'avantage de ceux-ci; elle était commencée depuis 1861.

C'est alors que fut entreprise la chaîne d'ouvrages militaires sur les hauteurs de Lévis, suivant des plans préparés surtout en 1865.

Officiellement, c'était pour protéger la région de Québec contre une invasion américaine. Mais, en fait, c'était aussi une manoeuvre des promoteurs d'une confédération canadienne, voulant que cette menace les aide à obtenir l'appui de la population.

Ce système de défense avait été conçu par le lieutenant-colonel Jervois, bien que sur les plans on voit la signature de plusieurs ingénieurs royaux, particulièrement celle du capitaine Akers. Il comprenait trois forts portant les numéros 1, 2 et 3.

Le Fort No 1, classé monument historique par la Commission des sites et monuments historiques du gouvernement fédéral, a coûté 60,000 livres sterling. À la fin de 1870, il n'y avait qu'une garnison de cinq hommes.

Avant et pendant la première Grande Guerre, on l'employa comme entrepôt à munitions.

Heureusement, il ne servit à aucune autre fin militaire.

1867

LE PREMIER MONUMENT DE FRANÇOIS-XAVIER GARNEAU

À Québec, au cimetière Belmont.

Le 10 février 1867, soit sept jours après le décès de l'historien national du Canada français, se tenait, au salon des marguilliers au presbytère de Notre-Dame de Québec, une réunion des principaux citoyens de la ville. Ils décidèrent de faire ériger, en sa mémoire, un monument, le premier en hommage à un homme de lettres canadien-français. Sir Narcisse Belleau (1808-1894), premier lieutenant-gouverneur sous la Confédération, fut désigné président du comité de souscription.

Le 15 septembre suivant, les restes de F.-X. Garneau étaient transférés de la voûte où ils reposaient depuis son décès, au cimetière de Belmont à l'endroit préparé pour son dernier repos, sous son monument.

La cérémonie religieuse fut faite par M. Auclair, curé de Québec. Y assistaient aussi près de deux mille personnes, dont le lieutenant-gouverneur et le premier ministre du Québec, l'hon. Pierre-J.O. Chauveau (1820-1890).

Il était alors environ six heures de l'après-midi, par une température clémente. Tout près, le «Drapeau de Carillon» flottait doucement.

C'est l'hon. Chauveau qui prononça l'oraison funèbre, dont voici un extrait:

«Le nom de François-Xavier Garneau est célèbre partout où le Canada est connu; il est inséparable de la renommée de notre pays; il eût donc été bien pénible que celui qui a élevé à notre patrie le plus beau des monuments, n'eût pas lui-même une pierre tumulaire sur le sol dont, poète, il avait chanté les beautés, historien, célébré les héros.»

«Poète, voyageur, historien, François-Xavier Garneau a été en même temps un homme d'initiative, de courage, d'héroïque persévérance, d'indomptable volonté, de désintéressement et de sacrifice. Une idée fixe, ou mieux que cela, une grande mission à remplir s'était emparée de tout son être; il lui a tout donné: coeur, intelligence, repos, fortune, santé. Sa grande tâche, son oeuvre, un monument national à élever, à compléter, à retoucher, à embellir une fois qu'il fut terminé, voilà à ses yeux toute sa vie.»

1867

GEORGES-ÉTIENNE CARTIER, PÈRE DE LA CONFÉDÉRATION

Statue dans le parc Montmorency (Côte de la Montagne).

**FRANC ET SANS DOL.
CARTIER. NOUS FRANCO-CANADIENS, NOUS SOMMES L'UNE DES BRANCHES DE L'ARBRE DE LA CONFÉDÉRATION. À NOUS DE LE COMPRENDRE ET TRAVAILLER AU BIEN COMMUN. POUR ASSURER NOTRE EXISTENCE IL FAUT NOUS CRAMPONNER À LA TERRE ET LÉGUER À NOS ENFANTS LA LANGUE DE NOS ANCÊTRES ET LA PROPRIÉTÉ DU SOL. DANS UN PAYS COMME LE NÔTRE, IL FAUT QUE TOUS LES DROITS SOIENT SAUVEGARDÉS, QUE TOUTES LES CONVICTIONS SOIENT RESPECTÉES.
Sculpteur: G.W. Hill.**

I.P.

Il naquit à Saint-Antoine-sur-Richelieu, en 1814. Avocat en 1835, il prit une part active aux Troubles de 1837. Élu député de Verchères en 1848, il devint tôt un homme d'État. Il fut premier ministre avec J.A. Macdonald de 1857 à 1867, et chef du parti libéral-conservateur durant un quart de siècle. On lui doit, particulièrement, le code civil du Québec. Son idée d'une union législative prévalut de préférence à une fédération. Il mourut à Londres en 1873.

Cette statue fut dévoilée, en 1920, par Alexandre Taschereau, premier ministre du Québec. Le cardinal Bégin fut alors l'un des orateurs. Voici un extrait du discours qu'il prononça alors et qui est un historique de l'endroit où ce monument est érigé:

«C'est ici, en effet, que, en 1693, le deuxième évêque de Québec, Monseigneur de Saint-Vallier, commence l'érection de son évêché, édifice de proportions et d'architecture dignes du grand siècle qui allait finir. C'est ici que, après la cession du Canada, furent tenues dans ce même édifice converti en Hôtel du Gouvernement, les premières assises du Parlement canadien. C'est ici que, en reconnaissance de ses mérites, de sa loyauté et, en particulier, des services rendus à la Couronne britannique, notamment dans la guerre de 1812-1814, le grand évêque Plessis, investi du mandat de conseiller législatif, défendit avec tant de logique et d'autorité les droits de l'Église du Québec dans l'ordre administratif et éducationnel. Cet évêché-parlement et la nouvelle construction de proportions grandioses qui le remplaça en 1831 et fut détruite par le feu en 1854, furent témoins successivement de l'éloquence de tous les grands hommes politiques de l'époque. Dans le dernier édifice, modeste construction en briques, érigé sur le même site, destiné à son tour à devenir la proie des flammes, fut élaboré le projet de la Confédération.»

1868

CHARLES SCOTT

Monument à Scott Jonction, au parc historique du Centenaire.

CE MONUMENT EST ÉRIGÉ EN HOMMAGE À CHARLES SCOTT QUI RÉALISA LA CONSTRUCTION DE LA SECTION LÉVIS KÉNÉBEC DU CHEMIN DE FER QUÉBEC CENTRAL EN 1868 ET DONT LE TERMINUS ÉTAIT SCOTT JONCTION.

CE PARC COMMÉMORE LE CENTENAIRE DE LA CONFÉDÉRATION 1867-1967.

I.P.

De Charles Scott nous ne savons que peu de chose; il décéda en décembre 1893.

En 1879, un M. Crawford construisit au site de Scott-Station actuel un moulin à scie, qui a fonctionné jusqu'en 1910 alors qu'il fut incendié; il fut reconstruit en 1912 mais fut de nouveau détruit par le feu l'année suivante. Il ne s'est pas relevé de ses ruines.

Ce moulin attira une population qui eut l'aide spirituelle d'abord par une mission, de 1882 à 1892, puis par une desserte, de 1892 à 1895, alors qu'un curé en titre y fut nommé.

La paroisse fut érigée canoniquement en 1895. Elle reçut comme patron Saint-Maxime, en hommage à l'abbé Maxime Fillion, prêtre, originaire de la localité.

La municipalité de la paroisse fut incorporée en 1897.

Les registres de la paroisse s'ouvrent en 1892.

VERS 1870

LA MAISON GIGUÈRE

À Québec, au No 137, rue Saint-Paul.

C'est son propriétaire d'alors, Léonidas Giguère, qui, le 11 juin 1963, a obtenu le classement de cette maison comme monument historique pour son style architectural.

Elle est crépie en ciment.

Elle mesure environ vingt-cinq pieds de largeur.

Elle a trois étages et demi et un foyer. Son toit à pignon a trois lucarnes. Elle a un foyer.

1871

L'ENTRÉE DE LA COLOMBIE BRITANNIQUE DANS LA CONFÉDÉRATION

Plaque à Québec, vis-à-vis la bibliothèque du Parlement.

1871-1971. TOTEM OFFERT PAR LES INDIENS DE LA COLOMBIE BRITANNIQUE POUR COMMÉMORER LE CENTENAIRE DE L'ENTRÉE DE CETTE PROVINCE DANS LA CONFÉDÉRATION CANADIENNE LE 20 JUILLET 1871. CE TOTEM DE LA TRIBU DE COAST SABISH A ÉTÉ SCULPTÉ À KOKSILAH, COLOMBIE BRITANNIQUE, PAR M. SIMON CHARLIE DE LA BANDE INDIENNE DE COWICHAN. PROJET RÉALISÉ PAR LE FIRST CITIZEN'S FOND ET LE COMITÉ DU CENTENAIRE DE LA COLOMBIE CANADIENNE.

1871-1971. DONATED BY THE NATIVE INDIAN PEOPLE OF BRITISH COLUMBIA TO COMMEMORATE THE CENTENARY OF THE UNION, JULY 20, 1871, OF THE PROVINCE OF BRITISH COLUMBIA WITH CANADA. COAST SABISH TOTEM POLE CARVED AT KOKSILAH, B.C. BY MR SIMON CHARLIE OF THE COWICHAN INDIAN BAND. A PROJECT OF THE FIRST CITIZEN'S FOND AND THE BRITISH COLOMBIA CENTENNIAL '71 COMMITTEE.

I.P.

La Colombie Britannique fut découverte par l'espagnol Juan Perez en 1774, (bien que l'Anglais Francis Drake dit avoir navigué, en 1578-79, entre le 42° et le 48°.), puis par l'anglais Cook en 1778 et Vancouver de 1792 à 1794. En 1790, l'Espagne céda à l'Angleterre tous ses droits dans cette région.

Alexandre Mackenzie atteignit le premier la côte, en 1793, par voie terrestre. La Compagnie de la Baie d'Hudson y établit des comptoirs; en 1849, l'Angleterre y fonda une colonie appelée «Île de Vancouver» et une autre en 1858 sur les territoires continentaux sous le nom de «Colombie Britannique». Réunies en 1866, ces colonies devinrent une province en 1871 dans la Confédération canadienne.

En 1869, Cartier déclarait déjà: «Dans quelques mois, le Canada s'étendra de l'Atlantique au Pacifique». Pour obtenir l'adhésion des Colombiens, le gouvernement canadien dut promettre de construire, dans un délai de dix ans, un chemin de fer les reliant à la population du centre et de l'est. Cette voie ferrée fut terminée le 7 novembre 1885 sur une distance de 2500 milles. En 1871, la Colombie canadienne avait une population de 36,247; elle en a une, maintenant, de deux millions et demi.

Un totem (en indien ojibwa) est le symbole d'une famille ou d'un clan. Il représente un animal, une plante ou un objet auquel certains se croient unis par un lien surnaturel. Par ce nom, on désigne aussi une colonne de bois sculpté.

C'est la Colombie Britannique qui compte le plus grand nombre de totems qui sont la manifestation de la richesse de l'art indien au pays.

1872

L'ÉGLISE ET LE PRESBYTÈRE DE SAINT-BERNARD

À Saint-Bernard, comté de Dorchester.

CENTENAIRE DE L'ÉGLISE ST-BERNARD, COMTÉ DORCHESTER BÂTIE PAR: ABBÉ J. BOURASSA EN 1872.

1872-1972. CONSACRÉE LE 11 JUIN 1972 PAR SON EXCELLENCE MGR LAURENT NOËL ÉVÊQUE AUXILIAIRE, DIOCÈSE QUÉBEC, ABBÉ CHARLES-HENRI BÉRUBÉ, CURÉ. JE ME SOUVIENS. (Plaque sur l'église).

Commencée en 1871, la construction de cette église fut terminée en 1872. La bénédiction eut lieu en 1874. Pierre, Joseph et Pierre (fils) Fortier en furent les constructeurs.

La construction du presbytère fut terminée en 1866.

L'abbé Bourassa fut curé de cette paroisse de 1852 à 1884.

La paroisse eut un curé résident dès 1844; l'année précédente, s'ouvraient les registres.

Son érection canonique date de 1825 et civile de 1854. Elle est sur le territoire de la seigneurie de Beaurivage et du fief de Saint-Étienne.

Elle a Saint-Bernard comme patron en hommage à Mgr Bernard-Claude Panet, deuxième évêque de Québec.

L'abbé Bourassa naquit à Saint-Joseph-de-Lévis, en 1817, de Joseph et de Angèle Bégin. Il fit ses études à Québec et reçut les ordres dans sa paroisse natale, en 1844. Il fut missionnaire au Manitoba et ailleurs dans l'Ouest jusqu'en 1856, alors qu'il devint curé de Saint-Bernard, avec desserte de Saint-Maxime. Il se retira à Lévis quelques années puis fut curé de Saint-Maxime, de 1886 à 1892, pour retourner, de nouveau, à Lévis, où il décéda, en 1900.

L'église et le presbytère furent classés le 25 octobre 1960.

DE 1877 À 1886

L'ÉDIFICE DU PARLEMENT

À Québec, à l'angle de la Grande Allée et Dufferin.

CET ÉDIFICE A ÉTÉ CONSTRUIT DE 1877 À 1886 D'APRÈS LES DESSINS DE L'ARCHITECTE EUGÈNE TACHÉ.

THIS BUILDING WAS ERECTED FROM 1877 TO 1886 AFTER DRAWING BY EUGÈNE TACHÉ, ARCHITECT. (MONTMAGNY, 1836 — QUÉBEC, 1912).

D.M.H.Q.

La pierre angulaire du portique à l'entrée principale de cet édifice fut posée, le 17 juin 1884, par Théodore Robitaille, lieutenant-gouverneur.

L'Hôtel du Gouvernement est érigée sur un terrain faisant partie du fief Saint-François concédé par de Montmagny, le 10 mars 1646. Le gouvernement du Québec acquit à cette fin une superficie de 251,763 pieds carrés du gouvernement du Canada au prix de $15,000. L'endroit était alors connu sous le nom de Cricket Field.

L'édifice de style Renaissance française forme un quadrilatère, chaque façade mesurant 300 pieds. La tour a 172 pieds. La Bibliothèque mesure 250 pieds par 75.

Eugène (Étienne) Taché fit, en outre, les plans du manège militaire et du palais de justice de Québec. C'est à lui que l'on doit la devise du Québec «Je me souviens».

Né à Saint-Thomas-de-Montmagny, le 25 octobre 1836, de Étienne-Paschal, qui fut premier ministre, et de Sophie Boucher, il fit ses études au Séminaire de Québec et à Upper Canada College. En 1869, il fut sous-ministre des Terres de la Couronne.

Il épousa, à Québec, en 1859, Olympe-Éléonore Bender, dont il eut deux enfants morts en bas âge. Devenu veuf, il se remaria à Marie-Clara Juchereau-Duchesnay, dont douze enfants furent issus.

Édouard VII, en 1903, le décora de l'Ordre du Service Impérial. Il mourut en 1912.

1877-1917
WILFRID LAURIER, DÉPUTÉ DE QUÉBEC-EST

Cette statue de Wilfrid Laurier fut érigée non seulement parce que celui-ci fut premier ministre du Canada de 1896 à 1911, mais, particulièrement, parce qu'il fut député de Québec-Est du 28 novembre 1877 jusqu'à sa mort, le 17 juin 1919, à Ottawa.

Il avait commencé sa carrière politique comme député de son comté, Arthabaska, en 1871, à Québec. Mais il préféra la Chambre des Communes. C'est pourquoi, aux élections de 1874, il fut élu député de Drummond-Arthabaska, à Ottawa.

À l'âge de 36 ans, il entra dans le cabinet Mackenzie à titre de ministre du Revenu de l'Intérieur. Suivant la loi d'alors, il dut se présenter de nouveau devant ses électeurs, mais fut battu.

Le député Isidore Thibaudeau lui céda son siège de québec-Est, où il fut élu avec 316 voix.

Moins d'un an après, le ministre Mackenzie tombait et Laurier se fit remarquer dans l'opposition et sa popularité dans le Québec, si bien que, en 1877, il remplaça Edward Blake à la tête du parti libéral. Le 13 juillet 1896, il était premier ministre du Canada. Aux élections de 1911, il perdit le pouvoir. En 1917, toujours chef de son parti, il vit plusieurs de ses lieutenants anglo-canadiens l'abandonner pour entrer dans le ministère Robert Borden, en coalition, et voter la conscription; Laurier voulait que celle-ci ne soit pas imposée mais soumise à un référendum.

Né à Saint-Lin, en 1841, il épousa Zoé Lafontaine, qui ne lui laissa pas d'enfant; celle-ci décéda en 1921. Sir Wilfrid Laurier fut un grand canadien.

Statue à Québec sur le Boulevard Langelier, à l'angle du boulevard Charest.

E. BRUNET, sculpteur.

1877

CYRILLE DUQUET, PIONNIER DU TÉLÉPHONE À QUÉBEC

ICI VÉCUT CYRILLE DUQUET (1841-1922), BIJOUTIER, PIONNIER DU TÉLÉPHONE À QUÉBEC. IL ÉTABLIT LE PREMIER SERVICE TÉLÉPHONIQUE PRIVÉ, EN 1877 ET OBTINT EN 1878, UN BREVET POUR SON TÉLÉPHONE AMÉLIORÉ. EN 1882, IL VENDIT SES DROITS À LA COMPAGNIE DE TÉLÉPHONE BELL DU CANADA.

Plaque à Québec au No 1195 rue Saint-Jean.

HERE LIVED CYRILLE DUQUET (1841-1922), JEWELLER, QUÉBEC CITY TELEPHONE PIONEER. HE ESTABLISHED THE FIRST PRIVATE LINE SERVICE IN 1877 AND SECURED A PATENT ON AN IMPROVED TELEPHONE IN 1876. HE SOLD HIS PATENT ROYALTIES IN 1882 TO THE BELL TELEPHONE COMPANY OF CANADA.

APPOSÉE PAR — ERECTED BY THE TELEPHONE PIONEER OF CANADA, CHARLES FLEETFORD, SIX CHEPTER.
ET AND
LA SOCIÉTÉ HISTORIQUE DE QUÉBEC.
LE 26 MAI 1956. MAY 26, 1956.
I.P.

Alexandre-Graham Bell, inventeur du téléphone en 1874, obtint son brevet canadien en 1877. Cyrille Duquet, cette année-ci, installa pour son propre usage la première ligne téléphonique de Québec, reliant son magasin de la Haute Ville à sa succursale de Saint-Roch. En 1878, il obtenait un brevet d'invention pour son «téléphone français» (appareil contenant le micro et l'écoute, maintenant universellement employé).

À 13 ans, il était aide-bijoutier. Ayant parfait lui-même son instruction, il ouvrit, plus tard, une bijouterie à son compte. Il construisit de grandes horloges, particulièrement celle du parlement. En 1870, il inventa le chronomètre d'usine (TIMECLOCK), qu'il vendit à NEW HAVEN CLOCK CO.

La première ligne téléphonique de Montréal le fut, en 1878, entre le Séminaire des Sulpiciens et le cimetière de la Côte des Neiges, employant des téléphones Duquet. Cette même année, Duquet fit fonctionner des lignes téléphoniques, avec succès, entre Montréal et Québec, alors que celle de Bell se limitait à environ huit milles de distance.

Né à Québec, il était le dernier d'une famille de neuf, issu d'un ancien fermier de Saint-Charles de Bellechasse. Il épousa, en 1865, Adélaïde Saint-Laurent, dont il eut seize enfants, dont douze filles. Il fut longtemps échevin de sa ville; c'est lui qui fit élargir la rue Saint-Jean, où deux voitures pouvaient à peine se rencontrer.

En 1881, il fonda la Compagnie de Téléphone de Québec et Lévis.

1880

LA MAISON MORENCY

À Québec, aux Nos 133-135, rue Saint-Paul.

Cette maison porte ce nom, parce que c'est son propriétaire, Jean-Louis Morency, qui, le 21 juin 1965, en a obtenu le classement à cause de son architecture.

En brique solide, elle mesure 25' de largeur par 45' de profondeur et est à trois étages. Son toit normand à pignon a deux lucarnes. Ses fenêtres sont françaises.

Elle fut construite originalement sur les battures du bassin Louise.

1880

LE PREMIER BUREAU CENTRAL DE LA CIE DE TÉLÉPHONE BELL À QUÉBEC

LE PREMIER BUREAU CENTRAL À QUÉBEC DE LA COMPAGNIE DE TÉLÉPHONE BELL DU CANADA FUT ÉTABLI AUX ÉTAGES SUPÉRIEURS DE CETTE MAISON EN 1880, QUATRE ANS APRÈS L'INVENTION DU TÉLÉPHONE. SIGISMUND MOHR EN FUT LE PREMIER GÉRANT. LA PREMIÈRE LISTE D'ABONNÉS COMPRENAIT 79 NOMS.

QUÉBEC CITY'S FIRST CENTRAL OFFICE OF THE BELL TELEPHONE COMPANY OF CANADA WAS ESTABLISHED ON THE UPPER FLOORS OF THIS BUILDING IN 1880, FOUR YEARS AFTER THE TELEPHONE WAS INVENTED. SIGISMUND MOHR WAS THE FIRST MANAGER. THE ORIGINAL LIST OF SUBSCRIBERS CONTAINED 79 NAMES.

I.P.

Cyrille Duquet, pionnier du téléphone à Québec depuis 1877, fonda, en 1881, la Cie de Téléphone Québec et de Lévis. Dans une note qu'il a laissée, on voit qu'il avait vendu son «téléphone français» à Québec, de 1877 à 1881, à Robert McGrevy, A. Toussaint, S.J. Shaw, Beaudet & Chinie, H. Cimon, McWilliams, Barrow.

En 1889, il avait deux autres entreprises à Québec dans le domaine téléphonique: DISTRICT TELEGRAPH SYSTEM avec l'appareil Edison, et DOMINION TELEGRAPH CO. avec celui de Bell. Elles se firent une grande concurrence, variant leurs prix de $25.00 à $40.00.

Mais, The Bell Telephone Company of Canada, fondée en 1880, à Montréal, acquit les installations téléphoniques des deux compagnies mentionnées au paragraphe précédent et ouvrit son bureau central au No 32, rue de la Fabrique. Son premier directeur commercial, Sigismund Mohr, fut aussi celui qui mit sur pied le premier réseau d'éclairage électrique de la ville.

Cyrille Duquet qui, s'il avait eu l'aide financière qu'il avait sollicitée, aurait pu lancer cette entreprise du fondateur Bell à Québec, dut vendre ses droits dans ce domaine particulièrement dans le «téléphone français» (photo ci-contre), à la Compagnie Bell. Celle-ci, en 1885, avait environ 300 abonnés dans Québec, plus de 1,000 en 1889 et, 1904, son 2.000ème.

À Québec, au No 1195, rue Saint-Jean.

1880

LA MAISON DE CALIXA LAVALLÉE, OÙ IL A ÉCRIT LA MUSIQUE DE L'«O CANADA».

À Québec, au No 22, rue Couillard.

Non seulement Calixa Lavallée habita cette maison, mais c'est là qu'il composa la musique de l'hymne national canadien, O CANADA.

Né à Verchères, (aujourd'hui Sainte-Théodosie), en 1842, il avait épousé, à Lowell, E.U., Joséphine Gently, dont furent issus quatre enfants: Calixa et François morts tout jeunes, Calixa décédé à quinze ans et Raoul, qui leur survécut.

Lorsque le lieutenant-gouverneur, Théodore Robitaille, lui demanda, avant le grand congrès des Sociétés Saint-Jean-Baptiste du Canada et des États-Unis de 1880, à Québec, de composer cette musique, Lavallée avait manifesté ses talents de musicien non seulement dans ces deux pays mais même en France.

Lavallée, après avoir soumis quelques ébauches, remit, un soir, à ses amis un manuscrit au crayon, et le joua par coeur au piano. Il avait trouvé ce chef-d'oeuvre. Une copie à l'encre en fut faite, qui fut portée à l'hon. Robitaille.

Cet hymne fut exécuté, avec grand succès, pour la première fois, par une centaine de musiciens des fanfares de Fall River, Beauport et du 9ième Bataillon, au «grand banquet national». Ce fut une ovation.

Le 3 décembre suivant, cependant, Lavallée accompagna la cantatrice Rosita Del Vecchio et son mari Jéhin-Brume, violoniste, pour un concert à Hartford, Conn. Quelques jours après, il tomba malade et dut séjourner à l'hôpital. Il ne revint plus demeurer au Canada, mais fit un succès de sa carrière de pianiste et de professeur aux États-Unis. Il devint même le président de l'Association des professeurs de musique d'Amérique, dont il fut le délégué officiel au congrès de Londres, en 1887.

C'est lui qui, par les concerts qu'il organisa, manifesta aux Américains l'excellence de la musique de leurs compositeurs.

Il fit l'impossible pour jouer ce rôle au Canada, mais ne reçut pas, surtout des autorités politiques, l'appui requis.

Il mourut le 21 janvier 1891 à Boston, à son domicile. Il y eut translation solennelle de ses restes, en 1933, au cimetière de la Côte-des-Neiges, à Montréal, où un monument rappelle son souvenir.

1880

L'EXÉCUTION DE L'HYMNE NATIONAL O CANADA!

Plaque à Québec sur les plaines d'Abraham, au sud du monument Jeanne d'Arc.

O CANADA! CÉLÈBRE HYMNE NATIONAL, PAROLES DE SIR ADOLPHE ROUTHIER, MUSIQUE DE CALIXA LAVALLÉE, FUT EXÉCUTÉ POUR LA PREMIÈRE FOIS LORS DU PREMIER CONGRÈS CATHOLIQUE DES CANADIENS-FRANÇAIS LE JOUR DE LA SAINT-JEAN-BAPTISTE, LE 24 JUIN 1880.

O CANADA! THIS GLORIOUS NATIONAL ANTHEM, VERSE BY SIR ADOLPHE ROUTHIER, MUSIC BY CALIXA LAVALLÉE, WAS FIRST SUNG AT THE FIRST CONGRÈS CATHOLIQUE DES CANADIENS-FRANÇAIS ON THE FÊTE DE SAINT-JEAN-BAPTISTE, 24 JUIN 1880.

I.P.

La fête nationale des Canadiens-français, depuis 1834, a non seulement groupé cette nation mais a provoqué des réalisations extraordinaires. Celle de 1880, organisée par la Société Saint-Jean-Baptiste de Québec, qui y convoqua les francophones de toute l'Amérique du Nord, donna au pays son hymne national, le O Canada.

Un comité général fut formé. L'abbé Napoléon Caron, du diocèse des Trois-Rivières, lui proposa d'organiser un concours pour le choix d'un tel hymne. Un sous-comité de musique eut 24 membres, dont Ernest Gagnon, Petrus Plamondon, Georges Hébert, M. Nadeau, Pierre Laurent et N. Levasseur. Quelqu'un y proposa qu'un grand chant national soit exécuté à cette occasion.

Le juge Adolphe-Basile Routhier (1839-1920) écrivit le poème O Canada que le lieutenant-gouverneur Théodore Robitaille fit connaître à Calixa Lavallée, organiste de l'église Saint-Patrice de Québec, lui demandant d'en écrire la musique. Celui-ci remit plusieurs thèmes à un groupe qui se réunissait au magasin de musique d'Arthur Lavigne, rue Saint-Jean. Un soir, Lavallée apporta un manuscrit au crayon; il le joua par coeur au piano, lequel Lavigne fit parvenir au lieutenant-gouverneur qui l'approuva et en parla à ses amis. Nazaire Levasseur, secrétaire du comité des fêtes mit ce chant au programme de celles-ci, en le confiant au Quatuor Vocal de Québec (Alphonse Vaillancourt, premier ténor; Henri-A. Bédard, second; Pierre Laurent, baryton, et Léonce-P. Bilodeau, basse), qui devait servir de coryphées au choeur de plusieurs centaines.

Ce chant sur les plaines d'Abraham où deux armées ennemies s'étaient entretuées quelque 120 ans auparavant, fut écouté avec émotion par une foule considérable et applaudi avec frénésie.

1883-1968

LES POMPIERS DE QUÉBEC MORTS À L'ACTION

À LA MÉMOIRE DES POMPIERS DE QUÉBEC MORTS À L'ACTION.

CAPT. PIERRE DUVAL 24 DÉC. 1883 — JÉRÉMIE FORTIN, 16 OCT. 1919 — JOSEPH LABARRE, 30 OCT. 1911 — ARTHUR BISSON, 27 NOV. 1967 — PIERRE ROCHON, 3 NOV. 1968 — CAPT EDMOND LAMONTAGNE, CHARLES L'HEUREUX, JEAN-BTE ST-HILAIRE, 19 FÉV. 1917 — GÉRARD MCCULLUM, 24 JANV. 1930 — ALPHONSE BERTRAND, 12 MAI 1930 — LT JÉRÉMIE FORTIN, 22 SEPT. 1930 — JOSEPH CAREAU, 16 MAI 1920 — OMER RENAUD, 4 JANV. 1924 — ÉMILE LE LIÈVRE, 6 DÉC. 1928 — CAPT. PAUL ALAIN, 24 OCT. 1944 — WILFRID MAGNAN, 8 JUIN 1960 — EDMOUR TREMBLAY, 4 JUIN 1941 — CAPT. ERNIE MCALLISTER, 10 SEPT. 1942 — LT RICHARD O'BRIEN, 29 JUIL. 1943 — SAMUEL TARDIF, 26 NOV. 1952 — ROGER THIVIERGE, 10 NOV. 1952 — CLAUDE THIVIERGE, 22 JUIN 1955 — GASTON DORVAL, 12 MARS 1961 — ROLAND DROLET, 12 MARS 1961 — JACQUES JONCAS, 12 MARS 1961.

Monument à Québec, à l'angle du boulevard Henri-Bourassa et de la rue de la Canardière.

Louis Paquet, tonnelier, est considéré comme le premier chef de brigade des incendies à Québec; l'intendant Hocquard le libéra de certaines obligations pour services rendus et lui promit une gratification.

En 1765, deux pompes à incendie avec conduites en cuir furent importées de Londres.

Ce fut des «sociétés amicales» qui, grâce à des souscriptions et contributions bénévoles et libres, se dévouèrent longtemps à combattre cet agent destructeur. En 1800, 463 personnes et groupements aidaient financièrement.

Les pompes étaient placées aux endroits stratégiques. En 1822, c'était rue du Cul-de-sac, au Sault-au-Matelot, rue Sainte-Marguerite, au faubourg Saint-Jean et à la porte Prescott.

Jusqu'en 1867, c'était le tocsin qui annonçait l'incendie et appelait à l'aide. Mais, cette année-là, il fut remplacé par un système d'alarme électrique, installé par une maison de Boston, Kennard, Mondoll & Co.

Québec fut maintes fois la proie des flammes, particulièrement en 1759 par les troupes anglaises, en 1846 et en 1866, alors qu'environ 20,000 personnes furent sans abri, 1,315 édifices détruits et 1,837 respectivement.

1886

LE CARDINAL TASCHEREAU

Monument à Québec, à la place de la Basilique.

AU PREMIER CARDINAL CANADIEN L'ÉMINENTISSIME ELZÉAR-ALEXANDRE TASCHEREAU ARCHEVÊQUE DE QUÉBEC. Sculpteur de la statue et des bas-reliefs: André Vermare. Le socle: oeuvre de Maxime Roisin.

I.P.

Le cardinal (Elzéar-Alexandre) Taschereau, né en 1820 à Sainte-Marie-de-Beauce, était le sixième enfant de Jean-Thomas, député, conseiller législatif et juge, et de Marie Panet, fille de Jean-Antoine, notaire et avocat, magistrat et conseiller législatif.

Dès l'âge de huit ans, il entrait au séminaire de Québec et, à seize ans, il avait terminé ses études classiques. En 1837, il fit un séjour à Rome où il décida de devenir prêtre; il y reçut la tonsure. De retour à Québec, il y fut professeur au séminaire et y fut ordonné en 1842. C'est alors qu'il exerça son ministère en des circonstances dramatiques, à la Grosse-Île, auprès des Irlandais atteints du typhus. Le terrible mal le terrassa à son tour, mais il fut sauvé à l'Hôpital-Général de Québec.

Après avoir enseigné de nouveau au séminaire, il en fut successivement directeur et préfet des études.

Fait à souligner, il fut l'un des initiateurs de l'Université Laval de Québec, ayant été l'un des directeurs inscrits sur sa Charte royale, le 8 décembre 1852. Huit ans après, il fut supérieur du séminaire et recteur de cette université.

C'est en 1871 qu'il fut sacré évêque de Québec. Il fit progresser son diocèse, où il y admit des collaborateurs précieux, particulièrement les Pères Rédemptoristes, les Frères du Sacré-Coeur, les Clercs de Saint-Viateur, les Frères de Saint-Vincent de Paul et ceux de la Charité, ainsi que les Maristes. En 1873, il approuvait l'Hôpital du Sacré-Coeur. Il fut le protecteur du Collège de Sainte-Anne-de-la Pocatière, menacé de ruine.

En 1874, à l'occasion du deuxième centenaire de son diocèse, Pie IX éleva sa cathédrale au rang de basilique mineure et conféra à son évêque le titre de Comte romain. Léon XIII, en 1886, le nomma cardinal.

Mgr Louis-Nazaire Bégin, alors évêque de Chicoutimi, devint, en 1891, son coadjuteur. Trois ans après, Mgr Taschereau, frappé de paralysie cérébrale, vécut dès lors retiré. Il s'éteignit à Québec, le 12 avril 1898.

La gratitude de la population de la région de Québec s'exprima, le 17 juin 1923, par le dévoilement d'un monument à son souvenir, l'un des plus beaux de la ville.

DE 1887 À 1891

HONORÉ MERCIER, PREMIER MINISTRE DU QUÉBEC

ÉRIGÉ À LA MÉMOIRE DE L'HONORABLE HONORÉ MERCIER PREMIER MINISTRE DE LA PROVINCE DE QUÉBEC. PAUL CHEVRÉ, SCULPTEUR.

CESSONS NOS LUTTES FRATRICIDES, UNISSONS-NOUS.

DÈS L'INSTANT OÙ LE PEUPLE A COMPRIS SA LIBERTÉ, LE SEUL MOYEN DE LE GOUVERNER EST DE L'INSTRUIRE. CE PEUPLE LIBRE QUE NOUS DEVONS AINSI INSTRUIRE ET ÉCLAIRER, C'EST LE VRAI PEUPLE, CELUI QUI TRAVAILLE, C'EST LA GRANDE FAMILLE PAR EXCELLENCE, CELLE DES LABOUREURS ET DES MANOEUVRES DU COMMERCE ET DE L'INDUSTRIE. OUVRONS-LEUR TOUTE GRANDE LA PORTE DU TEMPLE, LA PORTE DE L'ÉCOLE. QUE SA BIENFAISANTE LUMIÈRE SE RÉPANDE SUR LE MONDE UNIVERSEL, ET ASSURONS-NOUS QUE SES RAYONS PÉNÈTRENT JUSQU'AU FOYER DES PLUS HUMBLES CHAUMIÈRES.

NOUS, DE LA PROVINCE DE QUÉBEC, SOMMES DÉTERMINÉS À N'AVOIR D'AUTRE GUIDE DANS NOS AFFAIRES PUBLIQUES QUE LA JUSTICE. NOUS CROYONS EN ELLE EN TOUT ET EN DÉPIT DE TOUT: POUR ELLE NOUS ASSUMONS LES RESPONSABILITÉS LES PLUS LOURDES COMME LES CONSÉQUENCES LES PLUS GRAVES, NON SEULEMENT DU PRÉSENT ET DE L'AVENIR MAIS ENCORE DU PASSÉ; ET LORSQUE NOUS CONSTATONS QUE DANS LE FAIT ACCOMPLI, LES PRÉCEPTES DE CETTE JUSTICE ONT ÉTÉ MÉCONNUS, SES INTÉRÊTS NÉGLIGÉS, SES DROITS TRAHIS, ALORS NOUS CROYONS QU'IL FAUT REVENIR SUR SES PAS, RETOURNER EN ARRIÈRE, POUR REDRESSER LES TORTS ET PAYER LA DETTE.

I.P.

Statue à Québec, à la place du Palais législatif.

Né à Saint-Athanase (Sabrevois) en 1840, de famille terrienne, il fit ses études classiques chez les Jésuites, de Montréal. Reçu avocat en 1865, il fut élu en 1872 comme membre du PARTI NATIONAL à Ottawa pour le comté de Rouville. Élu chef du PARTI LIBÉRAL en 1883, il fut premier ministre quatre ans après, comme chef du PARTI NATIONAL. Il réalisa un programme constructif. En 1890, il fut élu député de Bonaventure mais son parti fut battu dans des circonstances dramatiques. Il décéda à Montréal, en 1894, aimé de tout un peuple.

1889

LE MAJOR SHORT ET LE SERGENT WALLICK

Monument à Québec, place Georges VI (vis-à-vis l'Hôtel du Gouvernement), Grande-Allée.

TO THE MEMORY OF MAJOR CHARLES JOHN SHORT, A.D.C., AND STAFF SERGEANT GEORGE WALLICK "B" BATTERY REGIMENT CANADIAN ARTILLERY WHO LOST THEIR LIVES, WHILST IN THE PERFORMING OF THEIR DUTY AT THE GREAT FIRE IN ST. SAUVEUR ON THURSDAY THE 16TH OF MAY 1889. THIS MONUMENT IS ERECTED BY THE CITIZENS OF QUÉBEC IN GRATEFUL REMEMBRANCE OF THEIR NOBLE AND HEROIC CONDUCT.

Sculpteur: Philippe Hébert.

I.P.

Saint-Sauveur de Québec, dans la nuit du 15 au 16 mai 1889, fut douloureusement éprouvé: environ 400 maisons furent détruites par l'incendie. Pour arrêter la conflagration, la garnison de Québec détruisit quelques maisons puis posa une fusée sur un baril de poudre dans une cinquième, laquelle retarda à tout faire sauter. C'est alors que Short et Wallick, y étant entrés pour vérifier, furent frappés par l'explosion: Wallick se brisa les reins sur une maison voisine et mourut peu après; Short resta sous les décombres d'où il fut tiré quelques heures après.

Le major Short était né à Sherbrooke et était le fils du juge Short.

Ce monument fut dévoilé le 12 novembre 1891 par le maire de Québec, M. Frémont.

1891-1892

LA CHAPELLE SAINTE-ANNE

À Sainte-Marie-de-Beauce, près du No 730 rue Notre-Dame (route No 1).

LA PREMIÈRE CHAPELLE SAINTE-ANNE FUT ÉLEVÉE EN 1778 PAR MME THOMAS-JACQUES TASCHEREAU ET SON FILS, GABRIEL-ÉLZÉAR TASCHEREAU. ELLE FUT REBÂTIE ET AGRANDIE EN 1830. LA CHAPELLE ACTUELLE FUT CONSTRUITE EN 1891-1892.

THE FIRST CHAPEL OF ST. ANNE WAS ERECTED, IN 1778, BY MRS. THOMAS-JACQUES TASCHEREAU AND HER SON, GABRIEL-ELZÉAR TASCHEREAU. IT WAS REBUILT AND ENLARGED IN 1830. THE PRESENT CHAPEL WAS CONSTRUCTED IN 1891-1892.

C.M.H.Q.

Les premiers colons de Sainte-Marie-de-Beauce et des environs étaient originaires de Beaupré et de l'Île d'Orléans. Ils avaient une dévotion particulière à Sainte Anne. La distance pour aller en pèlerinage à Sainte-Anne-de-Beaupré étant grande, ils souhaitèrent, très tôt, posséder, chez-eux, une chapelle dédiée à leur patronne préférée.

Le Père François-Salano Carpentier, récollet, fut leur premier desservant, de 1737 à 1743. Il vint y dire la messe, dans la maison du fermier seigneurial, où il logeait.

La première chapelle était en bois; elle était aux alentours de l'ancien manoir Taschereau. Elle fut un lieu de pélerinage, où les fidèles priaient, surtout, pour être protégés contre le débordement de la Chaudière. Elle dura jusqu'en 1832.

En 1827, Mme Gabriel-Elzéar Taschereau, son fils Jean-Thomas, la veuve de T.-J. Taschereau ainsi que Pierre-Elzéar Taschereau firent don à la fabrique de 8,440 pieds carrés de terrain, pris à côté de la vieille chapelle, pour qu'une nouvelle y soit construite. Les plans et devis furent faits par l'abbé Jérôme Demers. En 1890, elle était en ruine.

La troisième chapelle, l'actuelle, eut sa pierre angulaire bénite par le cardinal Taschereau, qui vint bénir la nouvelle chapelle, l'année suivante.

Plusieurs hauts dignitaires y vinrent, par la suite, participer aux pèlerinages, dont Mgr Bégin, le cardinal Rouleau, le cardinal Villeneuve, Mgr Pelletier. Des milliers de personnes y prenaient part, souvent, le soir, en chaloupes illuminées.

1894

LE CALVAIRE DE L'ANCIENNE-LORETTE

À l'Ancienne-Lorette, au centre du cimetière à l'arrière de l'église Notre-Dame de l'Annonciation.

Le bâtiment en bois fut construit, en 1894, par la fabrique Notre-Dame de l'Annonciation; le maître menuisier en fut Pierre Bédard, de cette paroisse. Son dôme est supporté par quatre colonnes en bois. Il sert au culte.

Le calvaire consiste en trois statues de cinq pieds et huit pouces de hauteur, qui furent sculptées par Louis Jobin: le Christ en croix, en 1894 et la sainte Vierge et saint Jean en 1902. Elles furent commandées par la fabrique même, suivant résolutions du 14 janvier 1894 et 6 août 1902, respectivement.

Louis Jobin naquit à Saint-Raymond-de-Portneuf, en 1846; il décéda à Sainte-Anne-de Beaupré, en 1928. Il fut le premier sculpteur de la Renaissance française au Canada, qui débuta ici, deux siècles auparavant, grâce à Mgr de Laval.

Il fut d'abord l'élève de F.-X. Berlinguette fils, à Québec, durant environ trois ans. Après un stage à New York avec Bolton, il s'établit à Montréal où il demeura de 1870 à 1875, puis à Québec. En 1898, il se fixa à Sainte-Anne-de-Beaupré.

On lui doit de nombreuses oeuvres de sculpture, particulièrement des statues. Quelques-unes sont dans les musées. C'est lui qui a sculpté la statue de l'Immaculée-Conception du Cap-Trinité (Saguenay), haute de 25 pieds et large de 4½ pieds.

Il eut comme élèves un grand nombre de compagnons et d'apprentis. Il ne fut pas seulement un bon artisan mais un artiste.

1897

L'ARMÉE DU SALUT, À QUÉBEC

Inscription sur l'édifice, au No 14, Côte du Palais, à Québec.

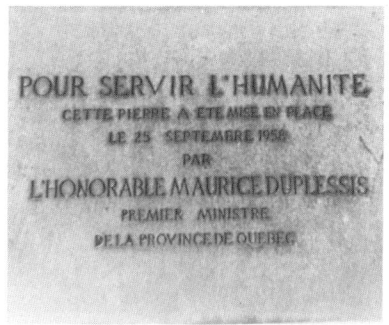

POUR SERVIR L'HUMANITÉ, CETTE PIERRE A ÉTÉ MISE EN PLACE LE 15 SEPTEMBRE 1958 PAR L'HONORABLE MAURICE DUPLESSIS, PREMIER MINISTRE DE LA PROVINCE DE QUÉBEC.

Plaque sur l'édifice précité:

THE SALVATION ARMY. THIS PLAQUE COMMEMORATES THE DEDICATION TO THE GLORY OF GOD OF THIS BUILDING BY COMMISSIONER W. BOOTH, LL. D. THURSDAY MAY 14, 1959.

I.P.

L'Armée du Salut commença son oeuvre à Québec dès 1897, alors qu'elle prit un local à l'endroit même où elle est présentement. On l'appelait alors «Food and Shelter Depot». Le directeur en fut d'abord William Burrows, enseigne, puis, la même année, le capitaine Joseph Parker. En 1908, on appela ce refuge «Hostel», qui est la même expression anglaise qu'on emploie de nos jours. En français on dit «Centre d'accueil».

En 1931, on y recevait plusieurs centaines de personnes. Cette année-là, on ajouta un «Hostel» au No 92, rue Pierre, puis au Nos 3-5, rue McMahon. C'était alors la grande crise.

L'édifice présent fut construit en 1958-59, rassemblant les services de l'Armée du Salut à Québec au même endroit.

Le commissaire W. Wycliffe Booth susnommé, qui fut le commandant national de l'Armée du Salut au Canada de 1955 à 1964, est le petit-fils de William Booth. Celui-ci et sa femme Catherine furent les fondateurs de l'Armée du Salut, à Londres, en 1865. Dès avant 1900, son oeuvre s'était répandue dans les cinq continents. Elle s'exerce au Canada depuis 1882.

L'Armée du Salut compte au Canada 98,000 membres, dont 500 au Québec.

1899-1902

LE MONUMENT AUX BRAVES DE LA GUERRE ANGLO-BOER

Sur la rue Saint-Louis, près de la rue Dufferin, à Québec.

TO THOSE SONS OF QUÉBEC WHO GAVE THEIR LIVES IN SOUTH AFRICA WHILE FIGHTING FOR THE EMPIRE A.D. 1899-1902.

À CES FILS DE QUÉBEC QUI ONT DONNÉ LEUR VIE DANS L'AFRIQUE DU SUD EN COMBATTANT POUR L'EMPIRE A.D. 1899-1902.

NOT BY THE POWER OF COMMERCE, ART OR PEN, SHALL OUR GREAT EMPIRE STAND, NOR HAS IT STOOD, BUT BY THE NOBLE DEEDS OF NOBLE MEN, HEROIC LIVES, AND HEROES OUTPOURED BLOOD.

FOR EMPIRE CANADA QUÉBEC MAJOR J.H.C. OGILVY, D.S.Q., R.C.A., R.C.R., S.A.C., GORDON HIGHLANDERS, SERGEANT J.F. COOPER, 8 R.R. PTE J. DEFOE, R.C.A., R.C.R. CORPORAL B. WITHEY, R.C.A., R.C.R. PRIVATE J. CURPHY, CIVILIAN, R.C.R. PRIVATE H. FOREST, 61st R.C.R. PRIVATE L. LA RUE, 87th R.C.R. PRIVATE R. LE COUTEUR, 8RR. R.C.R. PRIVATE A.M. McQUEEN, 8RR.R.C.R. PRIVATE J.J. PURCELL, R.C.A., R.C.R. TRUMPETER G.W. BRADLEY, R.C.R., B.R., C.F.A.

I.P.

Sculpteur: Hamilton McCarthy

Ce monument fut dévoilé, dans l'après-midi du 15 août 1905, en présence de sir Grey, gouverneur du Canada le 26 septembre précédent, et du prince de Battenberg ainsi que des officiers de six vaisseaux de guerre anglais.

Les vers précités, au troisième paragraphe des inscriptions, sont du Rév. M.F.G. Scott.

1900

LA MAISON DE ALPHONSE DESJARDINS

Plaque à Lévis, au No 57 rue Bégin.

DANS CETTE MAISON EST DÉCÉDÉ, LE 31 OCTOBRE 1920, LE COMMANDEUR ALPHONSE DESJARDINS, FONDATEUR DES CAISSES POPULAIRES QUI PORTENT SON NOM.

La première fondation des coopératives de crédit remonte à Frédéric-Guillaume Raifleisen, en 1849. Au Canada, Alphonse Desjardins en fut l'initiateur, en fondant la première Caisse populaire à Lévis, le 6 décembre 1900. C'est devenu la plus grande entreprise financière des Canadiens français.

Alphonse Desjardins, fils de François Roy dit Desjardins et de Marie-Clarisse Miville-Deschêne, vit le jour à Lévis, le 5 novembre 1854. Après ses études au collège local, il fit du journalisme à l'**Écho de Lévis**, puis au **Canadien**; il lança à ses frais la publication des débats de l'Assemblée législative du Québec, durant 12 ans. Il publia un quotidien, à Lévis, l'**Union canadienne**; 3 mois après, il dut l'abandonner pour cause de santé. Il fut ensuite sténographe officiel à la Chambre des Communes jusqu'en 1917.

Ce serait au cours d'un débat en Chambre sur l'usure qu'il aurait conçu l'idée de fonder une coopérative de crédit, mais en l'adaptant au Canada français, particulièrement à la paroisse.

Il avait épousé, à Sorel, en 1879, Dorimène Desjardins, issue du mariage de Joseph et de Rosalie Mailhot, de qui il eut dix enfants. Il décéda à Lévis, en 1920. La seule décoration qu'il reçut fut du Pape qui le créa commandeur de l'Ordre de Saint-Grégoire. Il a eu, surtout, la reconnaissance de tout un peuple.

1900

ALPHONSE DESJARDINS, FONDATEUR DES CAISSES POPULAIRES

Monument à Lévis, à l'angle de l'avenue des Commandeurs et de la rue Côte du Passage.

ALPHONSE DESJARDINS. FONDATEUR DES CAISSES POPULAIRES (NOVEMBRE 1854 — 31 OCTOBRE 1920). FILS ILLUSTRE DE LÉVIS, ALPHONSE DESJARDINS Y FONDA LE 6 DÉCEMBRE 1900, LA PREMIÈRE CAISSE POPULAIRE, COOPÉRATIVE D'ÉPARGNE ET DE CRÉDIT; IL LA PROPOSA AUX CLASSES LABORIEUSES COMME UN MOYEN D'AMÉLIORER LEURS CONDITIONS DE VIE ÉCONOMIQUE ET SOCIALE.

AUJOURD'HUI, LES CAISSES POPULAIRES DESJARDINS FORMENT, AVEC LES INSTITUTIONS QU'ELLES ONT ÉTABLIES, UN VASTE MOUVEMENT OÙ S'INTÈGRENT DE PRÉCIEUSES RESSOURCES HUMAINES ET FINANCIÈRES VOUÉES À LA POURSUITE DES MÊMES OBJECTIFS.

CE MONUMENT, ÉRIGÉ À L'OCCASION DU 50e ANNIVERSAIRE DE L'UNION RÉGIONALE DES CAISSES POPULAIRES DESJARDINS DU DISTRICT DE QUÉBEC, A ÉTÉ DÉVOILÉ LE 18 SEPTEMBRE 1971.

L'UNION RÉGIONALE DES CAISSES POPULAIRES DESJARDINS DU DISTRICT DE QUÉBEC. MEMBRES DU CONSEIL D'ADMINISTRATION LORS DE LA FONDATION, LE 27 DÉCEMBRE 1921.

MGR H. BOUFFARD, PRÉSIDENT. M. J.A. MERCIER, VICE-PRÉSIDENT. M. RAOUL DESJARDINS, N.P., SECRÉTAIRE-GÉRANT. M. J.A. DUMAS. M. L'ABBÉ J. VICTOR ROCHETTE. M. ÉLIZÉE DALLAIRE. M. PHILIBERT LAMONTAGNE. M. L'ABBÉ H. GUY. M. J. VALLIÈRES. M. JOSEPH BUREAU. DR L. ROBITAILLE. M. L'ABBÉ VICTOR ROCHETTE, SURVEILLANT OFFICIEL. M. L'ABBÉ PHILIBERT GRONDIN, CHAPELAIN GÉNÉRAL ET ORGANISATEUR DES CAISSES POPULAIRES DE LA RÉGION.

HUNTER.   I.P.

1907

QUELQUES VICTIMES DU PONT DE QUÉBEC

Monument à Saint-Romuald, au cimetière.

JOSEPH BIRON, J.G. BOUCHER, ALBERT ESMOND, EUGÈNE DORVAL, BARRY FRENCH, BTE CROTEAU, VICTOR HARDY, PHILIPPE HARDY, LÉO ESMOND, HONORÉ BEAUDRY, LAURENT PROULX, GUS WILSON, STANLEY WILSON, OMER FONTAINE, CHS HANSEN, JAMES HARDY, WILFRID PROULX, MICHEL HARDY, OSCAR LABERGE, ERNEST JONCAS, JOHN McNAUGHTON.

I.P.

C'est le gouvernement Laurier qui fonda la Compagnie du pont de Québec, présidée par S.N. Parent, maire de Québec. Celui-ci, le 2 octobre 1900, la veille de son assermentation comme premier ministre du Québec, posait la première pierre de ce pont, qui devait mesurer 3,239 pieds de longueur.

Ces travaux débutèrent en 1899. Mais le pont ne put être ouvert à la circulation que 18 ans après, soit le 3 décembre 1917. C'est qu'il fallut surmonter des difficultés considérables et même des catastrophes. C'est ainsi que la travée suspendue s'écroula, le 29 août 1907, avec pertes de vie de 70 hommes, et le 11 septembre 1916, avec 14, sans compter les blessés et les millions de dollars perdus.

Le 20 septembre 1917, la travée de 1,800 pieds fut enfin accrochée aux cantilevers. Le 17 octobre suivant, le premier convoi traversa le pont.

Ce n'est que le 22 septembre 1929 qu'une voie carossable y fut inaugurée, laquelle fut élargie à 30 pieds, en 1951.

Ces travaux profitèrent particulièrement aux citoyens de Saint-Romuald. Ceux-ci eurent leur part d'épreuves, surtout le 29 août 1907, alors que les susnommés y perdirent la vie.

Le monument rappelant leur souvenir est fabriqué de plaques de fer provenant des débris de ce pont.

1908

HENRI-GUSTAVE JOLY DE LOTBINIÈRE, BIENFAITEUR

Plaque sur le pilier gauche de l'entrée devant l'église de Cap-Santé.

TÉMOIGNAGE DE RECONNAISSANCE À NOTRE BIENFAITEUR SIR HENRI JOLY DE LOTBINIÈRE ET SA FAMILLE. A.D. 1921.

I.P.

Il naquit à Épernay (France), en 1829. Son père, Pierre-Gaspard-Gustave, d'origine suisse, épousa Julie-Christine Chartier de Lotbinière, Canadienne française, fille de Eustache-Gaspard, sieur de Lotbinière, propriétaire des seigneuries de Vaudreuil, de Rigaud et de Lotbinière.

Ses études classiques faites à Épernay, il vint au Canada et fut admis avocat, en 1855. Six ans après, il était élu député de Lotbinière à la Chambre d'Assemblée jusqu'en 1867, année de la Confédération, alors qu'il fut élu tant au fédéral qu'au provincial, fonctions qu'il exerça jusqu'en 1874. La loi obligeant de n'en exercer qu'une seule, il opta pour le Québec.

Il fut premier ministre de cette province du 8 mars 1878 jusqu'au 30 octobre 1879. Il cessa alors de s'occuper de politique, ayant cédé son titre de chef du parti libéral à Honoré Mercier. Mais, en 1896, élu député de Portneuf, il devint ministre du Revenu et de l'Intérieur dans le cabinet Laurier; ce dernier, en 1900, le fit nommer lieutenant-gouverneur de la Colombie Britannique jusqu'en 1906.

Il avait épousé Margaretta-Josephte Gowen. Il mourut à Québec, en 1908, ayant mérité la réputation de gentilhomme.

C'est la salubrité de ce site qui donna le nom de «Cap-Santé» à la paroisse de Sainte-Famille. Celle-ci a été érigée canoniquement en 1714. Un puits près de la plaque précitée porte sur sa margelle «1799».

1908-1939

GEORGE GARNEAU, PREMIER PRÉSIDENT DE LA COMMISSION DES CHAMPS DE BATAILLE NATIONAUX

Monument sur l'avenue Wolfe, plaines d'Abraham.

À LA MÉMOIRE DE SIR GEORGE GARNEAU 1864-1944 ÉMINENT CITOYEN QUI EN QUALITÉ DE PREMIER PRÉSIDENT DE LA COMMISSION DES CHAMPS DE BATAILLE NATIONAUX 1908-1939 A ACCOMPLI UNE OEUVRE DE HAUTE IMPORTANCE POUR LA NATION CANADIENNE.

IN MEMORY OF SIR GEORGE GARNEAU 1864-1944 AN EMINENT CITIZEN WHO AS FIRST CHAIRMAN OF THE NATIONAL BATTLEFIELDS COMMISSION 1905-1939 SUCCESSFULLY CARRIED OUT A WORK OF GREAT SIGNIFICANCE FOR THE CANADIAN NATION.

Sculpteur: HUNTER 57.

I.P.

George Garneau, dernier maire de Québec élu par les échevins en 1906, fut le premier maire élu par le peuple en 1908. Cet honneur lui échut, afin de faciliter la célébration du troisième centenaire de Québec par Samuel de Champlain, qui dura du 19 au 31 juillet 1908.

Ses premières démarches à cette fin furent d'obtenir du cabinet Laurier $300,000 pour embellir et développer le parc des Hauteurs ou Plaines d'Abraham, créé par l'ex-maire Parent.

Jamais la ville n'avait reçu jusqu'alors autant de visiteurs et autant de personnalités de marque, entre autres: le prince de Galles, futur Georges V, roi d'Angleterre et du Canada; lord Grey, gouverneur général (à qui on doit la coupe du même nom); Mgr Bégin, archevêque de Québec; le lieutenant-gouverneur Jetté; sir Wilfrid Laurier, premier ministre; le premier ministre du Québec, Lomer Gouin; le vice-président Fairbanks des États-Unis; le vice-amiral Jauréquiberry de France; le marquis de Lévis; le comte de Montcalm; des représentants de plusieurs pays de l'empire britannique, etc.

Georges Garneau, qui présidait ces fêtes, était né à Québec, en 1864, de Pierre, qui fut ministre dans le cabinet Honoré Mercier; sa mère était Anglaise. Négociant prospère, propriétaire de la maison Garneau Ltée, il fut, à la suite de cette célébration, créé chevalier lui permettant de précéder son nom de «sir».

Il ne se représenta pas comme maire, mais aida, par la suite, plusieurs mouvements d'envergure, entre autres: en 1916, durant la guerre, une visite de «Bonne Entente» à Toronto; une campagne, qu'il présida, de souscription en faveur de l'Université Laval, etc.

1908

LE DÉFILÉ DES BRIGADES NAVALES ANGLAISES, FRANÇAISES ET AMÉRICAINES SUR LES PLAINES D'ABRAHAM

Plaque à Québec, en face de la terrasse Earl Grey.

FAIT UNIQUE DANS L'HISTOIRE DU MONDE! À LA REVUE DU TROISIÈME CENTENAIRE EN 1908, LES BRIGADES NAVALES ANGLAISES, FRANÇAISES ET AMÉRICAINES DÉFILÈRENT ENSEMBLE, EN AMIS, SUR LE MÊME TERRAIN QUE SE DISPUTÈRENT PENDANT SI LONGTEMPS LEURS DEVANCIERS.

UNIQUE IN UNIVERSAL HISTORY, THE FRENCH, AMERICAN AND BRITISH NAVAL BRIGADES AT THE TERCENTENARY REVIEW IN 1908 MARCHED TOGETHER AS FRIENDS ACROSS THE VERY GROUND FOR WHICH THEIR PREDECESSORS FOUGHT.

C.S.M.H.C.

Participèrent à cette célébration plus de vingt mille soldats et matelots, qui campèrent aux portes de la ville de Québec.

Ils y étaient arrivés par divers moyens de locomotion, particulièrement par une escadre anglaise, commandée par le vice-amiral W.S. Cowles, des vaisseaux français commandés par le vice-amiral Jauréguiberry et un navire de guerre américain.

Le cuirassé neuf «Indomitable» de la flotte britannique, y avait amené le prince de Galles, qui y était déjà venu en 1901 alors qu'il était duc d'York.

La délégation française, dirigée par le conseiller d'État Louis Herbette, portait le nom de «Léon Gambetta».

Le défilé ci-dessus mentionné eut lieu le 24 juillet, en présence d'une foule considérable qui ne ménagea pas ses applaudissements.

Ces célébrations furent largement commentées dans les journaux, même à l'étranger, ce qui attira l'attention sur le Canada, particulièrement sur le Québec. Ce fut, souligna le journal la PATRIE: «la glorification magnifique du souvenir français au pays».

1912

JAMES MAC PHERSON LE MOINE ET MORRIN COLLEGE

À Québec, à l'angle des rues Dauphine et Saint-Stanislas.

James Mac Pherson Le Moine fut l'auteur de près de 90 publications, en français et en anglais, surtout dans le domaine historique et ornithologique; on lui doit particulièrement MAPLE LEAVES, QUÉBEC PASSÉ ET PRÉSENT, LÉGENDES DU SAINT-LAURENT. Il fut professeur à l'Université Laval.

Il naquit à Québec, en 1825, de Benjamin et de Julia-Anne Mac Pherson. Après ses études au Séminaire de Québec, il fut reçu avocat, en 1850, mais n'exerça à peu près pas sa profession. Il épousa, en 1856, Harriet-Mary Atkinson, nièce de Henry Atkinson, propriétaire de Spencer Grange, dont il hérita; il s'y installa et y écrivit ses oeuvres littéraires. Il mourut en 1912 et eut son service funéraire à l'église de Sillery. Il fut créé chevalier, fut élu président de la Société royale et reçut plusieurs autres honneurs.

Morrin Collège fut fondé en 1861 mais l'enseignement ne commença dans l'immeuble même, qu'en 1867. En 1863, il s'était affilié à l'Université McGill. Laura Isobel Bencroft écrivait: «La naissance de l'Institution fut inconsciemment le résultat d'un effort du groupe protestant de Québec pour se protéger dans une position sociale où ils ne pouvaient subir, encore moins craindre ou soupçonner l'influence de la majorité». En fait, le collège n'eut que peu de succès, les étudiants préférant suivre les cours à McGill. Il ferma ses portes en 1902.

L'édifice avait servi, auparavant, de prison; il logea ensuite la LITERARY AND HISTORICAL SOCIETY, fondée par le gouverneur Dalhousie, en 1824.

1914-1917 ET 1939-1945

LA CROIX DU SACRIFICE

Monument à Québec, à l'angle de la rue Saint-Louis et de la côte de la Citadelle.

1914-1917 1939-1945. À NOS MORTS GLORIEUX. TO OUR GLORIOUS DEAD. JE ME SOUVIENS.

À NOS MORTS DE LA GRANDE GUERRE. TO THE CITIZEN OF QUÉBEC WHO FELL IN THE GREAT WAR. 1914-1918. STANSTEAD QUARRIES LIMITED, BEEBE P.Q.

I.P.

Cette croix fut dévoilée le 1er juillet 1924. Le Royal 22ème Régiment, commandé par le lieutenant-colonel Henri Chassé, était à la droite du monument, alors qu'une garde de 200 vétérans était du côté du glaive. La musique du 22ème salua l'arrivée des officiers.

Après la présentation des armes, le gouverneur-général, Lord Byng de Vimy, commandant des armées canadiennes, prit place sur l'estrade où étaient l'hon. Narcisse Pérodeau, lieutenant-gouverneur de la province de Québec, le lieutenant-général Sir Richard Turner, Sir George Garneau, président de la Commission des Champs de bataille nationaux, le lieutenant-colonel Canon F.C. Scott, l'abbé P.H. Casgrain, aumônier des immigrants, et autres.

En novembre 1947, il y eut une nouvelle dédicace par le major-général, l'Hon. Sir Eugène Fiset, lieutenant-gouverneur.

La croix est d'une seule pièce. Ce sont les citoyens de Québec qui ont payé $4,000, coût initial de ce monument.

L'idée de cette croix-souvenir fut lancée en Grande-Bretagne. C'est le lieutenant-colonel F.C. Scott qui fit part de ce projet à une assemblée de l'Association des Vétérans de Québec.

1914-1918 — 1939-1945

MONUMENT AUX BRAVES DU COMTÉ DE LÉVIS

À Lévis, rue Côte du Passage, à l'angle de la rue Vincent Chagnon.

HOMMAGE AUX FILS DU COMTÉ DE LÉVIS MORTS POUR LA PATRIE 1914-1918 — 1939-1945.

MARIUS BOUTIN, ALEXANDRE FONTAINE, SYLVIO DUBOIS, DONAT BEAURIVAGE, ÉLIE DESBIENS, ALYRE CARRIER, GÉRARD BUSSIÈRES, HONORUS BOURGET, RÉAL PLANTE, RÉAL LAMBERT, ANTONIO COUTURE.

PAUL BOUTIN, MAURICE PÉRUSSE, JULES CHOUINARD, OVILA MORIN, MARC CHABOT, PIERRE A. DESROCHERS, MAURICE GAGNON, PATRICK MURPHY, ROSAIRE DROUIN, ROSAIRE LEMIEUX, ROBERT HUOT.

CHARLES-HENRI OUELLET, GUY LAFLAMME, BERTIE ESMOND, HUGH ANDERSON, VINCENT MORIN, CYRILLE GIGUÈRE, PAUL-HENRI GAGNON, JEAN-MARIE DUBÉ, STANISLAS BERNIER, LÉVI OUELLET, EDMOND CAMIRÉ.

ABBÉ OMER BÉGIN, MARC AURÈLE ROY, PAUL GARANT, LAVAL TURGEON, NAZAIRE LÉVEILLÉ, JEAN BAQUET-LAMONTAGNE, THÉODORE PELLETIER, LOUIS GAUCHY, JOSEPH DOMINIQUE, YVES HAMEL, THOMAS LÉVESQUE.

D.J. FORTIN M.F.G. ST. DAVID CO LÉVIS.

LE COMITÉ DU MONUMENT SOUVENIR 1946.

MM. J. DUMONT
    J.N. TURGEON
    L.J. ROY
    J.P. ROY
    A. CARON
    P.E. ASSELIN
    ANT. ROY

MMES E. GRAVEL
    J. SCOTT
    H. LÉVESQUES

MM. A PICHARD
    P.E. BÉGIN
    E. GELLY
    J.C. LAPOINTE
    G. GOSSELIN
    J. DEBILLY

CHARNY, ST. HENRI, PINTENDRE, LAUZON, ST. DAVID, ST. RÉDEMPTEUR, LÉVIS, BREAKEYVILLE, ST. ÉTIENNE, ST. JEAN-CHRYSOSTOME, ST. ROMUALD, ST. NICOLAS, ST. TÉLESPHORE, ST. LAMBERT.

I.P.

1914-1918

LES BRAVES FRANÇAIS DE QUÉBEC

Plaque dans la basilique de Québec.

AUX FRANÇAIS DE QUÉBEC MORTS POUR LEUR PATRIE 1914-1918:

R.P. CAPUCIN ALBERT
BARDOU, GEORGES
BLONDEAU, ÉDOUARD
CONTAN, LOUIS
CARON, PAUL
DELCAMBRE, HECTOR
DEVILLENEUVE, RENÉ
DEVILLIERS, GASTON
R.P. CAPUCIN ÉDOUARD
HUGUET, GEORGES
HENRY, PIERRE
PROBST, ÉMILE

R.P. CAPUCIN JUSTINIEN
LEGRAND, ALBERT
MOREL, LOUIS
MOREL-FOURNIER, EUGÈNE
MORIETTE, HENRI
NEOLET, ABEL
NICOULEAU, JEAN
POULET, XAVIER
TEXIER, RENÉ
THOMAS, FÉLIX
VERY, ANTOINE

REQUIEM AETERNAM DONA EIS, DOMINE, R.I.P. JAN BAILLE VL

I.P.

1914-1918 ET 1939-1945

LE MONUMENT AUX BRAVES DE SAINTE-MARIE-DE-BEAUCE.

À Sainte-Marie (Beauce), face au No 68 rue Notre-Dame (près du pont).

AERE PERENNIUS.
1914-1918, CPL. BINET ALFRED, SLD. CARETTE AUGUSTE, SLD. LEMIEUX WILFRID. TA MORT DONNA AU MONDE LA PAIX, À TON PAYS LA VICTOIRE, À TA FAMILLE LA GLOIRE.

1939-1945. MAJOR SAVOIE GUY, MAJOR GIGUÈRE ANDRÉ, CAPT. LAMBERT DOMINIQUE, LT. BROCHU GILBERT, C.S.M. PARÉ VIATEUR, SGT. FORTIN GEORGES, SGT. ST-LAURENT ARMAND, SGT. GAGNÉ BERTRAND, CPL. GAGNON MAURICE, SLD. GAGNÉ PHILIPPE, SLD. DOYON DARIUS. **I.P.**

Le caporal Alfred Binet était le fils de Félix; le soldat Auguste Carette, de Thomas. Eux ainsi que le soldat Wilfrid Lemieux étaient du Royal 22ième régiment.

Le major Guy Savoie était le fils d'Alonzo; le major André Giguère, d'Irénée; le capitaine Dominique Lambert, de Thomas; le lieutenant Daniel Paré, de Maurice; le lieutenant Gilbert Brochu, de Vve Alfred; le sergent-major Viateur Paré, de Maurice; le sergent Georges Fortin, d'Amédée; le sergent Armand St-Laurent, d'Alfred; le sergent Bertrand Gagné, d'Alfred; le soldat Philippe Gagné, d'Alfred; et le soldat Darius Doyon, de Vve Thomas-Jacques. Tous étaient du régiment de la Chaudière, sauf le caporal Maurice Gagnon qui était du régiment de Maisonneuve.

Cent vingt-cinq jeunes gens participèrent à la Guerre de 1939-1945. Le régiment de la Chaudière, après celle-ci, cessa d'exister comme unité active.

Le monument-souvenir, érigé à la Place du Souvenir, le 2 novembre 1958, fut dévoilé par le lieutenant-gouverneur Onésime Gagnon.

1931

LE CINQUIÈME CENTENAIRE DE LA MORT DE JEANNE D'ARC

MONUMENT SOUVENIR Ve CENTENAIRE DU MARTYRE DE L'HÉROÏQUE PUCELLE 1431-1931. LA NOUVELLE FRANCE À STE JEANNE D'ARC FILLE DE DIEU VA! JEANNE D'ARC. 1914-1917-1928-1931.

JACQUES CARTIER. MGR MONTMORENCY LAVAL. M. MARIE DE L'INCARNATION. JEANNE MANCE. M. CATHne DE ST-AUGUSTIN. M. MARG. BOURGEOIS, SS. DE STE JEANNE D'ARC. M. DE QUEYLUS. P. JEAN DE BRÉBEUF. P. JEAN DOLBEAU. M. DE MAISONNEUVE. LOUIS HÉBERT. SAMUEL DE CHAMPLAIN.

HONNEUR AUX ARTISTES DU MONUMENT: SCULPTEUR J. DECHIN, PARIS 114 DE VAUGIRARD 114. ARCHITECTE D.P.L.C. DEHAUDT, LILLE. BRONZES ÉTABLISSEMENTS MÉTALLURGIQUES A. DURENNES, PARIS GRANIT MAISON E. JOBIN, QUÉBEC.

I.P.

Monument à Sillery, au No 1681 Chemin Saint-Louis, entre la maison mère des Soeurs Sainte-Jeanne d'Arc et le fleuve.

La Congrégation des Soeurs de Jeanne d'Arc, organisée à Worcester (E.U.) en 1914, fut approuvée, à Québec, en 1917, par le cardinal Bégin et érigée canoniquement en 1920. Sa maison mère est à Sillery et ses membres se dévouent pour le sacerdoce.

Les personnages illustrés par les statues de ce monument ont leur biographie dans le présent ouvrage sauf les suivants:

Gabriel Thubières de Lévy de Queylus (1612-1677), issu d'une famille seigneuriale et fortunée, fut reçu prêtre en 1645. Il entra, la même année, dans la Compagnie des Prêtres de Saint-Sulpice et devint membre de la Société de Montréal. Il jeta les bases de quatre séminaires en France. Il fut nommé grand vicaire de Rouen au Canada, où il arriva en 1657. Il fut le fondateur et le premier supérieur du séminaire Saint-Sulpice de Montréal.

Jean Dolbeau (1586-1652) était récollet. Arrivé à Québec le 2 juin 1615, il y célébrait, le 24 suivant, la première messe. Cinq ans après, il bénissait la pierre angulaire du premier couvent et du premier séminaire.

Louise Soumande, qui devint Mère Saint-Augustin, naquit à Québec, en 1664 et y mourut en 1708. Elle fut cofondatrice et deuxième supérieure de l'Hôtel Général de Québec.

1934

L'OUVERTURE DE LA BASILIQUE DE SAINTE-ANNE-DE-BEAUPRÉ

À Sainte-Anne-de-Beaupré

Le 29 mars 1922, l'incendie détruisit le monastère, le juvénat et la basilique de Sainte-Anne-de-Beaupré, celle-ci datant de 1872.

Les Rév. Pères Rédemptoristes confièrent à M. L.N. Audet, de Sherbrooke, et à M. Maxime Roisin, de Paris, architectes, les plans de la future basilique. La pierre angulaire fut posée en 1923 et, en 1962, on achevait les clochers.

Cette basilique fait l'admiration de tous. Elle s'inspire des styles, roman du XIIe siècle et gothique, mais bénéficiant des traditions canadiennes et des matériaux et des techniques modernes. Elle mesure 375 pieds de longueur (y compris la sacristie), 200 pieds de largeur aux transepts et 300 pieds de hauteur jusqu'à la croix. Elle peut contenir 2000 personnes assises et 7000 autres debout.

L'extérieur, en belle pierre blanche de Saint-Sébastien (Beauce), est agréable à regarder et est imposant. On remarque la statue grandiose entre les tours de la façade. Pendant l'incendie de 1922, quoique en bois, elle fut épargnée et demeure en place alors que les tours voisines tombèrent sur le sol.

L'intérieur est d'une beauté impressionnante, incitant au recueillement. Les plinthes sont en granit noir de Rivière-à-Pierre. Les pierres des murs et des colonnes furent taillées à Saint-Marc-des-Carrières. Les chapiteaux représentent des feuilles et des fruits de la flore nord-américaine.

Une cinquantaine de millions de pèlerins ont visité les lieux, depuis 1658. 75% étaient catholiques; 50% Canadiens et 50% Américains. 90%, depuis plusieurs années, s'y rendent en auto. Sainte-Anne-de-Beaupré attire des touristes de toute l'Amérique du Nord.

1938

LE PREMIER CONGRÈS EUCHARISTIQUE NATIONAL.

Plaque à Québec, en face du Musée provincial, sur les plaines d'Abraham.

SUR CES PLAINES HISTORIQUES SE DÉROULÈRENT, EN JUIN 1938, LES SOLENNITÉS DU PREMIER CONGRÈS EUCHARISTIQUE NATIONAL, OÙ FRATERNISÈRENT LES DESCENDANTS DES ADVERSAIRES DE JADIS.

THE FIRST NATIONAL EUCHARISTIC CONGRESS WAS DULY SOLEMNISED, ON THESE HISTORIC PLAINS, IN JUNE, 1938, WHEN THE DESCENDANTS OF ANCESTRAL FOES MET AS FRATERNAL FRIENDS.

C.S.M.H.C.

Ce congrès dura du 22 au 26 juin. Le Cardinal J.M. Rodrigue Villeneuve, archevêque de Québec, y fut le Légat du Pape Pie XI.

Son point culminant fut le jeudi, 23, alors que 60,000 personnes y participèrent dans l'avant-midi, et 65,000 dans la soirée.

À dix heures du matin, une messe pontificale fut célébrée par Mgr Mark Duke, archevêque de Vancouver, en présence du cardinal Légat occupant un trône en brocart blanc, et de 55 archevêques et évêques ainsi que 2500 prêtres. Le premier ministre du Québec, Maurice Duplessis, et le maire de Québec, Lucien Borne, représentaient l'autorité civile. Mgr Georges Gauthier, archevêque de Montréal, donna le sermon.

Le soir, à onze heures, commença une heure solennelle d'adoration du Saint-Sacrement. En outre des archevêques et évêques, y participèrent 3000 prélats. Mgr Philippe Desranleau, évêque coadjuteur de Sherbrooke, dirigea la méditation collective et prononça en français un sermon, puis Mgr Carry, au nom de son archevêque d'Halifax, Mgr McNully, résuma en anglais la doctrine de l'Église sur l'Eucharistie et l'action catholique.

À minuit, les lumières électriques s'éteignirent et près de 100,000 cierges s'allumèrent.

Mgr Guillaume Forges, archevêque d'Ottawa, célébra la messe, puis 150 prêtres donnèrent 65,000 communions.

Un reposoir de 130 pieds de hauteur avait été érigé. Le carillon du congrès est maintenant au clocher de Boischatel.

1939

LE ROI GEORGE VI, PREMIER SOUVERAIN RÉGNANT À VENIR AU CANADA

Plaque à Sillery, sur le chemin de l'Anse au Foulon, à l'angle du boulevard Champlain.

THE FIRST REIGNING SOVEREIGN WHO EVER SET FOOT UPON CANADIAN SOIL, KING GEORGE VI, MADE HIS FIRST LANDING HERE, AT WOLFE'S COVE, TOGETHER WITH QUEEN ELIZABETH ON THE 17 TH OF MAY 1939.

LE PREMIER SOUVERAIN RÉGNANT À METTRE LE PIED SUR LE SOL CANADIEN, LE ROI GEORGE VI, DÉBARQUA À L'ANSE AU FOULON, ACCOMPAGNÉ DE LA REINE ELIZABETH, LE 17 MAI 1939.

Ils y arrivèrent à bord de l'EMPRESS OF AUSTRALIA. Le premier ministre du Canada, Mackenzie-King et le ministre de la Justice Ernest Lapointe s'y rendirent leur souhaiter la bienvenue.

À 10.34 du matin, le souverain, suivi de la reine, posa le pied sur la terre canadienne. 21 coups de canon, tirés de la Citadelle, saluèrent leurs Majestés, qui prirent place sous un dais, accompagnés des honorables Mackenzie-King et Lapointe. Il y eut présentation des dignitaires, puis le roi fit l'inspection de la garde d'honneur du Royal 22e Régiment, le seul de langue française, alors, dans le royaume britannique.

Le roi et la reine montèrent, ensuite, en auto jusqu'à la Haute-Ville, où à 11.10, le lieutenant-gouverneur Patenaude leur exprima la bienvenue au Palais législatif. Le premier ministre Duplessis leur lut une adresse en français, à laquelle le roi répondait aussi en cette langue. Le maire Lucien Borne fit de même, au nom de la ville de Québec.

À la Citadelle, le souverain agit, pour la première fois au pays à titre de roi du Canada, en signant un document accréditant un envoyé extraordinaire et ministre plénipotentiaire des États-Unis.

Le lendemain, Leurs Majestés partirent en train pour les Trois-Rivières. À la gare, le lieutenant-gouverneur et le maire les avaient remerciés de leur visite et leur souhaitèrent un bon voyage au Canada.

1940

L'HOMMAGE DE SILLERY À SES GLORIEUX MARTYRS

Monument en face de l'église de Sillery.

1940 SILLERY À SES GLORIEUX MARTYRS S. ANTOINE DANIEL, S. NOËL CHABANEL, S. ISAAC JOGUES, S. JEAN DE BRÉBEUF, S. GABRIEL LALEMANT, S. CHARLES GARNIER, S. JEAN DE LA LANDE, S. RENÉ GOUPIL. Sculpteur: G. CASINE 1940 BARSETTI & FRÈRES ENRG.

I.P.

Antoine Daniel, né à Dieppe en 1601, arriva en Nouvelle-France d'abord au Cap Breton en 1632 puis à Québec, l'année suivante. Missionnaire en Huronie, il y fut tué en 1648.

Noël Chabanel naquit à Saugues (Haute-Loire) en 1613. Arrivé à Québec en 1643, il était, dès l'année suivante, en Huronie. Alors qu'il se rendait à l'île Saint-Joseph, en 1649, il fut assassiné par un Huron apostat en haine de la foi.

Isaac Jogues vit le jour à Orléans en 1607. Il arriva en 1636 à l'île de Miscou, non loin de la baie des Chaleurs. Il fut torturé chez les Iroquois. Il put leur échapper grâce aux Hollandais. Mais, en 1646, à Ossernenon, il fut tué d'un coup de hache.

Jean de Brébeuf, natif de Condé-sur-Vire (Basse-Normandie) en 1593, vint au pays en 1625. Fait prisonnier des Iroquois, il fut conduit à Saint-Ignace où il subit en 1649, l'un des plus atroces martyres de toute la chrétienté.

Gabriel Lalemant était originaire de Paris (1610). Débarqué à Québec en 1625. Il fut tué par les Iroquois en 1649. Son corps fut transporté à Québec, l'année suivante.

Charles Garnier, né à Paris vers 1606, arriva à Québec en 1636. Il fonda une mission florissante chez les Pétuns (sur les bords de la baie Georgienne), où les Iroquois le massacrèrent, détruisant la Huronie, 1649.

Jean de La Lande, originaire de Dieppe, arriva ici vers 1642. Serviteur des missionnaires Jésuites, il accompagna, en 1646, le père Jogues vers le pays des Agniers. Rendus au lac George actuel, il fut tué d'un coup de hache sur la tête.

René Goupil naquit à Saint-Martin (diocèse d'Angers) en 1608. Arrivé au Canada en 1640, on y apprécia ses qualités de chirurgien. En 1642, prisonnier chez les Iroquois, il fut tué d'un coup de hache, parce qu'on l'avait vu faire le signe de la croix sur un enfant.

Ils furent canonisés en 1930.

1943-1944

LES QUARTIERS GÉNÉRAUX DES ÉTATS-MAJORS DES FORCES ARMÉES

Plaque à Québec, à l'entrée principale gauche du Château Frontenac.

HEADQUARTERS OF STAFFS OF ARMED FORCES PRESENT AT QUÉBEC CONFERENCES AUGUST 1943 AND SEPTEMBER 1944 TO ADVISE ON STRATEGY VITAL TO VICTORY. FRANKLIN D. ROOSEVELT PRESIDENT OF THE UNITED STATES AND WINSTON S. CHURCHILL PRIME MINISTER OF GREAT BRITAIN GUESTS OF THE CANADIAN GOVERNMENT W.L. MACKENZIE KING, PRIME MINISTER.

QUARTIERS GÉNÉRAUX DES ÉTATS-MAJORS DES FORCES ARMÉES, QUI PRIRENT PART AUX CONFÉRENCES DE QUÉBEC EN AOÛT 1943, ET SEPTEMBRE 1944, POUR Y DISCUTER LES QUESTIONS DE STRATÉGIE ESSENTIELLES À LA VICTOIRE. FRANKLIN D. ROOSEVELT, PRÉSIDENT DES ÉTATS-UNIS, ET WINSTON S. CHURCHILL, PREMIER MINISTRE DE GRANDE BRETAGNE, HÔTES DU CANADA À LA CITADELLE, LES INVITÉS DU GOUVERNEMENT CANADIEN. W.L. MACKENZIE KING, PREMIER MINISTRE.

I.P.

Ces Conférences à Québec furent un grand honneur pour cette ville, qui assurait à leurs participants amitié et sécurité. Staline n'y participa pas pour la Russie, mais fut tenu au courant des délibérations.

Durant ces assises, il fut particulièrement décidé que les armées américaines occuperaient le sud de la France et de l'Allemagne, que le nord de ces deux pays-ci le serait par les pays britanniques, et que l'est de l'Allemagne serait réservé à celles de la Russie. Il fut aussi question de l'invasion du Japon, du sort de l'Allemagne, la victoire obtenue, de la possibilité de reconnaître le Comité français de libération fondé par de Gaulle comme gouvernement intérimaire de France, etc.

Ces Conférences, tenues dans le plus grand secret, eurent des résultats considérables aux quatre coins du monde, point de départ de la grande victoire d'abord contre l'Allemagne en mai 1945 puis contre le Japon en août suivant.

1945

L'ORGANISATION POUR L'ALIMENTATION ET L'AGRICULTURE

Plaque à Québec, au Château Frontenac, (à l'entrée principale)

LE 16 OCTOBRE 1945, CETTE ORGANISATION, LE PREMIER DES ORGANISMES NOUVEAUX DES NATIONS UNIES, FUT ADOPTÉE, EN CET ÉDIFICE, PAR LES REPRÉSENTANTS DE 44 NATIONS. POUR LA PREMIÈRE FOIS, DES NATIONS S'ORGANISAIENT POUR AMÉLIORER LE NIVEAU D'ALIMENTATION, LA PRODUCTION AGRICOLE ET LA DISTRIBUTION DES DENRÉES.

IN THIS BUILDING, 16TH OCTOBER, 1945, REPRESENTATIVES OF 44 NATIONS MET AND ESTABLISHED THE FOOD AND AGRICULTURE ORGANIZATION, FIRST OF THE NEW UNITED NATIONS AGENCIES. THUS FOR THE FIRST TIME NATIONS ORGANIZED TO RAISE LEVELS OF NUTRITION AND TO IMPROVE PRODUCTION AND DISTRIBUTION OF FOOD AND AGRICULTURAL PRODUCTS.
FIAT PANIS.
C.S.M.H.C.

L'Organisme des Nations Unies fut fondé, à San Francisco, E.U., le 26 juin 1945, sept semaines après la victoire des Alliés en Europe et environ deux mois avant la capitulation du Japon.

Cinquante nations participèrent à cette fondation; le Canada y était représenté par l'Hon. Louis-S. Saint-Laurent, son ministre de la Justice.

La première réunion eut lieu à Londres, le 10 janvier 1946 et M. Paul-Henri Spaak, ministre des Affaires étrangères de Belgique, en fut élu président. Celui-ci devait déclarer, plus tard: «Ou bien nous réussirons, ou bien le monde retombera dans le désordre, le chaos et finalement la guerre».

1958

LE 26e CONGRÈS ANNUEL DE L'ASSOCIATION CANADIENNE DE TOURISME

Monument en face du No 60, rue d'Auteuil, Québec.

PRÉSENTÉ À LA VILLE DE QUÉBEC PAR LA COLOMBIE-BRITANNIQUE À L'OCCASION DU 26e CONGRÈS ANNUEL DE L'ASSOCIATION CANADIENNE DE TOURISME LE 22 SEPTEMBRE 1958.

PRESENTED TO THE CITY OF QUÉBEC BY THE PROVINCE OF BRITISH COLUMBIA ON THIS OCCASION OF THE 26th ANNUAL CONVENTION OF THE CANADIAN TOURIST ASSOCIATION SEPTEMBER 22, 1958.

ERECTED BY B.C. GOVERNMENT TRAVEL BUREAU.

Le sculpteur de ce totem, Mungo Martin, vint alors de la Colombie-Britannique pour faire apprécier, à Québec, son art, en y complétant celui qui avait été expédié de cette province du Pacifique.

Il naquit à Fort Rupert (sur l'Île de Vancouver) vers 1884. Il apprit son art de son beau-père (second époux de sa mère), Charles James.

C'est en 1948 qu'il se fait connaître, lorsqu'il restaura certains totems Kwakiutl sur le campus de l'Université de la Colombie-Britannique. En 1952, il arrivait à Victoria pour faire des répliques des totems du parc Thunderbird. Patronné par le Musée provincial, il y demeura, créant plusieurs oeuvres de sculpture, jusqu'à sa mort, en 1962. Il forma plusieurs sculpteurs de totems, particulièrement Henry et Tony Hunt, son gendre et son petit-fils. En 1963, une décoration posthume l'honora de la Canada Council Medal.

Le ministère du Tourisme est relativement récent au Québec; il date de 1963. Mais, en 1961, avait été créé le Conseil du Tourisme, pour étudier les problèmes relatifs au tourisme et en faire connaître les solutions au ministère.

Le tourisme, au Québec, est au deuxième rang de ses industries. Il ne manque qu'une meilleure organisation, surtout dans le domaine historique et artistique, pour qu'il passe au premier rang.

1960

LA PROMENADE DES GOUVERNEURS

Plaques à Québec: l'une dans l'escalier au pied du mur est de la citadelle; l'autre à l'extrémité ouest de cet escalier.

LA PROMENADE DES GOUVERNEURS FUT CONSTRUITE EN 1959-1960 PAR LE GOUVERNEMENT DU CANADA — L'HON. ALVIN HAMILTON MINISTRE DU NORD CANADIEN ET DES RESSOURCES NATIONALES — PAUL ROUSSEAU ARCHITECTE CONSEIL — ÉMILE FRENETTE LTÉE ENTREPRENEURS.

I.P.

Cette promenade a 2,200 pieds de longueur. Son altitude, à l'extrémité inférieure, à la terrasse Dufferin est à 183.60, à l'extrémité supérieure 321.80.

Elle compte 310 marches.

Il a fallu employer 49,000 pieds de bois pour le tablier et 5,200 pieds de chêne rouge pour les garde-fous.

Ces travaux ont coûté $443,776.75.

La formation rocheuse instable à cet endroit a exigé l'exécution d'un déblai plus profond que normalement. Il a fallu, à cause de la pente du rocher et de la circulation en contrebas, réduire au minimum l'emploi d'explosifs.

Cette promenade est très populaire. À ses divers paliers, le panorama est magnifique à des degrés différents.

À noter que la glissoire, tout près, à la terrasse Dufferin, appartient au Château Frontenac.

1962

LE BONHOMME CARNAVAL

Monument en face du No 60, rue d'Auteuil, à Québec.

BIENVENUE DANS LA VILLE DE MON CARNAVAL OÙ JE RÈGNE SUR LA JOIE ET LES FESTIVITÉS DURANT CETTE «QUINZAINE» QUI PRÉCÈDE LE MARDI-GRAS. BONHOMME CARNAVAL, «LE SEUL BONHOMME DE NEIGE QUI PARLE AU MONDE».

WELCOME TO MY CARNAVAL CITY WHERE I AM THE KING OF THE FUN AND FROLICS DURING THE TWENTY DAYS PRECEEDING MARDI-GRAS. "THE ONLY TALKING SNOWMAN IN THE WORLD". BONHOMME CARNAVAL. OCTOBER 1962.

I.P.

Le carnaval (signifiant mardi-gras) est célébré à Québec, depuis le début de la colonie, comme il était coutume en France. Les parents et amis s'échangeaient alors des visites, organisant des soirées joyeuses.

Vers 1900, les carnavals dans la ville attiraient un grand public, grâce à ses beaux et immenses châteaux de glace, ses longues glissoires, ses promenades en «carrioles», etc.

Québec devint, de plus en plus, un centre touristique apprécié de tous, surtout des Américains. L'on constatait, cependant, une diminution considérable des touristes, durant l'hiver, au préjudice de l'économie régionale.

En 1954, une poignée d'hommes d'affaires de cette ville lancèrent l'idée d'un carnaval d'hiver, coïncidant avec le programme de BONSPIEL INTERNATIONAL DE CURLING. Ils organisèrent la célébration de 1955 qui, bien que modeste, attira l'intérêt de la population locale et régionale mais aussi touristique.

En 1962, quelqu'un suggéra de symboliser ces fêtes par le BONHOMME CARNAVAL, ce qui fut fait. Ce fut un succès immédiat assuré par non seulement son apparence de bonhomme de neige mais aussi l'humour et l'amabilité de ceux qui l'animèrent successivement.

LE CARNAVAL DE QUÉBEC INC. est dirigé par un conseil d'administration de 30 personnes et un exécutif de 7 directeurs, mais bien secondé par toute une équipe ainsi que par 7,000 bénévoles. En 1973, environ 400,000 personnes prirent part au Carnaval, dont la moitié venait de l'extérieur de la région de Québec. Celle-ci a vu son économie bénéficier de trente-trois millions de dollars.

C'est que le carnaval de Québec est devenu la fête de tous.

1963

HOMMAGES DES PILOTES ET MARINS

Monument à l'arrière de l'église Saint-Joseph, à Deschambault, comté de Portneuf.

HOMMAGES DES PILOTES ET MARINS. «NAVIGUER, C'EST PRÉVOIR». 1963.

I.P.

Québec et les environs comptent un grand nombre de pilotes et de marins. Mais Deschambault, proportionnellement à sa population, en a produit un grand nombre, et cela depuis près de deux siècles. En 1825, Joseph Morin, de cette dernière localité, était si renommé que c'est lui qu'on alla chercher en voiture pour le conduire à Québec où il pilota le DOROTHER, gros brick anglais, jusqu'à Montréal; son habileté, au retour, empêcha celui-ci de demeurer échoué.

Il y eut des pilotes sur le Saint-Laurent dès le début de la colonie, Abraham Martin et Guillaume Couillard étant les premiers. Les Canadiens français furent toujours les meilleurs canotiers, ayant donné un empire à la France dans les trois quarts de l'Amérique du nord.

Avant 1809, c'était surtout des bateaux à voile qui parcouraient le Saint-Laurent mais en nombre limité, surtout entre Québec et Montréal. Mais, en 1809, l'ACCOMMODATION de John Molson fut le premier vapeur à faire le service entre ces deux villes. Dès lors, la navigation devint de plus en plus intense, requérant un grand nombre de pilotes.

C'est en 1768 que les autorités publièrent dans la Gazette de Québec une ordonnance, devant devenir en vigueur le 1er mai 1769, obligeant les pilotes à se qualifier pour la navigation entre Bic et Québec. En 1790, la Chambre d'Assemblée adopta, pour la première fois, une loi obligeant les pilotes, ayant conduit un vaisseau à Québec, à en faire rapport au surintendant ou au capitaine du port local; ces pilotes devaient avoir fait un apprentissage de cinq ans.

La liste des pilotes, nés ou domiciliés à Deschambault, serait trop longue pour être publiée ici, car on en a dénombré plus de deux cents de 1805 à 1963, dont Jean-Baptiste Gauthier semble le premier. Qu'il suffise de mentionner les suivants, nés dans cette localité, cités, avec leur photo, dans LE PILOTE DU SAINT-LAURENT DE QUÉBEC À MONTRÉAL, de C. Auger, en 1900: David, L.N. et L.Z. Bouillé, H.J. Nault, L.N. Dussault, N.A. Perrault, Wilbrod Gauthier, J.H.D. Nault, Joseph Dussault, et autres.

Deschambault a été bien inspiré d'ériger un monument en souvenir des pilotes et marins.

1967

LA FONTAINE DU CENTENAIRE DE LA CONFÉDÉRATION

Plaque à Québec, à cette fontaine, aux plaines d'Abraham.

FONTAINE ÉRIGÉE EN 1967 PAR LA COMMISSION DES CHAMPS DE BATAILLE NATIONAUX À L'OCCASION DU CENTENAIRE DE LA CONFÉDÉRATION CANADIENNE.

FOUNTAIN ERECTED IN 1967 BY THE NATIONAL BATTLEFIELDS COMMISSION ON THE OCCASION OF THE CENTENARY OF THE CANADIAN CONFEDERATION.

C.S.M.H.C.

C'est le 3 octobre que cette fontaine fut inaugurée, en présence de plusieurs personnalités. Entre autres: M. Gilles Lamontagne, maire de Québec, M. E.A. Côté, sous-ministre des Affaires indiennes et du Nord canadien, qui y représentait le ministre Arthur Laing, le colonel Oscar Gilbert, président de la Commission des Champs de Bataille nationaux, le lieutenant-colonel J. Gordon Ross, membre de cette Commission.

Les autres dignitaires de celle-ci étaient alors: le juge Antoine Rivard, Me Jean Leahy, Me Renault St-Laurent, MM. Mark Donohue et Roger Lemelin, Commissaires, et M. Félix Hudon, Secrétaire.

Cette Commission, créée en 1908, alors que le Comte Grey était gouverneur général du Canada et Sir Wilfrid Laurier premier ministre, a son bureau au parc même, au numéro 390, avenue de Bernières. Après la cérémonie précitée, c'est là qu'eut lieu la réception des invités.

1967

LA GÉODÉSIE POUR L'AVENIR

Monument en face de l'édifice du Parlement, côté gauche, à Québec.

Sur le monument:
GÉODÉSIE POUR L'AVENIR.

CE MONUMENT EST DÉDIÉ AUX ARPENTEURS-GÉOMÈTRES CANADIENS QUI ONT CONTRIBUÉ, PAR LEUR COMPÉTENCE ET LEUR TÉNACITÉ, À L'EXPLORATION, À LA CARTOGRAPHIE ET AU DÉVELOPPEMENT DE LEUR PAYS. CE MONUMENT MARQUE AUSSI LE DÉBUT D'UNE ÈRE NOUVELLE DANS LE DOMAINE DE L'ARPENTAGE AU CANADA ET FAIT PARTIE D'UN RÉSEAU UNIFIÉ DE REPÈRES TOPOGRAPHIQUES. À L'OCCASION DU CENTENAIRE DE LA CONFÉDÉRATION, ONZE AUTRES MONUMENTS SONT ÉRIGÉS, D'UN OCÉAN À L'AUTRE ET SYMBOLISENT LA CONTRIBUTION DES ARPENTEURS-GÉOMÈTRES À L'AVENIR DE LA NATION.

GEODESY FOR THE FUTURE.

DEDICATED TO THE CANADIAN SURVEYORS WHO BY THEIR SKILL AND INDUSTRY HAVE SO GENEROUSLY CONTRIBUTED UNDER ARDUOUS CONDITIONS TO THE DEVELOPMENT OF OUR COUNTRY. THIS MONUMENT ERECTED WITH ELEVEN OTHERS THROUGHOUT CANADA AS THE CENTENARY OF CONFEDERATION IS ALSO A LINKING POINT IN A PRECISELY CO-ORDINATED GEODESIC NETWORK WHICH MARKS A NEW ERA IN SURVEYING AND SYMBOLIZES THE CONTRIBUTION OF SURVEYORS IN CHARTING THE COURSE OF CANADA'S FUTURE.

Sur une plaque:

CE POINT GÉODÉSIQUE ÉTABLI EN 1967 FAIT PARTIE D'UN RÉSEAU SYMBOLISANT L'ORDRE ET L'HARMONIE ENTRE CANADIENS D'UN OCÉAN À L'AUTRE.

POSITION GÉOGRAPHIQUE.

ÉLÉVATION AU-DESSUS DU NIVEAU MOYEN DE LA MER

46° 48'35.39'' 39''(n)71° 12'50.72 (o)   253.00 PIEDS   77.11 MÈTRES

DE QUÉBEC À		AZIMUT	DISTANCE
FRÉDECTON	103°	21' 56.8''	364.405 KM
TORONTO	244°	22' 15.2''	730.624 KM
OTTAWA	277°	46' 04.9''	379.255 KM

J.C. TARDIF, ARCHITECTE, SHERBROOKE   I.P.

1968

LE TROISIÈME CENTENAIRE DE L'UNIVERSITÉ LAVAL

Plaque à Québec, sur le mur gauche, à l'entrée principale du séminaire de Québec, rue de la Fabrique.

MINORI SEMINARIO QUEBECENSI TRESENTESIMUM CONTITUS ANNUM FELICITER ACENTI UNIVERSITAS LAVALLENSIS DIE IX° OCTOBRIS A.D. 1968. OMNIBUS PLAUDENTIBUS HOCCE PRAECARAE GRATIAE SUAE MONUMENTUM ALMAE FILIA MATRI LIBENTISSIME POSUIT.

I.P.

(Traduction): «Le 9 octobre 1968, à l'occasion du tricentenaire de fondation du Petit Séminaire de Québec, l'Université Laval, aux applaudissements de toute l'assistance, a gracieusement présenté à son Alma Mater cette plaque commémorative en signe de sa reconnaissance toute filiale.»

En 1851, les évêques canadiens tinrent le premier concile provincial, à Québec, et exprimèrent le voeu qu'une université catholique et française fût fondée, incessamment. C'est le Séminaire de Québec qui réalisa ce projet.

Cette université, qui reçut le nom de Laval en hommage au premier évêque de Québec et d'Amérique, eut sa première charte de la reine Victoria, en 1852 et Rome lui donna sa charte pontificale en 1876. Elle devint ainsi la première de langue française en Amérique.

C'est le Séminaire de Québec qui l'abrita et lui assura, à peu près seul, le financement et l'administration. Vers 1947, l'exiguité des lieux et le nombre grandissant d'étudiants obligent les autorités à trouver un campus ailleurs que dans le quartier latin.

L'Université fit l'acquisition d'une terre d'un mille carré sur les hauteurs de Ste-Foy. En 1950, elle y fit construire un premier pavillon, celui de foresterie et de géodésie, qui fut suivi de nombre d'autres ainsi que de maisons d'étudiants, d'édifice pour l'administration, etc.

En 1970, le Gouvernement du Québec lui accorda une nouvelle charte, lui permettant de continuer, avec un élan nouveau et encore plus dynamique, l'oeuvre commencée 118 ans auparavant.

L'Université compte, présentement, plus de 2,000 professeurs et 25,000 étudiants. Son rayonnement est de plus en plus grand. C'est l'une des plus belles oeuvres du Petit Séminaire de Québec.

1970

LA ROUTE DU PRÉSIDENT KENNEDY

Monument à Saint-Joseph-de-Beauce, au No 347, avenue du Palais. (route No 23).

HOMMAGE DU COMITÉ DES CITOYENS DE ST-JOSEPH-DE-BEAUCE À JOHN F. KENNEDY 35ième PRÉSIDENT DES E.U. DÉVOILÉ PAR JOSEPH J. MONTLLOR CONSUL GÉNÉRAL DES E.U. À QUÉBEC. 23 AOÛT 1970.

I.P.

Il y eut, dès 1737, une route ouverte par les seigneurs, en remontant la rive droite de la Chaudière, à travers forêt. En 1758, on l'abandonna pour une autre plus directe de 24 pieds de largeur, qui porta le nom de JUSTINIENNE, en souvenir du missionnaire récollet Justinien Constantin, qui l'obtint.

Au fur et à mesure que la colonisation avançait, le chemin s'allongeait, le colon étant obligé d'entretenir son chemin de front. En 1820, il mesurait au moins 18 pieds de largeur sur tout le parcours, et un poste de douane y était établi, auquel on donna le nom de Taschereau, en reconnaissance à Antoine-Charles Taschereau, qui s'y était fait le promoteur des bonnes routes.

En 1835, Samuel Hough reliait Lévis et Skowhegan (Maine) d'un service de diligence, deux fois la semaine. En 1906, un rallye de 72 voitures américaines avec 300 voyageurs consacra cette route comme «nationale», à laquelle on donna le nom de «Lévis-Jackman» (ou aussi «Maple Leaf Tour»), jusqu'à ce qu'on la baptise «Président Kennedy», après l'assassinat de celui-ci; elle est désignée sous le No 23.

Né en 1917, John-Fitzgerald Kennedy était député à 29 ans, sénateur à 35, président (démocrate) à 43; il fut le défenseur des droits des Noirs et de l'assurance-maladie. Il signa avec la Russie un traité prohibant les essais nucléaires. Il évita une guerre mondiale par sa diplomatie dans la crise de Cuba. Il fut le plus jeune président des États-Unis et le premier catholique à exercer cette fonction, mais avec une très mince majorité. Il fut tué, le 22 novembre 1963, à Dallas (Texas), à la consternation de l'univers.

1974

LE 60e ANNIVERSAIRE DU MINISTÈRE DES TRANSPORTS ET LE KILOMÈTRE 0

À Québec, monument devant la Porte du Sauvage, face à l'Édifice de l'Assemblée nationale.

KILOMÈTRE 0. BORNE DÉVOILÉE À L'OCCASION DU SOIXANTIÈME ANNIVERSAIRE DU MINISTÈRE DES TRANSPORTS (VOIRIE) PAR ROBERT BOURASSA PREMIER MINISTRE ET RAYMOND MAILLOUX MINISTRE DES TRANSPORTS. 10 MAI 1974.

I.P.

    J.-Adolphe Tessier fut le premier ministre officiel en titre de la Voirie du Québec, le 5 mars 1914. Il fit entretenir les chemins macadamisés au bitume et lança la confection des routes en ciment.

    Jos.-Ed. Caron, ministre de l'Agriculture, avait été, auparavant, le responsable du premier département de cette Voirie, en 1912 et 1913; c'est lui qui a structuré le ministère des transports, avec ses 28 collègues.

    Les autres ministres titulaires successifs de ce ministère furent: J.-Léonidas Perron: il y fit sa marque durant 8 ans; Joseh-Édouard Perreault: on lui doit les routes de l'Abitibi; Paul-Émile Côté: la route de la Gaspésie fut son oeuvre; François-Joseph Leduc: il lança le programme quinquennal; Maurice Duplessis, premier ministre: il dirigea ce ministère durant quelques mois; Anatole Carignan; il fit améliorer et entretenir 2,155 milles de routes; T.-Damien Bouchard: il lança l'idée de relier Québec-Montréal-New-York à voies divisées; Georges-Étienne Dansereau: son ministère entretenait 20,402 milles de chemin; Antonio Talbot: le Québec au 1er rang du Canada: 24.7% de routes pavées; Bernard Pinard: «l'architecte» du réseau autoroutier; Fernand-J. Lafontaine: la Trans-canadienne en marche; Raymond Mailloux.

    Le dévoilement de ce monument, le 10 mai 1974, rappelait le 60e anniversaire de ce ministère qui a grandement contribué au progrès du pays; c'était aussi celui de l'Association des routes et transports du Québec.

    Ce monument est la borne du Kilomètre 0 de toutes les routes du Québec; il en sera érigé d'autres dans les principales villes de son territoire.

    En 1977, les kilomètres, les grammes, les litres et les degrés Celsius auront remplacé les mesures anglaises, qui y étaient en vigueur depuis le régime anglais, soit depuis plus de 200 ans.

BIBLIOGRAPHIE

AUTEURS:
LA GRANDE AVENTURE DE JACQUES CARTIER de Pouliot
LES VOYAGES DE SAMUEL CHAMPLAIN
LA PLACE ROYALE de Michel Gaumond
LOUIS HÉBERT de Couillard-Després
QUÉBEC: SES MONUMENTS ANCIENS ET MODERNES de Beaudet
MAISONS ET ÉGLISES DU QUÉBEC de Hélène Bédard
VIEUX MANOIRS, VIEILLES MAISONS de Roy
LA MAISON TRADITIONNELLE AU CANADA de Lessard et Vilandré
HISTOIRE DU CANADA de Garneau
HISTOIRE DU CANADA de Ferland
DICTIONNAIRE GÉNÉRAL DU CANADA de Le Jeune
DICTIONNAIRE BEAUCHEMIN CANADIEN de J.J. Lefebvre
DICTIONNAIRE BIOGRAPHIQUE DU CANADA
LES BIENHEUREUX MARTYRS DE LA COMPAGNIE DE JÉSUS AU CANADA de Rouvier
MARGUERITE BOURGEOYS de Charron
JEAN TALON de Chapais
LE MARQUIS DE MONTCALM de Chapais
LOUIS JOLLIET de Gagnon
GLANURES HISTORIQUES ET FAMILIALES de Pouliot
PIERRE BÉDARD ET SES FILS de Dionne
LE FORT ET LE CHÂTEAU SAINT-LOUIS de Gagnon
LA MAISON FORNEL de Gaumond
LOUIS FRÉCHETTE de Dugas
GARNEAU HISTORIEN NATIONAL de Lanctot
ÉTUDES SUR GARNEAU de Robitaille
LE BORÉAL EXPRESS
L'HISTOIRE DE LA PROVINCE DE QUÉBEC de Rumilly
LAURIER de Schull
QUÉBEC-HISTOIRE (revue)
CALIXA LAVALLÉE de Lapierre
MERCIER de Rumilly
JOURNAL DE LA SURVIVANCE DES FAMILLES PARÉ
THE CATHEDRAL OF THE HOLY TRINITY, QUÉBEC de Wurtele
LA CHAPELLE DE CHAMPLAIN ET NOTRE-DAME-DE-RECOUVRANCE de S. Dumas
LE BULLETIN DES RECHERCHES HISTORIQUES de Roy
BULLETIN OF THE ASSOCIATION FOR PRESERVATION TECHNOLOGY: Vol. II Nos 3-4 1970

ARCHIVES:
Le ministère des Affaires culturelles de Québec
L'archevêché de Québec
La Bibliothèque du Parlement de Québec
La Bibliothèque du Parlement d'Ottawa
L'Université Laval de Québec

TABLE DES MATIÈRES

1. PAR ORDRE ALPHABÉTIQUE

A

ADAMS, la maison	140
ALGONQUINS, les habitants du sol avant les Français	13
ANGERS, la maison	205
ANCIENNE-LORETTE, le calvaire de	284
ARC, le 5e centenaire de la mort de Jeanne d'	298
ARC, le monument de Jeanne d'	168
ARMÉE DU SALUT À QUÉBEC, l'	285
ARNOLD, la défaite d'	174
ARNOUX (Paen ou Monk), la maison	138
ARTILLERIE, le parc de l'	112
ASSOCIATION CANADIENNE DU TOURISME 26e congrès de l'	305
ATALANTE, le combat de l'	165
ÂTRE, la maison de l'	87
AUBERT DE LA CHENAYE, la résidence de	88

B

BALDWIN, Robert	241
BANQUE DE MONTRÉAL, la première succursale de la	213
BARON RENFREW	225
BASILIQUE DE SAINTE-ANNE-DE-BEAUPRÉ, la	299
BATAILLE DE MONTMORENCY, la	147
BEAUDET, la maison	136
BEAUDRY, la maison	105
BEAUMONT, la concession de la seigneurie de	75
BEAUMONT, la naissance d'Adélard Turgeon à	260
BEAUMONT, l'église de	122
BEAUDOIN (GARON), la maison	128
BÉDARD, la maison Elzéar	231
BÉGIN, la maison	135
BELISLE, la maison	247
SAINT-BERNARD, l'église et le presbytère de	271
BLANQUET, Mario	64
BOUCHER, Pierre	71
BOURGET, Mgr: 2e évêque de Montréal	192
BOURGEOYS, l'arrivée à Québec de Marguerite	53
BONAMI (Martinet), le Frère Louis-François	169
BONHOMME CARNAVAL, le	307
BOUCHETTE, Joseph	238
BRAGG, le 28e régiment de	156
BRASSERIE DE L'INTENDANT TALON, la	73
BRAVES DE LA GUERRE DES BOERS, le monument aux	286
BRAVES FRANÇAIS DE QUÉBEC, la plaque aux	296
BRAVES DU COMTÉ DE LÉVIS, le monument aux	295
BRAVES DE SAINTE-MARIE-DE-BEAUCE, le monument aux	297
BRAVES, le monument aux	167
BRÉBEUF, le martyre du Père	50
BREVET D'INVENTION CANADIEN, le premier	224

BRIGADIER FONTEBONNE, le	155
BRISSON, René	67
BURTON'S REDOUBT, le	150

C

CALLIÈRES, Hector de	108
CALVAIRE DE L'ANCIENNE-LORETTE, le	284
CAMPAGNA, l'établissement de	68
CANADIEN, la fondation du journal le	204
CAP-DIAMANT, les travaux de terrassement du	176
CARIGNAN, l'entrée triomphale du régiment de	95
CARTIER, George-Étienne	267
CARTIER, Jacques: la naissance à Saint-Malo	9
CARTIER, Jacques et la première résidence des Jésuites	10
CARTIER, Jacques planta une croix à la rivière Saint-Charles	11
CASAULT, Louis-Jacques	254
CATHÉDRALE ANGLICANE, la	201
CAVALIER DU MOULIN, le	96
CENT ASSOCIÉS, la maison et le magasin de la Cie	25
CHAMPLAIN, Samuel fonda Québec	14
CHAMPLAIN, Samuel: Père de la Nouvelle-France	16
CHANTIER DE CONSTRUCTION DES NAVIRES DU ROI, le	130
CHAPELLE CHAMPLAIN, la	30
CHAPELLE DE PROCESSION SAINTE-ANNE, la	212
CHAPELLE DE PROCESSION DE LOTBINIÈRE, la	232
CHAPELLE DE SAINTE-ANNE-DE-BEAUPRÉ, la	61
CHAPELLE DES HURONS, la	263
CHAPELLE SAINTE-ANNE, la (Ste-Marie-de-Beauce)	283
CHAPMAN, William	252
CHARLEVILLE, le manoir	85
CHÂTEAU HALDIMAND, le (VIEUX CHÂTEAU)	184
CHEMIN DU ROI ENTRE QUÉBEC ET MONTRÉAL, le	125
CHEVALIER, la maison-hôtel	141
CHEVIGNY DE LA CHEVROTIÈRE, le manoir	214
CHIEN D'OR, le	127
CIMETIÈRE ANGLICAN, le	257
CIMETIÈRE DE QUÉBEC, le premier	92
CITADELLE DE QUÉBEC, la	223
COLOMBIE BRITANNIQUE DANS LA CONFÉDÉRATION, l'entrée de la	270
COLOMBUS, la construction du	225
CONFÉRENCE SAINT-VINCENT-DE-PAUL, la première	245
CONGRÉGATION NOTRE-DAME-DE-QUÉBEC, la	58
CONGRÉGATION, le couvent des Soeurs de la	99
CONFÉDÉRATION, la signature du pacte de la	262
CONGRÈS EUCHARISTIQUE NATIONAL, le premier	300
CÔTÉ, la maison	134
COUILLARD, Guillaume	17
COUILLARD, Guillaume: la maison de	23
COUTURE, Guillaume: l'arrivée à Pointe-Lévy	48
CRÉMAZIE, le lieu de la maison natale d'Octave	226
CRÉMAZIE, la librairie d'Octave	246
CONSTRUCTION DU «COLOMBUS» ET DU «BYRON RENFREW»	
CROIX DU SACRIFICE, la	294
CUREUX, la maison	119

D

DÉFILÉ DES BRIGADES NAVALES, le	292
DELISLE, la maison	49
DEMERS (LEMIEUX), la maison	94
DESCHAMBAULT, l'église	235
DESCHAMBAULT, le vieux presbytère Saint-Joseph de	211
DESJARDINS, la maison d'Alphonse	287
DESJARDINS, Alphonse: fondateur des Caisses Populaires	288
DÉZIEL, Mgr Joseph-David	258
DION, la maison	220
DORCHESTER, lord: gouverneur général	171
DUPONT-RENAUD (MATTE), la maison	91
DUQUET, Cyrille: pionnier du téléphone à Québec	274
DUROCHER, le Père	255

E

ÉDIFICE DU PARLEMENT, l'	272
ÉGLISE DE BEAUMONT, l'	122
ÉGLISE DE LAUZON, l'	230
ÉGLISE DE L'HÔTEL-DIEU, l'	197
ÉGLISE DE NEUVILLE, le sanctuaire de	102
ÉGLISE NOTRE-DAME DES VICTOIRES, l'	94
ÉGLISE SAINT-ANDRÉ (ST. ANDREW), l'	209
ÉGLISE SAINT-ANTOINE-DE-TILLY, l'	185
ÉGLISE SAINT-AUGUSTIN, l'	208
ÉGLISE SAINT-BERNARD, l'	271
ÉGLISE SAINT-ELZÉAR, l'	250
ÉGLISE SAINT-FRANÇOIS-DE-SALES, I.O., l'	124
ÉGLISE SAINT-CHARLES-BORROMÉE, l'	228
ÉGLISE SAINT-ISIDORE, l'	256
ÉGLISE SAINT-JEAN, I.O., l'	120
ÉGLISE SAINT-JOACHIM, l'	170
ÉGLISE SAINT-LOUIS-DE-LOTBINIÈRE, l'	216
ÉGLISE SAINT-JOSEPH-DE-DESCHAMBAULT, l'	235
ÉGLISE SAINT-PIERRE, I.O., l'	114
ÉCOLE DE FABRIQUE DE SAINT-FRANÇOIS, I.O., l'	186
ELGIN, lord. gouverneur général	244
ESTÈBE (FARGUES), la maison	139

F

FARGUES (ESTEBE), la maison	139
FELDMAN, la maison	221
FIEF SAINT-MICHEL, le	32
FONTAINE DU CENTENAIRE DE LA CONFÉDÉRATION, la	309
FORCES NAVALES ANGLAISES, la supériorité des	149
FORNEL, la maison	59
FORT CHARLESBOURG-ROYAL, le	12
FORT JACQUES-CARTIER, le	166
FORT, la maison du	193
FORT LÉVIS No 1, le	265
FRANÇAIS VICTORIEUX À SAINTE-FOY, les	164

FRÉCHETTE, la maison natale de Louis 236
FRONTENAC, gouverneur général 76

G

GAGNÉ, Louis et Pierre 44
GAGNÉ, la maison 218
GAGNON, Mathurin, Jean et Pierre 39
GAGNON, Robert: l'un des pionniers de Sainte-Famille, I.O. 56
GARNEAU, François-Xavier, historien 243
GARNEAU, François-Xavier, la maison où vécut 264
GARNEAU, François-Xavier, le premier monument de 266
GARNEAU, George 291
GARON (Beaudoin), la maison 128
GENDREAU, Erménégilde, la maison 106
GÉODÉSIE POUR L'AVENIR, la 310
GEORGES VI, le roi 301
GIGUÈRE, la maison 269
GINCHEREAU, la maison 81
GIFFARD, colonisateur de Beauport 28
GIFFARD, premier seigneur colonisateur 27
GIRARD, la maison Euloge 98
GOBERT DITE DU GÉNÉRAL, la maison 177
GOUVERNEURS, la translation des restes des 190
GOURDEAU, la maison de François 219
GRAVELLE, Joseph 45
GRENADIERS DE LOUISBOURG, les 153
GROLO, la maison de la veuve 113

H

HALDIMAND, le château 184
HAMEL, la maison 259
HÉBERT, Louis: premier colon canadien 19-20
HÔPITAL GÉNÉRAL DE QUÉBEC, l' 100
HÔTEL-DIEU DE QUÉBEC, l' 31
HÔTEL-DIEU DE QUÉBEC, l'église de l' 197
HÔTEL DU TOURISME, l' 203

I

IBERVILLE, Pierre Le Moyne d' 109
IMBEAU, la maison 107
INCARNATION, Marie de l' 38
INCARNATION, Marie de l': à Québec 74
INSTITUT CANADIEN DE QUÉBEC, l' 248
INSTITUT DU BON-PASTEUR DE QUÉBEC, l' 253

J

JACQUET, la maison 83
JACK, la maison 194
JAMES-THOMPSON, la maison 189
JÉSUITES, la maison des: (à Sillery) 36

JÉSUITES, l'emplacement du collège des	29
JOBIN, la maison	196
JOLLIET, la maison de Louis	90
JOLLIET, Louis	46
JOLLIET, Louis, co-découvreur du Mississipi	77
JOLLIET, la seigneurie de Louis	312
JOLY DE LOTBINIÈRE, Henri-Gustave	290

K

KENNEDY, la route du président	312
KENT HOUSE	187
KENT, la maison du duc de	188
KILOMÈTRE 0, le	313

L

LABRIE, le Dr Jacques	182
LAFONTAINE, Louis-Hippolyte	240
LAMARCHE, la maison	251
LAURIER, Wilfrid	273
LAUZON, l'église de	230
LAUZON, Jean de	63
LAVAL, les successeurs de Mgr de	93
LAVAL, Mgr: premier évêque de Québec	82
LAVAL, Mgr: ses restes déposés au séminaire	110
LAVALLÉE, Calixa: la maison où il a composé O Canada	277
LAVÉRENDRYE, les: découvreurs des Montagnes Rocheuses	129
«LE CANADIEN»	204
LECLERC, Jean	64
LECLERC, la maison	195
LE FOYER, la maison	131
LÉGARÉ (Van Felson), la maison	181
LEHOUX, Françoise	54
LE MOINE, James Mac Pharson	293
LEMAY, Pamphile	233
LEMIEUX, (Demers), la maison	94
LESSARD, Étienne de	60
LETELLIER, la maison	137
LÉVIS, VAINQUEUR DE LA BATAILLE DE SAINTE-FOY	163
LÉVIS, le fort No 1	265
LOUIS-FRANÇOIS, le Frère	169
LIBERTÉ DE COMMERCE SUR LE SAINT-LAURENT, la	249
LIBRAIRIE D'OCTAVE CRÉMAZIE, la	246
LIBRAIRIE GARNEAU, la	242
LOTBINIÈRE, la chapelle de procession de	246
LOUIS XIV, roi de France	42
LOYOLA, la maison	222

M

MAILHOT, Modeste, le géant canadien	206
MAILLOUX, la maison	126
MANOIR CHAVIGNY DE LACHEVROTIÈRE, le	214

MANOIR CHARLEVILLE, le	85
MAISON ANGERS, la	205
MAISON ARNOUX, la	138
MAISON BEAUDOIN (GARON), la	128
MAISON BEAUDRY, la	105
MAISON BEAUDET, la	136
MAISON BÉDARD (Elzéar) la	231
MAISON BÉLISLE, la	247
MAISON BÉGIN, la	135
MAISON (HÔTEL) CHEVALIER, la	141
MAISON GARON (BEAUDOIN), la	128
MAISON CÔTÉ, la	134
MAISON COUILLARD, la	23
MAISON CUREUX, la	119
MAISON DE L'ÂTRE, la	87
MAISON DEMERS (LEMIEUX), la	94
MAISON DES JÉSUITES, la	36
MAISON DION, la	220
MAISON DU DUC DE KENT, la	188
MAISON DU FORT, la	193
MAISON DU GÉNÉRAL (GOBERT), la	177
MAISON DUPONT-RENAUD (MATTE), la	91
MAISON ELZÉAR BÉDARD	231
MAISON ESTÈBE (FARGUES), la	139
MAISON EULOGE GIRARD, la	98
MAISON FELDMAN, la	221
MAISON FORNEL, la	59
MAISON GAGNÉ, la	218
MAISON GENDREAU, la	106
MAISON GIGUÈRE, la	269
MAISON GINCHEREAU, la	81
MAISON GOBERT DITE MAISON DU GÉNÉRAL, la	177
MAISON FRANÇOIS GOURDEAU, la	219
MAISON GROLO (Vve), la	113
MAISON HAMEL, la	259
MAISON IMBEAU, la	107
MAISON JACK, la	194
MAISON JACQUET, la	83
MAISON JAMES-THOMSON, la	189
MAISON JOBIN, la	196
MAISON JOLLIET, la	90
MAISON LAMARCHE, la	251
MAISON LECLERC, la	195
MAISON LE FOYER, la	131
MAISON LÉGARÉ (Van Felson), la	181
MAISON LEMIEUX, la	94
MAISON LETELLIER, la	137
MAISON LOYOLA, la maison	222
MAISON MALENFANT, la	198
MAISON MAILLOUX, la	126
MAISON MARCHAND, la	117
MAISON MERCIER, la	180
MAISON MORENCY, la	275
MAISON MORENCY-DEMERS, la	116
MAISON MAUVIDE-GENEST, la	123
MAISON MURRAY-ADAMS, la	140

MAISON OÙ CALIXA LAVALLÉE A COMPOSÉ L'O CANADA, la	277
MAISON NATALE DU CARDINAL TASCHEREAU, la	207
MAISON NATALE D'OCTAVE CRÉMAZIE (lieu), la	226
MAISONNEUVE, Paul de Chomedey de: hiverna à Sainte-Croix	40
MAISON PARENT (Édouard), la	200
MAISON PAEN, la	138
MAISON PAGÉ, la	183
MAISON POIRIER, la	227
MAISON PUISSEAUX, la	34
MAISON ROBERGE, la	80
MAISON SEWELL, la	199
MAISON TRUDEL, la	115
MAISON THÉONAS, la	144
MAISON TOUCHET, la	132
MAISON VAN FELSON (Légaré), la	181
MALENFANT, la maison	198
MANOIR MAUVIDE-GENEST, le	123
MARCHAND, la maison	117
MARCOTTE, les familles	70
MARQUETTE, le Père: co-découvreur du Mississipi	78
MARTELLO, les tours	202
MARTIN, Abraham	22
MARTINET (BONAMI), le Frère Louis-François	169
MARTYRS CANADIENS, hommages de Sillery aux	302
MAUVIDE-GENEST, le manoir	123
MERCIER, Honoré	281
MERCIER, Jeanne	52
MERCIER, la maison	180
MICHEL, Marie	44
MINISTÈRE DES TRANSPORTS, le 60e anniversaire du	313
MONCKTON, COMMANDANT DE LA DROITE ANGLAISE	152
MONK (Paen, Arnoux), la maison	138
MONTCALM, BLESSÉ MORTELLEMENT	159
MONTCALM ET WOLFE, le monument	161
MONTCALM, le général	162
MONTCALM, la maison où il résida	143
MONTCALM, le marquis de	142
MONTCALM, le quartier général à Beauport	145
MONTGOMERY, l'inhumation du général	178
MONTGOMERY, la mort de	172
MONTGOMERY, les soldats de	173
MONTMORENCY, la bataille de	147
MORENCY, la maison	275
MORENCY-DEMERS, la maison	116
MORIN COLLÈGE	293
MOULIN À FARINE DU PORTAGE	215
MOULIN DU PETIT PRÉ	101
MURRAY-ADAMS, la maison	140

N

NOTRE-DAME DE QUÉBEC, la basilique	51
NOTRE-DAME-DE-RECOUVRANCE, première église paroissiale du Canada	26
NOTRE-DAME DES VICTOIRES, l'église	79
NOTRE-DAME, le premier presbytère	65

O

O CANADA, la maison où il fut composé l'	277
O CANADA, la première exécution de l'	278
OLIER, CO-FONDATEUR DE MONTRÉAL	37
ORGANISATION POUR L'ALIMENTATION ET L'AGRICULTURE, l'	304

P

PAINCHAUD, le Dr JOSEPH fils	217
PAGÉ, la maison	183
PARÉ, Louise	72
PARÉ, Robert	54
PARENT, la maison Édouard	200
PEAN (Arnoux, Moore), la maison	138
PELTRIE, la maison de Mme de la	43
PETIT-PRÉ, le moulin du	101
PILOTES ET MARINS, hommages des	308
PLACE ROYALE, la	15
POIRIER, la maison	227
POMPIERS DE QUÉBEC MORTS EN SERVICE, les	279
PONTBRIAND, Mgr consacre l'église Sainte-Famille, I.O.	133
PONT DE QUÉBEC, quelques victimes du	289
PORTE DU PALAIS, la	97
PORTNEUF: la tuerie du curé de: et de ses paroissiens	148
PORTE PRESCOTT, la	191
PUISSEAUX, la maison	34
POULIN, Claude	52
POULIN, Jean	72
PRESBYTÈRE DE SAINT-BERNARD, le	271
PRESBYTÈRE DE SAINT-CHARLES, le	239
PRESBYTÈRE NOTRE-DAME, le premier	65
PRESBYTÈRE ET L'ÉGLISE SAINT-JOACHIM, le	170
PRESBYTÈRE SAINT-JOSEPH (Deschambault), le	211
PROMENADE DES GOUVERNEURS, la	306

Q

QUARTIER GÉNÉRAL DE MONTCALM	145
QUARTIERS GÉNÉRAUX DES FORCES ARMÉES, les	303

R

RAINVILLE, la première maison de sieur Paul de	55
RÉCOLLETS, le lieu de la résidence et de la chapelle des	89
RÉCOLLETS, les premiers missionnaires	18
REDOUTE DAUPHINE, la	111
ROBERGE, la maison	80
ROLLET, Marie, épouse de Louis Hébert	21
ROUTE DES PRÊTRES, la	104
ROUTE DU PRÉSIDENT KENNEDY, la	312
ROSÉE, Marguerite	44
ROY, la maison de Mme	229
ROYAL RÉGIMENT DES FUSILLERS, le	175
ROYAL ROUSSILLON, le	154

S

SACRISTIE DE SAINT-ELZÉAR, la	250
SAINT-CHARLES, le presbytère de	239
SAINT-CHARLES-BORROMÉE, l'église	228
SAINTE-CLAIRE, la paroisse	103
SAINT-ELZÉAR, l'église	250
SAINT-FRANÇOIS, I.O. la salle de la fabrique de	124
SAINT-ANDRÉ (ST. ANDREW), l'église	209
SAINT-ANTOINE-DE-TILLY, l'église	185
SAINT-AUGUSTIN, l'église	208
SAINT-BERNARD, l'église et le presbytère	271
SAINTE-ANNE-DE-BEAUPRÉ, la basilique	299
SAINTE-ANNE-DE-BEAUPRÉ, la première chapelle de	61
SAINTE-CLAIRE, la paroisse de	103
SAINTE-ÉMILIE DE LECLERCVILLE, les pionniers de	261
SAINTE-FAMILLE, I.O., Mgr Pontbriand consacra l'église	133
SAINTE-FAMILLE, I.O., l'église	87
SAINTE-FOY, les Français vainqueurs à	164
SAINT-FRANÇOIS-DE-SALES, I.O., l'église	124
SAINT-ISIDORE, l'église de	256
SAINT-JEAN, I.O., l'église	120
SAINT-JOACHIM, l'église	170
SAINT-JOACHIM, le presbytère de	170
SAINT-JOSEPH, le presbytère (Deschambault)	211
SAINT-LOUIS-DE-LOTBINIÈRE, l'église	216
SAINT-PIERRE, I.O., l'église	114
SALABERRY, la maison de	179
SALABERRY, le héros de Châteauguay	210
SCOTT, Charles	268
SÉMINAIRE DE QUÉBEC, la fondation du	66
SÉMINAIRE DE QUÉBEC, les trois ailes du	86
SENTIER SUIVI PAR LES SOLDATS DE WOLFE, le	151
SEWELL, Jonathan	237
SEWELL, la maison	199
SHORT, le major	282
SILLERY, hommage à ses glorieux martyrs	302
SILLERY, le commandeur: bâtit l'église de Saint-Michel	33
SILLERY, l'église Saint-Michel de	
SILLERY, Noël Brulart: le fondateur de Sillery	35
SIMARD, Pierre et Noël	57
SOCIÉTÉ SAINT-VINCENT-DE-PAUL, la première	245
SUCCURSALE DE LA BANQUE DE MONTRÉAL, la première	213

T

TALON, l'intendant	69
TASCHEREAU, le cardinal	280
TASCHEREAU, la maison natale du cardinal	207
TAVERNIER, Marguerite	45
TÉLÉPHONE BELL, premier bureau central à Québec	276
THÉONAS, la maison	144
TOUCHET, la maison	132
TOUPIN, Pierre	118
TOUPIN, Toussaint	84

TOURS MARTELLO, les	202
TRAVAUX DE TERRASSEMENT DU CAP-DIAMANT, les	176
TREMBLAY, l'acte de concession de Pierre	62
TRUDEL, la maison	115
TRUDELLE, la maison où fut célébrée la première messe	47
TURGEON, Adélard	260

U

UNIVERSITÉ LAVAL, le 3ième centenaire de l'	311
URSULINES, la fondation du monastère des	41

V

VAN FELSON (Légaré), la maison	181
VAUQUELIN, commandant de l'Atalante	165
VERRIER, Louis-Guillaume	121
VÉZINA, Anne	67
VICTORIA, la reine	234
VIEUX CHÂTEAU (HALDIMAND), le	184
VIEL, Nicolas, le premier martyr du Canada	24

W

WALLICK, le sergent	282
WOLFE DÉBARQUA À SAINT-LAURENT, I.O.	146
WOLFE ET MONTCALM, le monument	161
WOLFE, la mort de	158
WOLFE, le sentier suivi par les soldats de	151
WOLFE, le monument	160
WOLFE, vainqueur aux Plaines d'Abraham	157

2. PAR ORDRE DES RUES DE QUÉBEC

BUADE

CHAMPLAIN, la chapelle	30
CHIEN D'OR, le	127
LAVAL, Mgr de: premier évêque de Québec	82
LIBRAIRIE GARNEAU, la	242
NOTRE-DAME-DE-RECOUVRANCE, la première église	26
PRESBYTÈRE NOTRE-DAME, le premier	65

CAMPUS DE L'UNIVERSITÉ LAVAL

CASAULT, Louis-Jacques	254

CAP-DIAMANT

TRAVAUX DE TERRASSEMENT, les	176

CHAMPLAIN

DEMERS (LEMIEUX), la maison	94
CHANTIER DE CONSTRUCTION DES VAISSEAUX DU ROI	130
MONTGOMERY, la mort de Richard	172

CHAREST

LAURIER, Wilfrid	273

CHARLEVOIX

ÉGLISE DE L'HÔTEL-DIEU, l'	197

CHEMIN SAINTE-FOY

BRAVES DE QUÉBEC, le monument aux	167

CHEMIN SAINT-LOUIS

ARC, le 5e centenaire de la mort de Jeanne d'	298
FIEF SAINT-MICHEL, le	32
FRANÇAIS VICTORIEUX À STE-FOY, les	164

CIMETIÈRE BELMONT

GARNEAU, le premier monument de François-Xavier	266

CITADELLE DE QUÉBEC

CITADELLE DE QUÉBEC, la	223
PROMENADE DES GOUVERNEURS, la	306

CITÉ PARLEMENTAIRE

ALGONQUINS: HABITANTS DU SOL AVANT LES FRANÇAIS	13
COLOMBIE ANGLAISE: dans la Confédération, l'entrée de la	270
ÉDIFICE DU PARLEMENT, l'	272
GÉODÉSIE POUR L'AVENIR, la	310
KILOMÈTRE 0, le	313
MERCIER, Honoré	281

COMMISSAIRES

HÔPITAL GÉNÉRAL DE QUÉBEC, l' 100

COOK

ÉGLISE SAINT-ANDRÉ (St. Andrew), l' 209

CÔTE DE LA CITADELLE

MONTGOMERY, inhumation du général 178
MONTGOMERY, les soldats du général 173

CÔTE DE LA MONTAGNE

AUBERT DE LA CHESNAYE, la résidence d' 88
BANQUE DE MONTRÉAL, la première succursale de la 213
BEAUDOIN (Caron), la maison 128
BREVET D'INVENTION CANADIEN, le premier 224
CARTIER, George-Étienne 267
CONFÉDÉRATION, la signature du pacte de la 262
CONGRÉGATION, le couvent des Soeurs de la 99
CIMETIÈRE, le premier de Québec 92
PORTE PRESCOTT, la 191

CHEMIN SAINT-LOUIS

FIEF SAINT-MICHEL, le 32
FRANÇAIS VICTORIEUX À STE-FOY 164

CÔTE DU PALAIS

ARMÉE DU SALUT, l' 285
HÔTEL-DIEU DE QUÉBEC, la fondation de 31
PAINCHAUD, le Dr 217
PORTE DU PALAIS, la 97

COUILLARD

BEAUDET, la maison 136
LAVALLÉE, la maison où Calixa: composa l'O Canada 277

DAUPHINE

CONGRÉGATION NOTRE-DAME-DE-QUÉBEC, la 58
INSTITUT CANADIEN DE QUÉBEC, l' 248
LE MOINE, James Mac Pherson 293

D'AUTEUIL

ASSOCIATION CANADIENNE DU TOURISME, 26ème congrès de l' 305
BONHOMME CARNAVAL, le 307
LOYOLA, la maison 222

DES JARDINS

CATHÉDRALE ANGLICANE, la 201
CENT-ASSOCIÉS, la maison et le magasin des 25
JACQUET, la maison ....
MAISON LÉGARÉ (VAN FELSON) 181

DE LA FABRIQUE

BASILIQUE DE QUÉBEC, la	51
BRAVES FRANÇAIS DE QUÉBEC, les	296
CARDINAL TASCHEREAU, le	280
CENTENAIRE DE L'UNIVERSITÉ LAVAL, le 3e	311
CRÉMAZIE, la librairie d'Octave	246
GOUVERNEURS, la translation des restes des	190
LAVAL, les restes de Mgr au séminaire	110
MAISON THÉONAS, la	144
SÉMINAIRE DE QUÉBEC, la fondation du	66
SÉMINAIRE DE QUÉBEC, les 3 ailes du	86
SOCIÉTÉ SAINT-VINCENT-DE-PAUL, la première au Canada	245

DES REMPARTS

LETELLIER, la maison	137
MONTCALM, la maison où vécut	143

DONNACONA

INCARNATION, Marie de l': à Québec	74
PELTRIE, la maison de Mme de la	43
URSULINES, la fondation du monastère des	41

DU FORT

FORT, la maison du	193

DU PALAIS

PAINCHAUD, Dr Joseph	217

DU TRÉSOR

JÉSUITES, l'emplacement du collège des	29
JACQUET, la maison	83

FAÇADE DE L'ÉDIFICE DU PARLEMENT

BALDWIN, Robert	241
BOUCHER, Pierre	71
BOURGEOYS, Marguerite: à Québec	53
BRÉBEUF, le martyre du Père	50
CHAMPLAIN, Samuel: père de la Nouvelle-France	16
DORCHESTER, lord: gouverneur général	171
ELGIN, lord: favorisa la responsabilité ministérielle	244
FRONTENAC, gouverneur général	76
IBERVILLE, Pierre Le Moyne d'	109
INCARNATION, Marie de l'	38
JOLLIET, Louis: co-découvreur du Mississipi	77
LAFONTAINE, Louis Hyppolyte	240
LAVAL, les successeurs de Mgr de	93
LAVÉRENDRY, les: découvreurs des Montagnes Rocheuses	129
LÉVIS, le vainqueur de la bataille de Sainte-Foy	163
MAISONNEUVE, Paul de Chomedey: hiverna à Sainte-Foy	40
MONTCALM, le marquis de	142
MARQUETTE, le Père: co-découvreur du Mississipi	78
OLIER, co-fondateur de Montréal	37

SALABERRY, le héros de Châteauguay	210
TALON, l'intendant	69
VIEL, Nicolas	24
WOLFE, vainqueur aux plaines d'Abraham	

FERLAND

GARNEAU, la maison où vécut et mourut François-Xavier	264
LE CANADIEN, la fondation du journal	204
POIRIER, la maison	227

GRANDE-ALLÉE

CARIGNAN, la marche triomphale du régiment de	95
FRANÇAIS VICTORIEUX À SAINTE-FOY, les	164
MONTCALM, le général	162
SHORT, le major	282
WALLICK, le sergent	282

HÉBERT

MAISON TOUCHET, la	132

HENRI-BOURASSA

POMPIERS DE QUÉBEC MORTS EN SERVICE, les	279

JACQUES-CARTIER

CARTIER, Jacques et la première résidence des Jésuites	10
CARTIER, Jacques: planta une croix à la rivière Jacques-Cartier	11

JARDIN DU FORT

WOLFE-MONTCALM, le monument	161

LA CANARDIÈRE

POMPIERS DE QUÉBEC MORTS EN SERVICE, les	279

L'ANSE-AU-FOULON

GEORGE VI	301

LAVIGUEUR

MARTELLO, les tours	202

LANGELIER

LAURIER, Wilfrid	273

MARCHÉ CHAMPLAIN

CHEVALIER, la maison-hôtel	141

McMAHON

ARTILLERIE, le parc de l'	112
REDOUTE DAUPHINE, la	111

MONT-CARMEL

BÉDARD, la maison Elzéar	231
CAVALIER, le moulin du	96
FELDMAN, la maison	221

NOTRE-DAME

CHEVALIER, la maison-hôtel	141

PARC VICTORIA

VICTORIA, la reine	234

PETIT-CHAMPLAIN

BEAUDOIN (Caron), la maison	128
JOLLIET, Louis	46
JOLLIET, la maison Louis	90

PLACE D'ARMES

ORGANISATION POUR L'ALIMENTATION ET L'AGRICULTURE, l'	304
QUARTIERS GÉNÉRAUX DES ÉTATS MAJORS DES FORCES ARMÉES, les	303
RÉCOLLETS, les premiers missionnaires	18
RÉCOLLETS, la résidence et la chapelle des	89
ROYAL REGIMENT OF FUSILIERS 7th	175
VIEUX CHÂTEAU (HALDIMAND), le	184

PLACE DUROCHER

DUROCHER, le Père	255

PLACE HÔTEL DE VILLE

COUILLARD, Guillaume	17
HÉBERT, Louis, premier colon canadien	19-20
ROLLET, Marie, épouse de Louis Hébert	21
TASCHEREAU, le cardinal	280

PLACE ROYALE

ÉGLISE NOTRE-DAME-DES-VICTOIRES, l'	79
FORNEL, la maison	59
LOUIS XIV, le roi de France	42
PLACE ROYALE	15

PLAINES D'ABRAHAM

ARC, le monument de Jeanne d'	168
BRAGG, le 28e régiment de	156
BRIGADES ANGLAISES, le défilé des	292
BRIGADIER DE FONTBONNE, le	155
CONFÉDÉRATION, le centenaire de la	309
CONGRÈS EUCHARISTIQUE NATIONAL, le premier	
EXÉCUTION DE L'HYMNE NATIONAL O CANADA, la première	300
FONTAINE DU CENTENAIRE DE LA CONFÉDÉRATION, la	309
FORCES NAVALES ANGLAISES, la supériorité des	149
GARNEAU, George	291
GRENADIERS DE LOUISBOURG, les	153

MARTELLO, les tours	202
MONCKTON, commandant de la droite anglaise	152
MONTCALM, blessé mortellement	159
O CANADA, la première exécution de l'	278
ROYAL ROUSSILLON, le	154
WOLFE, le monument	160
WOLFE, le monument de... et de Montcalm	161
WOLFE, la mort de	158
WOLFE, le sentier suivi par les soldats de	151
WOLFE, vainqueur aux plaines d'Abraham	157

QUAI PRINCESSE-LOUISE

MARTIN, Abraham, premier pilote du roi	22
LIBERTÉ DE COMMERCE MARITIME SUR LE SAINT-LAURENT, la	249

RICHELIEU

ARTILLERIE, le parc de l'	112
INSTITUT DU BON-PASTEUR, l'	253
REDOUTE DAUPHINE, la	111

SAINTE-ANGÈLE

DION, la maison	220
INSTITUT CANADIEN DE QUÉBEC, l'	248

SAINTE-ANNE

CATHÉDRALE ANGLICANE, la	201
ÉGLISE SAINT-ANDRÉ (ST. ANDREW), l'	209
HÔTEL DU TOURISME, l'	203
MAISON DU FORT, la	193

SAINTE-FAMILLE

COUILLARD, Guillaume, la maison de	23
MARCHAND, la maison	117
VERRIER, Louis-Guillaume	121
TOUCHET, la maison	132

SAINTE-FOY

BRAVES, le monument aux	167

SAINTE-GENEVIÈVE

BÉLISLE, la maison	247

SAINTE-URSULE

GAGNÉ, la maison	218
JAMES-THOMPSON, la maison	189
MALENFANT, la maison	198

SAINT-FLAVIEN

BEAUDET, la maison	136
GARNEAU: la maison où vécut et mourut François-Xavier	264
HAMEL, la maison	259

LECLERC, la maison	195

SAINT-JACQUES

ARNOLD, la défaite d'	174

SAINT-JEAN

BUREAU DE LA CIE DE TÉLÉPHONE BELL, le premier à Québec	276
CHEMIN DU ROI ENTRE QUÉBEC ET MONTRÉAL, le	125
DUQUET, Cyrille, pionnier du téléphone à Québec	274
LE FOYER, la maison	131
MURRAY-ADAMS, la maison	140

SAINT-LOUIS

BOUCHETTE, Joseph	238
BRAVES DE LA GUERRE ANGLO-BOERS, le monument aux	286
CROIX DU SOUVENIR, la	294
CRÉMAZIE, le lieu de la maison natale d'Octave	226
CUREUX, la maison	119
DU GÉNÉRAL (GOBERT), la maison	177
GARNEAU, le monument de François-Xavier	243
JACQUET, la maison	83
KENT, la maison du duc de	188
MAILLOUX, la maison	126
PAEN (Arnoux, Monk), la maison	138
SEWELL, Jonathan	237
SEWELL, la maison	199

SAINT-NICOLAS

BRASSERIE DE L'INTENDANT TALON, la	73
GOURDEAU, la maison François	219

SAINT-PAUL

GIGUÈRE, la maison	269
GIRARD, la maison Euloge	98
LAMARCHE, la maison	251
MERCIER, la maison	180
MORENCY, la maison	275

SAINT-PIERRE

BANQUE DE MONTRÉAL, la première succursale de la	213
CONGRÉGATION, le couvent des Soeurs de la	58
DUPONT-RENAUD (Matte), la maison	91
ESTÈBE (FARGUES), la maison	139

ST-STANISLAS

BÉGIN, la maison	135

SAINT-VALLIER

BONAMI, Louis Martinet: le frère Louis François	169

SAINT-SYLVESTRE

CIMETIÈRE ANGLICAN, le 257

SAULT-AU-MATHELOT

ARNOLD, la défaite d' 174

SÉMINAIRE DE QUÉBEC (COUR)

COUILLARD, Guillaume: la maison de 23

SQUARE JACQUES-CARTIER

CARTIER, Jacques: né à Saint-Malo 9

TACHÉ

MARTELLO, les tours 202

TERRASSE DUFFERIN

CHAMPLAIN, Samuel: fonde Québec 14
GOUVERNEURS, la promenade des 306
WOLFE-MONTCALM, le monument 161

URSULINES

JAMES-THOMPSON, la maison 189

3. PAR ORDRE DE LOCALITÉS, SAUF QUÉBEC

BEAUCEVILLE

CHAPMAN, William	252

BEAUMONT

CONCESSION DE LA SEIGNEURIE, la	75
ÉGLISE, l'	122
TURGEON, Adélard	260
TRUDEL, la maison	115

BEAUPORT

QUARTIERS GÉNÉRAUX DE MONTCALM, les	145
RAINVILLE, la première maison de sieur Paul de	55
SALABERRY, Charles-Michel: la maison natale de	179
TOUPIN, Pierre	118

BOISCHATEL

CHARLEVILLE, le manoir	85
TRUDELLE, la maison où fut célébrée la première messe	47

CAP-ROUGE

FORT CHARLESBOURG-ROYAL, le	12

CAP-SANTÉ

BEAUDRY, la maison	
FORT JACQUES-CARTIER, le	166
JOLY DE LOTBINIÈRE, Henri-Gustave	290
ROY, la maison de Mme F.X.	229

CHARLESBOURG

ÉGLISE, l'	228

CHÂTEAU-RICHER

GAGNON, Mathurin, Jean, Pierre	39
GRAVELLE, Joseph	45
PETIT-PRÉ, le moulin du	101
TAVERNIER, Marguerite	45
TOUPIN, Toussaint	84

COURVILLE

BATAILLE DE MONTMORENCY, la	147

DESCHAMBAULT

DELISLE, la maison	49
ÉGLISE, l'	235
GROLO, la maison de la veuve	113
PILOTES ET MARINS, hommages des	308
PRESBYTÈRE, le vieux (Saint-Joseph)	221

DESCHAILLON

MAILHOT, Modeste 206

DONNACONA

MARCOTTE, les familles 70

GIFFARD

CÔTÉ, la maison 134
GIFFARD, Robert: colonisateur de Beauport 28
GIFFARD, premier seigneur colonisateur 27
PARENT, la maison Édouard 200

GRONDINES

PRESBYTÈRE, le 239

L'ANCIENNE-LORETTE

CALVAIRE, le 284

L'ANGE-GARDIEN

BRISSON, René 67
TREMBLAY, l'acte de concession à Pierre 62
VÉZINA, Anne 67

LAUZON

BOURGET, Mgr: la maison natale de 192
ÉGLISE, l' 230
COUTURE, Guillaume: arrivée à Pointe-Lévy 48
FORT LÉVIS No 1 265

LECLERCVILLE

MAILHOT, Modeste 206
PIONNIERS, les 261
MOULIN À FARINE DU PORTAGE, le 215

LÉVIS

BRAVES DU COMTÉ DE LÉVIS, le monument aux 295
BURTON'S REDOUBT 149
DESJARDINS, le fondateur des Caisses Populaires 288
DESJARDINS, la maison 287
DÉZIEL, Joseph-David 258
FRÉCHETTE, la maison Louis 236
FORT LÉVIS, No 1 265

LORETTEVILLE

CHAPELLE DES HURONS, la 263

LOTBINIÈRE

CHAPELLE DE PROCESSION, la 232
ÉGLISE, l' 216

LEMAY, l'écrivain Pamphile	233
MANOIR CHAVIGNY DE LA CHEVROTIÈRE, LE	214
PARÉ, la maison	183

MONTMORENCY

KENT HOUSE	187

NEUVILLE

ANGERS, la maison	205
ATALANTE, le combat de l'	165
CHAPELLE SAINTE-ANNE, la	212
JOBIN, la maison	196
SANCTUAIRE DE L'ÉGLISE, le	102

SAINT-ANTOINE-DE-TILLY

ÉGLISE, l'	185

SAINT-AUGUSTIN

ÉGLISE, l'	208

SAINTE-ANNE-DE-BEAUPRÉ

BASILIQUE, l'ouverture de la	299
CHAPELLE, la première	61
GAGNÉ, Louis	44
GAGNÉ, Pierre	44
GAGNON, Robert	56
LESSARD, Étienne de	60
LEHOUX, Françoise	54
MARIE, Michel	44
MERCIER, Jeanne	52
PARÉ, Louise	72
PARÉ, Robert	54
POULIN, Claude	52
POULIN, Jean	72
ROSÉE, Marguerite	44
SIMARD, Noël	57
SIMARD, Pierre	57

SAINT-BERNARD

ÉGLISE ET LE PRESBYTÈRE	271

SAINT-CHARLES

LABRIE, le docteur Jacques	182

SAINTE-CLAIRE

PAROISSE DE SAINTE-CLAIRE, la	103

SAINTE-FAMILLE, I.O.

ÂTRE, la maison	87

SAINT-CHARLES

LABRIE, le docteur Jacques 182

SAINTE-CLAIRE

GAGNON, Robert 56
PAROISSE DE SAINTE-CLAIRE, la 103

SAINTE-FAMILLE, I.O.

PONTBRIAND MGR consacra l'église 133

SAINT-ELZÉAR

ÉGLISE ET LA SACRISTIE, l' 250

SAINTE-MARIE-DE-BEAUCE

BRAVES DE SAINTE-MARIE, le monument aux 297
CHAPELLE SAINTE-ANNE, la 283
TASCHEREAU, la maison natale du Cardinal 207

SAINTE-PÉTRONILLE, I.O.

BARON RENFREW, la construction du 225
BLANQUET, Marie 64
COLUMBUS, la construction du 225
LECLERC, Jean 64

SAINT-FRANÇOIS, I.O.

ÉGLISE, l' 124
GINCHEREAU, la maison 81
IMBEAU, la maison 107
ROBERGE, la maison 80
VIEILLE ÉCOLE DE FABRIQUE DE SAINT-FRANÇOIS, la 186

SAINT-JEAN, I.O.

CAMPAGNA, Mathias 68
ÉGLISE, l' 120
LAUZON, Jean de: victime des Iroquois 63
MAUVIDE-GENEST, la maison 123

SAINT-ISIDORE

ÉGLISE, l' 256

SAINT-JOACHIM

ÉGLISE, l' 170
PRESBYTÈRE, le 170
TUERIE DU CURÉ ET DE SES PAROISSIENS, la 148

SAINT-JOSEPH-DE-BEAUCE

KENNEDY, la route du président 312

SAINT-LAURENT, I.O.

ÂTRE, la maison de l'
GENDREAU, la maison Herménégilde 106
ROUTE DES PRÊTRES, la 104
WOLFE DÉBARQUA À SAINT-LAURENT 146

SAINT-PIERRE, I.O.

ÉGLISE, l' 114
ROUTE DES PRÊTRES, la 104

SAINT-ROMUALD

VICTIMES DU PONT DE QUÉBEC, quelques 289

SAINT-SYLVESTRE

CIMETIÈRE ANGLICAN, le 257

SCOTT-STATION

SCOTT, Charles 268

SILLERY

ARC, le monument à Jeanne d' 298
GEORGES VI, le roi 301
JÉSUITES, la maison des 36
HOMMAGE DE SILLERY À SES GLORIEUX MARTYRS 302
MASSÉ, le Père 33
MAISON PUISSEAUX, la 34
MARTYRS CANADIENS, hommage de Sillery aux 302
SILLERY, Noël Brûlart: construit l'église Saint-Michel 33
SILLERY, Noël Brûlart, fondateur de Sillery 35

VILLE-VANIER

JACK, la maison 194

339

Achevé d'imprimer
sur les presses des Ateliers Optima
le premier avril mil neuf cent soixante-seize
pour les Éditions Garneau, Québec.

Bibliothèque
Verner, Ont.